Rüdiger Bittner
Bürger sein

Rüdiger Bittner
Bürger sein

Eine Prüfung politischer Begriffe

DE GRUYTER

ISBN 978-3-11-056758-8
e-ISBN (PDF) 978-3-11-056985-8
e-ISBN (EPUB) 978-3-11-056767-0

Library of Congress Cataloging-in-Publication Data
A CIP catalog record for this book has been applied for at the Library of Congress.

Bibliografische Information der Deutschen Nationalbibliothek
Die Deutsche Nationalbibliothek verzeichnet diese Publikation in der Deutschen Nationalbibliografie; detaillierte bibliografische Daten sind im Internet über http://dnb.dnb.de abrufbar.

© 2017 Walter de Gruyter GmbH, Berlin/Boston
Umschlagabbildung: Frankix / iStock / Getty Images
Druck und Bindung: CPI books GmbH, Leck
♾ Gedruckt auf säurefreiem Papier
Printed in Germany

www.degruyter.com

Inhaltsübersicht

I   Einleitung —— 1

II   Freiheit —— 8

III Menschenwürde —— 53

IV   Menschenrechte —— 65

V   Gerechtigkeit —— 84

VI   Demokratie —— 108

VII Abschied vom alten Selbstverständnis —— 132

VIII Ein neues —— 157

Personenregister —— 187

Sachregister —— 190

Dank —— 192

I Einleitung

1 Vorhaben

Die Bundesrepublik Deutschland ist eine Institution, eine Menge von geregeltem, aufeinander bezogenem Verhalten von Menschen, und sie funktioniert in bestimmter Weise, wirft also nach bestimmten Eingaben dank einem komplizierten Mechanismus mehr oder weniger verlässlich bestimmte Leistungen aus. Die Bundesrepublik hat dazu aber auch ein bestimmtes Selbstverständnis, das sich mit Hilfe einer Reihe markanter Begriffe ausspricht, solcher Begriffe wie „Freiheit" oder „Demokratie", ein Selbstverständnis, unter dem die im Rahmen dieser Institution Handelnden oder jedenfalls viele von ihnen das, was sie in ihr sind und tun, begreifen. Man könnte auch sagen, die Bundesrepublik hat eine bestimmte Philosophie, in dem Sinne, in dem man manchmal von der Philosophie einer Firma redet. Das Selbstverständnis der Bundesrepublik ist der Gegenstand dieses Buches.

Es untersucht an fünf Begriffen, die für dieses Selbstverständnis zentrale Bedeutung haben, seine Tragfähigkeit, nämlich an den Begriffen Freiheit, Menschenwürde, Menschenrechte, Gerechtigkeit und Demokratie. Die Auswahl gerade dieser fünf Begriffe ist nicht zwingend. Man könnte sinnvoll eine längere oder eine kürzere Liste von Begriffen untersuchen. Der Anspruch ist nur, dass kein Begriff auf dieser Liste fehlt, der noch wichtiger für das Selbstverständnis der Bundesrepublik wäre.

Da die Untersuchung aber zu dem Ergebnis kommt, dass ein auf diese Begriffe gegründetes Verständnis der Bundesrepublik teils gar nicht trägt, teils viel weniger abstützt als allgemein angenommen wird, entwirft das Buch dann in Grundzügen ein bescheideneres, aber tragfähiges Verständnis dieser Institution und legt dar, wie man sich dem entsprechend als Bürger der Bundesrepublik verstehen kann.

Die Untersuchung der Philosophie der Bundesrepublik ist selbst Philosophie, das Wort jetzt im normalen Sinn, als Bezeichnung des Nachdenkens über Grundsätzliches genommen. Es geht bei dieser Untersuchung nicht darum festzustellen, ob das Selbstverständnis der Bundesrepublik realistisch ist, also ob der Apparat wirklich so läuft, wie er dem Selbstverständnis nach laufen müsste. Das ist eine wichtige, auch eine erregende Frage. Denn es kann einen allerdings empören, wenn in der Praxis die Prinzipien missachtet werden, an deren Wahrung einem liegt und um deren Wahrung es denjenigen angeblich zu tun ist, die in der Institution an herausgehobener Stelle wirken. Aber das ist nicht die Frage, die hier ansteht. Die Untersuchung hier kümmert sich nicht um den Abstand zwischen Selbstverständnis und Realität, sondern um das Selbstverständnis selbst, das sich mit jenen fünf Begriffen auseinanderlegt: Ergibt es in sich Sinn? Lässt sich vernünftig explizieren, was die Bundesrepublik zu sein behauptet? Und wenn nein, wie muss ihr Selbstverständnis berichtigt werden?

Wohl mindert die Ausrichtung allein auf das Selbstverständnis der Bundesrepublik die politische Bedeutung dessen, was hier zur Sprache kommt: Gegenstand sind nur politische Vorstellungen, nicht Geschehnisse. Zu den politischen Krisen, in denen wir gegenwärtig stehen, nimmt dieses Buch nicht Stellung. Doch das nimmt ihm nicht alle politische Bedeutung. Denn die politischen Vorstellungen, die wir haben, bestimmen mit, was wir tun. Darum lohnt sich, auch in Krisenzeiten, der Versuch, sie gegebenenfalls zu berichtigen. Denn die Erfahrung spricht dafür, dass wir im Großen und Ganzen bessere Dinge tun, wenn wir Dinge richtig sehen.

Das Selbstverständnis der Bundesrepublik äußert sich in einer großen Zahl von Zeugnissen, und im Hinblick darauf lässt sich die anstößige Rede vom Selbstverständnis der Bundesrepublik in annehmbare Begriffe übersetzen. Anstößig ist diese Rede, denn wenn die Bundesrepublik eine Menge von Verhalten einer Menge von Menschen ist, dann versteht sie gar nichts, auch nicht sich selbst. Vielmehr, Menschen verstehen sie so und so. Dabei kommt es hier vor allem auf das Verständnis der Menschen an, die in ihr Mitglieder sind, und derjenigen, zu deren Tätigkeit etwa in Journalismus, Schule, Wissenschaft und Politik es gehört, ein Verständnis von ihr auszubilden. Diese Verständnisse drücken sich in vielerlei Zeugnissen aus, und das Bild der Bundesrepublik, das sich aus ihnen als weithin geteilt erheben lässt, ist das, was man als das gängige Verständnis oder eben als das Selbstverständnis der Bundesrepublik bezeichnen kann. Allerdings, mit einer kontrollierten wissenschaftlichen Erhebung dieses Selbstverständnisses aus den mannigfachen Zeugnissen macht sich die vorliegende Untersuchung keine Mühe. Sie geht ohne weiteres Bedenken von einem grob gezeichneten Bild aus, das sich heute Zeitgenossen und Mitbürgern bietet.

Unter den mannigfachen Zeugnissen besitzt ein Dokument jedoch kanonische Funktion, vergleichbar mit der Funktion des Kanons biblischer Schriften für die christliche Lehre, nämlich das Grundgesetz vom 23. Mai 1949. Die philosophische Untersuchung des Selbstverständnisses der Bundesrepublik ist daher in erster Linie Grundgesetz-Philosophie, und der Text des Grundgesetzes mitsamt seinen Änderungen seit 1949 bildet im Folgenden den primären, nämlich den offiziell vorgegebenen Ausgangspunkt für eine Erklärung der genannten fünf Begriffe. Nur das Kapitel über Freiheit setzt nicht bei den einschlägigen Verfassungsbestimmungen an, weil im Fall von Freiheit erst ein Überhang philosophischer Theorie abzuarbeiten ist, bevor das Thema der politischen Freiheit sichtbar wird.

Man braucht nicht zu fürchten, dass als Grundgesetz-Philosophie die gegenwärtige Untersuchung der Staatsrechtslehre und der politischen Wissenschaft ins Gehege kommt. Denn wirklich haben die kein Gehege, keinen eingezäunten Bereich für sich. Grundgesetz-Philosophie wird von Philosophen ebenso wie Juristen und Politik-Wissenschaftlern betrieben, wenngleich die Ausbildungen, die sie dazu mitbringen, und die Zwecke, die sie dabei verfolgen, sich unterscheiden, oft in produktiver Weise.[1]

Manchen wird „Grundgesetz-Philosophie" als ein Widerspruch in sich erscheinen. Denn ein prinzipielles Nachdenken, wie es für Philosophie charakteristisch ist, könne sich nicht einem partikulären Gegenstand wie der Bundesrepublik Deutschland und ihrem Grundgesetz widmen und damit ja auch nur einen begrenzten Kreis von Menschen vornehmlich ansprechen, nämlich die, die hier leben. Aber eine Vorstellung von Philosophie, wonach sie nur mit dem, was überall und immer gilt, befasst ist und sich stets an alle zur Einsicht fähigen Wesen wendet, ist unnötig hochfliegend. Grundsätzliche Erwägungen können sich durchaus auf besondere historische Umstände beziehen und sich an besondere Gruppen von Menschen richten; und es scheint vollkommen vernünftig, nicht nur generell, sondern gerade als Philosophie vernünftig, sich im Kreise der hier lebenden Menschen zu fragen, was man, in der einen oder anderen Weise an der Bundesrepublik teilhabend, ist und tut und tun sollte. Wie weit andererseits die folgenden Erörterungen tatsächlich nicht nur für die Bundesrepublik gelten, sondern allgemein für die westlichen Staaten oder sogar für gegenwärtige Staaten insgesamt, kann offen bleiben. Das Selbstverständnis speziell der Bundesrepublik jedenfalls ist der Gegenstand der Rede, und sie wendet sich in erster Linie an die hier Lebenden.

Aber natürlich tagt dieses Buch, mit der Bundesrepublik befasst, dennoch auf freiem Feld. Das heißt, woher immer einer kommt, der etwas beizutragen hat oder auch etwas mitnehmen will, der ist willkommen. Dass in den hier genutzten Quellen stets nur der Westen spricht, also Griechenland und Israel und das, was ihnen folgte, hat keinen tieferen Grund als die Dürftigkeit meiner Kenntnisse anderer Traditionen. Glücklich, wer wie Amartya Sen durch „extensive use [...] of ideas from non-Western societies" den Horizont der Überlegung erweitern kann![2]

---

[1] Ähnlich von Seiten der Staatsrechtslehre Josef Isensee, Legitimation des Grundgesetzes, in: J. Isensee, P. Kirchhof, Handbuch des Staatsrechts der Bundesrepublik Deutschland, 3. Auflage, Heidelberg (Müller) 2014, Rn. 25.
[2] Amartya Sen, The idea of justice, Cambridge Mass. (Harvard) 2009, S. xiii.

2 Unglauben

Wer schreibt, ist unzufrieden. Dieses Buch ist angetrieben von der Unzufriedenheit mit der Leichtgläubigkeit oder geradewegs Gläubigkeit, die in der politischen Philosophie der Gegenwart vorherrschen. Geglaubt wird eben an die gängige politische Selbstinterpretation. Geglaubt wird an die politischen Sonntagsreden, bei denen immer herauskommt, dass wir im Grunde richtig liegen und alle guten Dinge, Freiheit, Gerechtigkeit, Menschenrechte, was auch immer, bei uns zu Hause sind. Nichts gegen Sonntagsreden. Es ist gut, sich manchmal über das ausdrücklich zu verständigen, was man bei den tagaus, tagein betriebenen Geschäften im Sinne hat. Für jetzt auch nichts gegen die Überzeugung, dass das übliche Selbstverständnis der Bundesrepublik, in Begriffen von Freiheit, Menschenrechten und so weiter, trägt – wenn diese Überzeugung nur ehrlich erworben ist, nämlich in der Auseinandersetzung mit Zweifeln und Einwänden. Aber diese Auseinandersetzung findet in der Regel nicht statt. Die gegenwärtige politische Philosophie kommt ständig an, ohne losgegangen zu sein. Doch eine Philosophie, die nur auch noch glaubt, was eh geglaubt wird, lohnt nicht die Mühe. Wir wollen wissen, wie wir uns politisch verstehen können, und Glaubensbekenntnisse, treten sie auch in der Form von Abhandlungen auf, nützen dafür nichts, weil sie nicht zeigen, dass es haltbaren Sinn ergibt, was sie sagen. Noch einmal, es geht nicht darum, dass die politische Wirklichkeit nicht den hohen Begriffen entspricht, die wir uns von ihr machen. Das mag so sein, aber hier ist es nicht der Gegenstand. Es geht darum, dass man diesen Begriffen selbst nicht auf den Zahn fühlt. Das ist eine pauschale Kritik? Gewiss. Einzelheiten in den folgenden Kapiteln.

Einige Schuld an der Gläubigkeit, die in der politischen Philosophie herrschend geworden ist, trägt John Rawls, in den letzten Jahrzehnten der einflussreichste Autor des Fachs. Er verlangte unter dem Schlagwort „politisch, nicht metaphysisch" von einer Gerechtigkeitstheorie Einhelligkeit mit dem, wovon wir, Bürger der Vereinigten Staaten in seinem Fall, Bürger der Bundesrepublik in unserem, am festesten überzeugt sind.[3] Aber am festesten sind diese „wir" natürlich davon überzeugt, dass sie alles in allem richtig liegen, eine Überzeugung, die zu bestätigen Rawls' Theorie sich entsprechend hat angelegen sein lassen. Und vielleicht ist diese Überzeugung ja auch wahr. Vielleicht sind die Vereinigten Staaten oder die Bundesrepublik wirklich politisch die beste Idee, die es je gab. Schmählich ist es nur, „uns" das aufs Wort zu glauben. Aber der Hinweis darauf,

---

[3] John Rawls, Justice as fairness: political not metaphysical, Philosophy and public affairs 14, 1985, S. 228f. Ähnlich schon Rawls, A theory of justice, Oxford UP 1972, § 4.

dass wir, wie tief auch überzeugt, gleichwohl irren mögen, hat in Rawls' Theorie keinen Platz. Sie verzichtet darauf zu prüfen, ob unsere Grund-Überzeugungen richtig sind, sie versucht sie nur in eine einheitliche Konzeption zusammenzuführen. Auf eine solche Zufriedenheit mit dem, was ist, nämlich ist in Sachen des politischen Selbstverständnisses, ist die gegenwärtige politische Philosophie weitgehend eingeschwenkt.

Rawls meinte wohl einen Grund dafür zu haben, auf Einhelligkeit mit dem zu bestehen, wovon „wir" am festesten überzeugt sind. (Dass alles andere „metaphysisch" wäre, ist kein solcher Grund. Dieses Wort bekommt bei Rawls keinen greifbaren Inhalt.) Vermutlich fürchtete er nämlich, dass die politischen Ordnungen auseinanderbrechen, wenn auch die tiefsten Überzeugungen der Bürger der Kritik ausgesetzt werden. Denn Philosophen werden sich bekanntlich nie einig, und so besteht bei freigelassener Kritik keine Aussicht auf eine von allen geteilte politische Plattform[4], was den Frieden und die Stabilität der bestehenden politischen Ordnungen gefährdet. Aber ein guter Grund ist das nicht. Denn tatsächlich hat sich auch Rawls' Konzeption, vermutlich entgegen seinen Hoffnungen, nicht als die Plattform erwiesen, auf der alle zusammenkommen. Es gibt in den westlichen Gesellschaften, Rawls hin oder her, keine jeweils gemeinsame Basis für die Entscheidung grundsätzlicher Fragen des Zusammenlebens. Doch das ist nicht schlimm. Der Streit der Meinungen dauert an, ohne dass der gesellschaftliche Zusammenhalt litte. Das beweist, dass dieser auf eine solche gemeinsame theoretische Basis nicht angewiesen ist. Rawls steht anscheinend noch unter dem Schock von Münster und Osnabrück 1648 (oder vielleicht besser Augsburg 1555): Wir haben keine Reichskirche mehr! Darum sieht er die Philosophen gefordert, eine solche mit weltlichen oder, wie sich in seiner Ausführung zeigt, nicht ganz so weltlichen Mitteln zu ersetzen. Das aber scheint nur gelingen zu können, wenn nicht wieder philosophischer Streit aufflammt, und darum hat Kritik an fundamentalen Überzeugungen zu unterbleiben.[5] Aber in Wahrheit brauchen wir weder Kirche noch philosophische Ersatz-Kirche. Wir können zusammenleben und tun es, ohne uns jenseits des Streits der Meinungen irgendwo zutiefst einig zu sein. Dann aber gibt es keinen Grund, die Überzeugungen derjenigen, die hier leben, seien sie auch grundlegend für ihre Weltsicht und für ihr Handeln, vor Prüfung und Kritik zu schützen.

Allerdings, auch wenn dies Rawls' Grund war, eine Kritik basaler Überzeugungen nicht zuzulassen, war es doch vermutlich nicht der Grund, der die politische Philosophie seither bestimmt hat. Sie ist wohl einfach aus Bequemlichkeit

---

4 Siehe wieder Rawls, Justice as fairness: political not metaphysical, Abschnitt II.
5 Rawls, Justice as fairness: political not metaphysical, Abschnitte I und VI.

ihm darin gefolgt, sich innerhalb des Kreises von Überzeugungen zu halten, die als unsere gelten, und nicht durch Fragen danach, ob sie wahr sind, störend aufzufallen. Resignativ erscheint diese Haltung etwa bei James Griffin:

> we philosophers, jurisprudents, and political theorists could not undermine 'human rights' discourse, with its large ambitions to regulate the world, even if we tried. It is much too well established for that.[6]

Also, da wir mit Einsicht gegen das herrschende Selbstverständnis, hier speziell das Reden von Menschenrechten, ohnehin nicht ankommen, sollten wir gar nicht erst untersuchen, ob es wahr ist, sondern uns darauf beschränken, es auszulegen, mag es nun wahr sein oder nicht. Aber das ist kleinmütig. Wäre die Aufklärung so bescheiden gewesen, wie Griffin es uns zu sein empfiehlt, säßen wir immer noch im Christentum fest, denn das hatte ja reichlich Ehrgeiz, die Welt zu regulieren, und es war noch stärker im allgemeinen Bewusstsein verwurzelt, als die Idee der Menschenrechte es heute ist.

Das Folgende jedenfalls unterstellt sich nicht der Forderung, bei der Untersuchung müsse herauskommen, was wir schon immer oder zutiefst für wahr gehalten haben. Es versucht, ungläubig zu sein; versucht, weil alten Glauben abzuschütteln schwieriger ist, als es klingt. Gewohnte Gedanken kehren leicht unter ein bisschen Verkleidung unerkannt zurück; oder mit dem Bild, das Nietzsche einmal von Kant gebrauchte, man wird leicht zum Fuchs, „der sich in seinen Käfig zurückverirrt"[7]. Doch mühsam oder nicht, Unglauben lohnt sich. Wer sagt: Soll herauskommen, was eben herauskommt, der hat eine Chance auf politische Erkenntnis.

Politische Erkenntnis aber lohnt sich, weil man mit ihr weiß, jedenfalls eine Strecke weit weiß, wo man ist, was man tut und was mit einem geschieht. Man steht dann nicht mehr im Wald, sondern man sieht, was los ist, einigermaßen. Das ist besser. Wer schreibt, ist unzufrieden, aber darum ist das Ziel des Schreibens nicht, einer Unzufriedenheit Luft zu machen. Das Ziel jedenfalls dieses Schreibens ist es, einen Begriff von politischem Dasein in diesem Land zu gewinnen, unter dem man sich, wie man geht und steht, ohne Verbiegung und Idealisierung verstehen, mit dem man in diesem Sinne leben kann.

---

6 James Griffin, On human rights, Oxford UP 2008, S.19.
7 Friedrich Nietzsche, Die fröhliche Wissenschaft (1882), Nr. 335, G. Colli, M. Montinari (Hrsg.) Friedrich Nietzsche, Kritische Studienausgabe (= KSA), Berlin (de Gruyter) 1980, Band 3, S. 562.

3 Hinweise zum Gebrauch

Noch ein paar Hinweise zum Gebrauch des Textes: Jedes Kapitel außer den letzten beiden sollte für sich verständlich sein. Fußnoten bringen nur Verweise auf die Literatur, kein weiteres Material zur Sache. Zitate aus fremden Sprachen sind von mir übersetzt, außer wo eine Übersetzung eigens genannt ist. Querverweise in diesem Buch nennen Kapitel und Unterabschnitt, auf die verwiesen wird, und erscheinen in Klammern im Text.

II Freiheit

Kein Begriff ist für das Selbstverständnis der Bundesrepublik so bedeutsam wie der Begriff der Freiheit. In den Jahrzehnten der Teilung Deutschlands war dies die stehende Entgegensetzung: Hier die Freiheit, dort Diktatur, oder Sozialismus, auf jeden Fall Nicht-Freiheit. So wurde von Menschen, die es auf irgendeine Weise geschafft hatten, aus der DDR in die Bundesrepublik zu kommen, ganz geläufig gesagt, sie seien „in die Freiheit" gesprungen, geschwommen, was auch immer. Doch auch nach der Wiedervereinigung besteht das Selbstbewusstsein der Bundesrepublik, dass wir hier in der Freiheit sind, ungemindert fort. „Unsere Freiheit", das ist bis heute die Kurzformel für das, was mit der Institution Bundesrepublik garantiert ist, was es zu bewahren und gegen Bedrohungen von außen oder von innen zu verteidigen gilt. Gewiss, der Gedanke ist nicht, dass Freiheit allein in der Bundesrepublik zu Hause ist. Die Bundesrepublik sieht sich nur als einen unter den freiheitlichen Staaten. Wohl aber ist der Gedanke: Freiheit *ist* in der Bundesrepublik zu Hause.

Wer herausfinden will, was mit dieser Selbsteinschätzung sinnvoll gemeint sein kann, hat einen langen Weg vor sich. Er muss zunächst klären, was überhaupt, also nicht nur in politischen Zusammenhängen, mit „Freiheit" gemeint ist. Weil Freiheit die gemeinsame Eigenschaft derjenigen ist, die frei sind, heißt das, er muss klären, was das ist, frei sein. Das aber ist in der Philosophie umstritten, und so muss er auf unseren alltäglichen Gebrauch des Wortes „frei" zurückgehen und daraus erheben, was frei sein ist. Der normale Gebrauch von „frei" ist allerdings so vielgestaltig, dass es keinen Zweck hat, nach einem Begriff von Freiheit zu suchen, der alle korrekten Verwendungen von „frei" abdeckt. Ein solcher Begriff wäre diffus und darum nutzlos. Es braucht einen Begriff von Freiheit, der innerhalb der ganzen Breite unseres heutigen Gebrauchs von „frei" eine sinnvolle Eingrenzung trifft.[1] Innerhalb der ganzen Breite, das heißt, dass von ihm aus jede korrekte Verwendung von „frei" sich verständlich machen lassen muss, als Verengung, Übertragung oder dergleichen. Denn sonst könnte jemand entgegnen: Aber so sprechen wir doch nicht, das ist nicht unser Begriff von Freiheit! Die Eingrenzung, die der Begriff trifft, muss zudem sinnvoll sein, das heißt, sie muss durch Unterschiede begründet sein, die in unserer Erfahrung wichtig sind. Wer sagen will, was Freiheit ist, darf nicht mit einem willkürlichen Konstrukt kommen. Aber einen solchen sinnvoll eingegrenzten, zugleich umfassend verknüpften Begriff von Freiheit vorbringen heißt dann auch: sagen, was Freiheit ist. Und mit

---

[1] Siehe zu solchen Begriffseingrenzungen die Überlegungen von Paul Ziff, The task of defining a work of art, in: The philosophical review 62, 1953, besonders S. 77.

diesem Begriff in der Hand lässt sich dann bestimmen, was es heißen kann, wenn die Bundesrepublik sich als einen Staat bezeichnet, in dem Freiheit herrscht. (Wer die philosophischen Serpentinen bis zum ausgearbeiteten Freiheitsbegriff mühsam findet, kann die Seilbahn nehmen, also die hier entwickelte allgemeine Erklärung von „frei" sich gefallen lassen und mit Abschnitt 14 gleich in die Erklärung des Selbstverständnisses der Bundesrepublik als eines freien Staates eintreten.)

Manche behaupten, man könne nicht sagen, was Freiheit ist. Denn wie einer „frei" gebrauche, hänge von den sozialen und politischen Vorstellungen und den metaphysischen Annahmen ab, die er mitbringt, und da die auseinandergehen, sei der Versuch aussichtslos, zu sagen, was Freiheit ist.[2] Aber die Folgerung leuchtet nicht ein. Gewiss, einer meint, dies sei Freiheit, ein anderer jenes, und zwar abhängig von anderen Vorstellungen, die sie mitbringen. Nur kann darum immer noch einer von ihnen sich irren, oder auch beide, und es kann sein, dass man dies mit Reden zeigen, und dass man gegen einen oder gegen beide aufweisen kann, was Freiheit wirklich ist. Wäre Verschiedenheit der Meinungen, bedingt durch Verschiedenheit der mitgebrachten Vormeinungen, ein hinreichender Grund, davon abzulassen zu sagen, wie eine Sache wirklich ist, so könnten wir es gleich ganz aufgeben, miteinander zu reden. Denn wir sind laufend in dem Fall, dass unsere Meinungen auseinandergehen, bedingt durch die Verschiedenheit unserer Meinungen über andere Dinge, die für die gegenwärtige Sache von Belang scheinen.

Tatsächlich sind es wohl eher politische als sachliche Gründe, aus denen manche Autoren gerade im Fall von „frei" die philosophische Flinte rechtzeitig im Korn verschwinden lassen. So hält etwa Philip Pettit es für zulässig, „frei" so zu erklären, wie es einem politisch gelegen kommt.[3] Damit öffnet er denen die Bahn, die unbesorgt das Lob des freien Westens singen wollen, unbesorgt nämlich durch die Frage, ob der Westen wirklich in Sachen Freiheit besser dasteht als andere Weltregionen. Denn sie können dann „frei" einfach so erklären, dass die hiesigen Verhältnisse auf jeden Fall beim Freiheits-Wettbewerb gewinnen, also die Prüfungsanforderungen auf den Prüfling zuschneiden. Da ja angeblich niemand sagen kann, was Freiheit wirklich ist, brauchen sie nicht den Einwand zu fürchten, es sei gar nicht Freiheit, was sie den hiesigen Verhältnissen bescheinigen. In Wirklichkeit gibt es aber bei Freiheit so wenig wie sonst bei irgendeinem sinnvollen Begriff Grund zu fürchten, man könne nicht sagen, was das ist. Das heißt,

---

[2] Das scheint die Meinung von John Gray zu sein, On negative and positive liberty, in: Z. Pelczynski, J. Gray (Hrsg.), Conceptions of liberty in political philosophy, London (Athlone) 1984, S.321f.
[3] Philip Pettit, A definition of negative liberty, Ratio (new series) 2, 1989, S. 154.

man kann auch im Fall von Freiheit ertappt werden, wenn man Begriffe politisch zinkt.

Dass es dagegen nur einen Begriff von Freiheit gibt, „frei" also nicht mehrdeutig ist, liegt angesichts des einen Wortes „frei" nur nahe anzunehmen. Man wird die Annahme aufgeben, wenn es nicht und nicht gelingt, alle korrekten Verwendungen von „frei" mit verständlichen Bahnen zu verbinden. Dichtung, wie Klempner das Wort verwenden, lässt sich ausgehend von Dichtung, wie Literaturwissenschaftler das Wort verwenden, nicht verständlich erreichen, also haben wir hier zwei Begriffe. Zunächst möchte man denken, mit Freiheit sei es anders.

Dabei kommt nicht in Betracht, ob die Verwendungen etymologisch verknüpft sind. „frei" hat eine ausgedehnte etymologische Verwandtschaft, aber es ist nicht erforderlich, dass ein eingegrenzter Begriff von Freiheit jedes Mitglied dieser Familie auf verständlichen Bahnen zu erreichen erlaubt. Wohl sollten etwa „befreien", „unfrei" und „Freispruch" von dem entwickelten Begriff der Freiheit aus verständlich zu machen sein, aber nicht „freilich", „freien" und „Gefreiter". Diese Verbindungen sind dem normalen Sprachbewusstsein nicht präsent.

1 ohne etwas sein

Die Grundvorstellung von „frei" im heutigen Sprachgebrauch ist die, dass jemand oder etwas das und das nicht ist, nicht an sich hat, nicht enthält, und so weiter. Frei sein von ... ist sein ohne ..., wie in „die Oberfläche muss staubfrei sein" oder „ein Waschmittel frei von optischen Aufhellern". Die Zusammensetzung mit nachgestelltem „-frei" in diesem Sinne ist ja heute noch produktiv. Von fieberfreien Kindern redet man schon länger, von atomwaffenfreien Zonen erst neuerdings, und vor einer Weile wurde in den Nachrichten gemeldet, Nigeria sei jetzt Ebola-frei, ein Ausdruck, der vermutlich bei der Gelegenheit zum ersten Mal gebildet wurde. In diesen Zusammensetzungen deckt sich „-frei" mit „-los": fehlerfreie und fehlerlose Diktate sind dasselbe, und es ist nur eine Eigenheit des Sprachgebrauchs, dass wir jemanden als schuldlos, aber als schuldenfrei bezeichnen, wenn er weder Schuld noch Schulden hat.

Oft wird nicht ausdrücklich gesagt, wovon etwas frei ist. Bei freiem Eintritt und Freibier reimt man es sich leicht zusammen, ebenso wenn die Straße frei ist oder wenn man sich im Freien trifft. Dagegen braucht man für den freien Fall etwas Physik, für Freibeträge etwas Steuerrecht und für den Freilauf etwas Fahrrad-Technik.

Das, wovon etwas frei ist, gilt oft als unerwünscht, zumindest in dem betreffenden Zusammenhang. So empfiehlt sich Fahrern alkoholfreies Bier, und ein Wundverband sollte keimfrei sein. Ebenso ist man mit einem Freispruch eine

Strafverfolgung los, und beim Verstecken riefen wir „Frei!", wenn wir uns ungesehen ans Mal zurückgeschlichen hatten und also mit diesem Ruf uns zu nicht mehr Verfolgten erklärten. Aber nicht immer ist von etwas frei zu sein besser als es nicht zu sein. Wer nach jedem Absatz eine Zeile frei lässt, ist darum kein Textfeind, und von einer Freistunde zu reden, drückt nicht schon Schulunlust aus. „Freizeit" steht auf der Grenze: mal ist das die gute Zeit, mal ist es neutral die Zeit, in der man nicht arbeitet.

Ein Begriff von Freiheit in diesem ganz unspezifischen Sinne, also: ohne das eine oder andere sein, wäre sprachlich korrekt: Ja, alkoholfreies Bier, freistehende Häuser und fieberfreie Kinder sind alle ohne etwas, alle „frei". Aber dieser Begriff taugt nichts, weil er diffus ist: die Menge der in diesem Sinne freien Dinge hat kein Profil, alles Mögliche ist frei von etwas.[4] Es fällt auch auf, dass wir das Substantiv „Freiheit" allein selten so unspezifisch verwenden: Häuser stehen wohl frei, aber sie haben nicht Freiheit – zugegeben, man spricht von Beinfreiheit. Jedenfalls, ein brauchbarer Begriff von Freiheit muss im Vergleich zu diesem eingegrenzt sein.

2 ungehindert sein

Kontur hat dieser Begriff von Freiheit: Etwas ist frei, nicht einfach, wenn es ohne dies oder jenes, sondern wenn es speziell ohne Hindernisse, also ungehindert ist. Bei Goethe lädt Mephisto Faust ein, seine Studierstube zu verlassen,

> Damit du losgebunden, frei,
> Erfahrest, was das Leben sei.[5]

Hier soll „frei" offenbar dasselbe sagen wie „losgebunden", das aber steht metonymisch für Ungehindertsein allgemein. Unter den Theoretikern hat Thomas Hobbes Freiheit so erklärt, hier und im Folgenden angenommen, dass „liberty" und „freedom" im Englischen (und entsprechende Wörter in anderen Sprachen) dasselbe bedeuten wie „Freiheit":

> Liberty, or Freedome, signifieth (properly) the absence of Opposition; (by Opposition, I mean externall Impediments of motion;)[6]

---

4 Max Weber meint Entsprechendes, wenn er den Begriff der Macht „soziologisch amorph" nennt, Wirtschaft und Gesellschaft, 5. Auflage, Tübingen (Mohr) 1972, S. 28.
5 Johann Wolfgang Goethe, Faust (1808), v. 1542f.
6 Thomas Hobbes, Leviathan (1651), Kap. 21, Abs. 1; ebenso Kap. 14, Abs. 2 sowie De cive (1642), Kap. 9, 9.

Jean-Jacques Rousseau bedient sich desselben Begriffs, wenn er „Du contrat social" mit dem Satz eröffnet:

> L'homme est né libre, et partout il est dans les fers[7]
>
> Der Mensch wird frei geboren, und überall liegt er in Ketten.

Denn offenbar sollen die beiden Halbsätze einen Gegensatz bilden. Somit besteht die Freiheit des frei geborenen Menschen darin, nicht in Ketten zu liegen. Das aber ist wieder metonymisch zu nehmen als nicht gehindert sein, dies oder jenes zu tun, durch Ketten oder was auch sonst.

Dieser Begriff von Freiheit ist uns vertraut. Denn eine der beherrschenden Entgegensetzungen, in denen wir Freiheit verstehen, ist die von Freiheit und Gefangenschaft. Wer aber gefangen ist, dem stellen sich bei seinen Bewegungen Hindernisse entgegen, etwa verschlossene Türen. Frei dagegen ist man „wie der Vogel in der Luft", der nämlich nicht gehindert ist, dahin oder dorthin zu fliegen. Auch in vielen alltäglichen Redeweisen ist „frei" spezifisch im Sinne von „ungehindert" zu verstehen, nicht im allgemeinen Sinne von „ohne etwas". Ein Freistoß beim Fußball ist ein Schuss, der von der anderen Mannschaft nicht behindert werden darf, ein Freibauer beim Schach kann von keinem gegnerischen Bauern mehr aufgehalten werden, das Wasser fließt frei ab, wenn es nicht mehr durch das verstopfte Abfluss-Sieb zurückgestaut wird, und man lässt seinem Ärger freien Lauf, wenn man ihn nicht mehr unterdrückt.

Doch etwas ist nicht kurzum ein Hindernis, sondern es hindert an dem, und an jenem hindert es nicht. Wenn wir im normalen Gebrauch nicht ausdrücklich sagen, woran etwas hindert, so weil es sich in dem Zusammenhang von selbst versteht. Die Hindernis-Relation ist also dreistellig: etwas wird von etwas an etwas gehindert. Vollständig lautet die gegenwärtige Erklärung von Freiheit demnach: frei ist ein Wesen, wenn es nicht durch das und das an dem und dem gehindert wird. So hat Gerald MacCallum Freiheit erklärt,[8] und ihm haben sich viele angeschlossen.[9]

Nach MacCallum kann ein Wesen nicht nur gehindert werden, das und das zu tun, sondern auch, das und das zu werden, und solche Hindernisse sollten ebenfalls als freiheitsmindernd gelten. Wem zum Beispiel auf Grund von Religion, Kaste oder Geschlecht bestimmte politische Ämter verschlossen sind, ist damit

---

[7] Jean-Jacques Rousseau, Du contrat social (1762), Buch 1, Kap.1.
[8] Gerald MacCallum, Negative and positive freedom, in: The Philosophical Review 74, 1967, S. 312–334.
[9] Siehe etwa John Rawls, A theory of justice, S. 202.

weniger frei. Diese Erweiterung erscheint unproblematisch, und so verwundert es, dass Ian Carter darauf besteht, nur Handlungen an der dritten Stelle von MacCallums Formel zuzulassen. Als Grund führt er an, dass Liberale, wenn sie von Freiheit reden, sich gewöhnlich nur auf das beziehen, was Leute tun, nicht auf das, was sie werden können, und er will nur zu Liberalen sprechen.[10] Doch das ist zweimal ein schlechter Grund. Zum einen wird man Liberaler wohl unter anderem dank Überlegungen, in denen ein Verständnis von „frei" eine Rolle spielen dürfte. Das heißt aber, man ist nicht erst Liberaler und redet dann von Freiheit, sondern umgekehrt, und so sollte die Rede von Freiheit sich schlicht an denkende Menschen richten, nicht nur an liberale Parteigenossen. Zum anderen reden Liberale durchaus unter dem Stichwort „Freiheit" von dem, was zu werden jemandem in einer Gesellschaft verwehrt wird oder offen steht, und sie sollten auch davon reden. In der Sache hat also MacCallum mit seiner Erweiterung Recht. Wenn ich dennoch im Weiteren immer nur davon spreche, dass jemand an einem Tun gehindert oder nicht gehindert wird, so allein in der Absicht, auf diese Weise die Sätze zu entlasten.

Bei der gegenwärtigen Erklärung von Freiheit geht allerdings die Unterscheidung zwischen Freiheit von ... und Freiheit zu ..., nämlich als Unterscheidung von zwei Konzeptionen[11] oder zwei Erscheinungsformen von Freiheit, verloren, eine Unterscheidung, die religiöse und politische Prediger gern ins Feld führen, um zu zeigen, dass nach einem umfassenden Verständnis Freiheit nicht nur Loslösung von etwas, sondern auch Bindung an etwas meint.[12] Die Unterscheidung zweier Konzeptionen fällt dahin, weil nach der gegenwärtigen Erklärung Freiheit immer sowohl von ... wie auch zu ... ist.[13] Doch ist die Unterscheidung in unserem normalen Verständnis von „frei" nicht so tief verankert, dass ihr Verlust gegen die vorliegende Erklärung spräche. Das Argument der Prediger schlägt ohnehin fehl, denn das „zu" in „frei sein, etwas zu tun" bedeutet nicht eine Hinordnung oder ein Ausgerichtetsein, also eine Bindung, es ist ein bloßes Formwort zur Infinitivbildung. Nur durch eine Zufälligkeit der Sprache sagen wir nicht „etwas tun frei sein", wie wir ja wohl sagen „etwas tun können".

---

10 Ian Carter, A measure of freedom, Oxford UP 1999, S. 16.
11 So Isaiah Berlin, Two concepts of liberty, in: Berlin, Four essays on liberty, Oxford UP 1969, S. 131.
12 So Romano Guardini, Freiheit Gnade Schicksal, 5. Auflage, München (Kösel) 1967, S. 68.
13 Philippe van Parijs, Real freedom for all, Oxford UP 1995, Kap. 1.5.

3 nicht von außen gehindert sein

Frei ist, wer nicht gehindert ist, das und das zu tun, diese Vorstellung von Freiheit legt den Gedanken nahe, dass einer frei ist oder nicht abhängig davon, was die Lage der Dinge um ihn herum ist, aber nicht davon, wie er selbst beschaffen ist; ungefähr so, wie einer auch nackt ist oder nicht abhängig davon, was die Lage der Dinge um ihn herum ist. Schon die Rede von Hindernissen weist in diese Richtung: unter einem Hindernis versteht man zunächst etwas, auf das jemand trifft, also etwas ihm Äußerliches. Hobbes hält ausdrücklich fest, es sei das Fehlen äußerer Hindernisse, das einen frei sein lässt. Wer dagegen nach seiner eigenen Beschaffenheit in der Lage ist, etwas zu tun, besitze die Fähigkeit (power), es zu tun, oder er vermöge es zu tun, nicht habe er darum die Freiheit (liberty), es zu tun.[14] So bietet sich als schärfere Eingrenzung des Freiheitsbegriffs an: frei ist man, wenn einem nicht äußere Hindernisse dies oder jenes Tun versperren.

Doch der Unterschied zwischen Hindernissen, die von außen einem entgegentreten, und Bedingungen in einem selbst, die ein Tun ausschließen, lässt sich am Ende nicht verteidigen, so wenig Mühe er im alltäglichen Gebrauch macht; und so wird man den Begriff von Freiheit auf ihn nicht stützen. Das ist wahr, wer nicht aufstehen kann, weil er gefesselt ist, ist nicht frei aufzustehen, wer nicht aufstehen kann, weil er zu schwach ist, ist nicht fähig aufzustehen. Aber bei dem ersten ist außen nicht der Zustand, nicht aufstehen zu können. Zustände sind nicht irgendwo, also auch nicht innen oder außen. Außen sind die Fesseln, also das, was macht, dass er nicht aufstehen kann. Doch das, was macht, dass er nicht aufstehen kann, wird auch bei dem zweiten früher oder später in der Ursachenkette außen sein, etwa schlechte Nahrung, oder dass er zu schwerer Arbeit gezwungen wurde. Also besteht zwischen ihnen kein grundsätzlicher Unterschied. Auch dass jemand etwas, nicht zeitweise, sondern konstitutionell nicht kann, hat äußere Ursachen. Die Geschichte, in der die Menschen zu solchen Wesen geworden sind, die ohne Hilfsmittel nicht zehn Meter hoch springen können oder deren Kräfte im Alter zurückgehen, ist nur länger als die Geschichte, die hinter der momentanen Unfähigkeit aufzustehen liegt, aber für den, der jetzt das eine wie das andere nicht kann, sind beides Geschichten, in denen äußere Ursachen entscheidend mitspielen. Fähigkeiten wie Unfähigkeiten erwirbt man sich in der Welt, draußen. Also lässt sich ein Unterschied von „unfrei" und „unfähig" sachlich nicht ausweisen. Dass er trotzdem gebräuchlich und meistens leicht zu ziehen ist, liegt wohl an einer gut eingeübten Unterscheidung zwischen Eigenschaften einerseits, die ausmachen, was man ist, sei es zeitweise, wie schwach, sei

---

14 Hobbes, Leviathan, Kap. 21, Abs. 1.

es dauerhaft, wie nur so hoch springend, und andererseits Eigenschaften, die man zwar hat, aber die nicht mit ausmachen, was man ist, wie gefesselt. Aber diese Unterscheidung ist auch nur das, gut eingeübt. In Wahrheit haften einem diese verschiedenen Eigenschaften nicht in verschiedener Weise an, es gibt keine zwei Arten von Eigenschaften-Kleber. Man ist beides in gleicher Weise, das, was zu einem gehört, und das, was „an sich" nicht zu einem gehört.

Streichen wir also Hobbes' Festlegung, ein Hindernis, das Freiheit mindert, müsse außen sein, und lassen als ein solches Hindernis, entgegen dem, was das Wort „Hindernis" selbst nahelegt, jedes Ding und jeden Umstand zu, die einem Wesen ein Tun unmöglich machen, so dass momentane Schwäche und konstitutionelle Unfähigkeit ebenso wie Fesseln jemanden unfrei machen. Geben wir somit, trotz dem Protest vieler Autoren[15], den Unterschied auf, der zwischen frei und fähig sein, etwas zu tun, bestehen soll, also den Unterschied zwischen „liberty" und „power".[16] Frei ist, wem dies oder jenes Tun nicht unerreichbar ist, und zwar in jeder Art von Unerreichbarkeit, ob sie auf, wie es heißt, äußeren oder inneren Bedingungen beruht.

Man mag einwenden, das sei keine sinnvolle Eingrenzung des Begriffs der Freiheit, denn die sollte Unterschieden folgen, die in unserer Erfahrung wichtig sind. Aber niemanden kümmert es, dass er nicht zehn Meter hoch springen kann. – Das ist wahr, wer den Unterschied zwischen Freiheit und Fähigkeit aufgibt, bekommt Massen von Fällen belangloser Unfreiheit. Aber dass es die nicht gibt, war auch nicht verlangt. Verlangt war nur, dass die Abgrenzung derjenigen, die frei sind, von denen, die es nicht sind, einem relevanten Unterschied folgt. Das tut sie: Der Unterschied zwischen dem, was einer tun kann, und dem, was er, wodurch auch immer verursacht, nicht tun kann, ist in unserer Erfahrung wichtig. Dass es nach dieser Unterscheidung dann Fälle von belangloser Unfreiheit und auch belangloser Freiheit gibt, ist damit nicht ausgeschlossen. Frei oder unfrei zu sein muss nicht immer wichtig sein.

Die Tatsache, dass schwierige Grenzfälle von äußerlich induzierter Unfähigkeit wie bei Vergiftungen, besonders wenn sie langsam wirken, bei Gehirnwäsche und post-hypnotischer Suggestion dann keine Mühe mehr machen, ist zwar kein Grund dafür, den Unterschied zwischen Freiheit und Fähigkeit einzuziehen, aber

---

15 Etwa Berlin, Two concepts of liberty, S. 122; F.A. Hayek, The constitution of liberty, London (Routledge) 1960, Kap. 1. 4.
16 John Locke erklärt Freiheit als eine bestimmte Art von Vermögen, „power" (An essay concerning human understanding, II 21, 8). Ebenso verstehen anscheinend Karl Marx und Friedrich Engels Freiheit als Macht (Die deutsche Ideologie (1845/46), in: Karl Marx, Frühe Schriften, H.-J. Lieber, P. Furth (Hrsg.), Band 2, Darmstadt (Wiss. Buchges.) 1971, S. 357, 361, 363).

eine willkommene Zugabe für den, der das tut. Denn auf diese Weise wird eben die Grenze beseitigt, die solche Fälle zu Grenzfällen macht.

4 nicht von anderen Menschen gehindert sein

Viele Autoren sind mit dem Wort „frei" noch großzügiger, stellen also noch höhere Anforderungen an eine Freiheitsminderung: Hindernisse müssen nach ihnen nicht nur äußere, sie müssen auch von anderen Menschen gesetzt, gemeint ist bei diesen Autoren meistens: absichtlich gesetzt sein. Die Extension von „frei" wird somit gegenüber der von „ungehindert" erweitert. Um frei zu sein, muss jemand nicht auf gar keine und nicht auf keine äußeren Hindernisse treffen, es reicht, wenn er auf keine von anderen Menschen gesetzten Hindernisse trifft. „Jemand", nicht „etwas": die Autoren, die diesen Begriff empfehlen,[17] gehen anscheinend davon aus, dass Freiheit und Unfreiheit nur Menschen, vielleicht auch manchen Tieren, sinnvoll zugesprochen werden können, während etwa Hobbes keine Bedenken hat, eingedämmte Flüsse unfrei zu nennen.[18] Aber der Streit über die Füllung der Subjekt-Stelle von „ist frei" braucht jetzt nicht entschieden zu werden. Nehmen wir, um einen gemeinsamen Redebereich zu haben, einstweilen mit diesen Autoren an, dass nur Menschen und vielleicht Tiere frei oder unfrei genannt werden können. Die Frage ist dann: Was spricht für die verschärfte Anforderung an Hindernisse, nämlich dass sie von Menschen absichtlich gesetzt sind, und für das entsprechend großzügigere Verständnis von Freiheit, nämlich dass jemandes Freiheit nicht leidet, wenn er auf Hindernisse trifft, die nicht Menschen ihm in den Weg gelegt haben?

Der Sprachgebrauch entscheidet die Sache nicht. Wohl schreiben viele Autoren so, als ob es für jeden, der die Sprache kennt, offensichtlich wäre, dass nicht von Menschen gesetzte Hindernisse Freiheit nicht beeinträchtigen.[19] Das ist erstaunlich angesichts des geläufigen und auf keine Weise gekünstelten Sprachgebrauchs, nach dem ein Bergsteiger sich aus einer Gletscherspalte nicht mehr befreien konnte oder das Boot, das im Schilf festsaß, nur mit Mühe wieder freizukriegen war. Aber F.A. Hayek erklärt dies für übertragene Redeweisen und meint, dass die meisten Leute diese Einschätzung teilen.[20] Beides ist zweifelhaft, aber auf ein Argument aus dem Sprachgebrauch, sei es für den engeren, sei es für

---

[17] Etwa Berlin, Two concepts of liberty, S. 122; F.A. Hayek, The constitution of liberty, Kap. 1.
[18] Hobbes, Leviathan, Kap. 21, Abs. 1.
[19] Zum Beispiel Hillel Steiner, Individual liberty (1975), nachgedruckt in D. Miller (Hrsg.), Liberty, Oxford UP 1991, S. 123.
[20] Hayek, Constitution of liberty, S. 12f.

den weiteren Begriff von Freiheit, ist bei solchen divergierenden Einschätzungen nicht zu hoffen. Besser daher, man stellt die Frage so: Welche Grenze innerhalb dessen, was uns geschieht, ist so wichtig, dass wir mit Bezug auf sie uns als frei oder unfrei bezeichnen wollen? Ist es die Grenze zwischen dem, was uns Wege verschließt, wodurch auch immer verursacht, und dem, was uns sonst begegnet, oder ist es die Grenze zwischen dem, womit uns andere Menschen absichtlich Wege verschließen, und dem, was uns sonst begegnet?

Die erste. Vieles in unserem Leben ist der Versuch, „es zu schaffen", sei es das schiere Überleben, sei es die nächste Million, sei es sogar den inneren Frieden, in dem man nicht mehr darauf aus ist, etwas zu schaffen. Für jemanden aber, der das oder das schaffen will, kommt alles darauf an, ob ihm Wege versperrt sind oder offen. Die Frage, woher die Hindernisse stammen, die sich ihm in den Weg stellen, verblasst dagegen. Sie hat nur pragmatisches Interesse, also für ein geschicktes Umgehen mit den vorhandenen und das Vermeiden von künftigen Hindernissen. Wohl sind wir manchmal, vielleicht durch Krankheit geschwächt, in einer mystischen Erhebung oder das Boot einfach treiben lassend[21], nicht mehr auf etwas aus. Aber in solchen Zuständen ist der Gedanke an Hindernisse schon gleich belanglos, und damit auch der Unterschied zwischen den Hindernissen, die einem von anderen, und denen, die einem nicht von anderen in den Weg gelegt werden. Wichtig ist dieser Unterschied also in keinem Fall. Die Eifrigen stoßen sich an jedem Hindernis, woher es auch stammt, und die ohne Eifer an keinem.

Warum viele Theoretiker trotzdem von diesem Unterschied so beeindruckt sind? Vermutlich gehen sie von der Voraussetzung aus, dass einem Menschen Unrecht geschieht, wenn er in seiner Freiheit beeinträchtigt wird. Nun tun aber Gletscherspalten und ähnliche Dinge niemandem Unrecht. Man kann bedauern, was einem durch sie geschieht, aber man kann sich darüber nicht beklagen oder empören. Nur was andere Menschen einem tun, kann Unrecht sein. Also kommt allein ihr Tun für eine Beeinträchtigung von Freiheit in Betracht. Eine solche Überlegung ist schon in der Wortwahl Hayeks zu erkennen, wenn er schreibt, dass „Freiheit" in seinem Sinne

> refers solely to a relation of men to other men, and the only infringement on it is coercion by men.[22]

Denn „infringement" ist eben nicht bloß Minderung oder Beeinträchtigung, sondern Übergriff. Hayek, so zeigt seine Ausdrucksweise, kann sich nicht vor-

---

21 Siehe dazu Theodor W. Adorno, Minima Moralia (1951), Frankfurt (Suhrkamp) 1976, Nr. 100, Sur l'eau.
22 Hayek, Constitution of liberty, S. 12.

stellen, dass die Freiheit eines Menschen anders leidet als durch Verletzung eines Rechts. Derselbe Gedanke erscheint schon bei Rousseau, wenn er erklärt:

> La dépendance des choses, n'ayant aucune moralité, ne nuit point à la liberté.[23]

Das bedeutet: Abhängigkeit von Dingen, im Gegensatz zur Abhängigkeit von Menschen, hat keine moralische Qualität, ist moralisch neutral, und deshalb tut sie der Freiheit dessen, der abhängig ist, keinen Abbruch. Was umgekehrt heißt: Nur was moralisch qualifiziert, und natürlich negativ qualifiziert ist, tut der Freiheit von jemandem Abbruch. Also, nur durch Unrecht kann Freiheit beeinträchtigt werden. Eine solche „rights definition of freedom", wie G.A. Cohen es nennt,[24] ist noch bei einer Reihe von anderen Autoren zu finden.[25]

Die Vorstellung, Freiheit sei etwas, worin man nur widerrechtlich beeinträchtigt werden kann, hat allerdings, wie Cohen auch darlegt, absurde Folgen: Strafgefangene, die nach Gesetz und Recht verurteilt wurden, sind hiernach frei.[26] Was diese Vorstellung manchen Autoren dennoch empfiehlt, ja anscheinend unabweisbar macht, ist wohl eine naturrechtliche Überzeugung, mag sie auch nicht immer als solche erkannt sein. Wenn Freiheit etwas ist, worauf wir von Natur oder sogar, nach Thomas Jefferson in der Unabhängigkeitserklärung der USA, dank dem Schöpfer ein Recht haben,[27] dann ist jede Schmälerung menschlicher Freiheit ein Unrecht, und demgemäß können Dinge wie Gletscherspalten ihr nichts anhaben. Denn nur Menschen, nicht Naturdinge, können Natur- oder Gottesrecht übertreten. Der Unterschied zwischen Hindernissen, die Menschen gesetzt haben, und anderen Hindernissen erhält so aus der Theorie ein Gewicht, das er im Leben nicht hat.

Aber die naturrechtliche Überzeugung, die dem Unterschied Gewicht verschafft, ist selbst haltlos. Wir haben keinen Grund anzunehmen, dass wir von Natur aus ein Recht haben, frei zu sein, oder dass Gott uns ein solches Recht verliehen hat. Wenn es aber eine haltlose Annahme ist, der zuliebe der jetzt zur

---

23 Rousseau, Émile ou de l'éducation (1762), F. und P. Richard (Hrsg), Paris (Garnier) 1964, S. 70.
24 G.A. Cohen, Capitalism, freedom, and the proletariat (1979), in: D. Miller (Hrsg.), Liberty, Oxford UP 1991, S. 170.
25 Siehe etwa Robert Nozick, Anarchy, state, and utopia, Oxford (Blackwell) 1974, S. 262. J.P. Day erklärt ohne weitere Begründung, Freiheit sei ein moralisches Recht (Day, Individual liberty, in: A. Phillips Griffiths (Hrsg.), Of Liberty, Cambridge UP 1983, S. 18). Ähnlich verfahren Rainer Forst, Politische Freiheit (1996), in Forst, Das Recht auf Rechtfertigung, Frankfurt (Suhrkamp) 2007, S. 190 f. und Ronald Dworkin, Do liberal values conflict? in: M. Lilla u. a. (Hrsg.), The legacy of Isaiah Berlin, New York (NYRB) 2000, S. 88.
26 Cohen, Capitalism, freedom, and the proletariat, S. 171.
27 Declaration of independence (1776), Abs. 2.

Diskussion stehende Begriff von Freiheit die Grenze zwischen denen, die frei, und denen, die nicht frei sind, so zieht, wie er es tut, nämlich frei auch die nennt, die auf nicht von Menschen gesetzte Hindernisse treffen, dann ist die Grenze willkürlich gezogen, und das spricht gegen einen solchen Begriff.

Man mag entgegnen, dass der Unterschied zwischen Hindernissen, die uns von Menschen in den Weg gelegt werden, und anderen Hindernissen schon in unserem Leben Gewicht hat und es nicht erst durch naturrechtliche Annahmen bekommt. Denn wir regen uns über Hindernisse, die uns Menschen in den Weg legen, viel mehr auf als über andere Hindernisse,[28] sie müssen uns dafür gar nicht stärker in die Quere kommen. Aber zum einen ist das nicht durchgängig so. Manchmal regen wir uns über nicht von Menschen gesetzte Hindernisse so sehr auf wie über das, was Menschen uns tun, und manchmal nehmen wir auch von Menschen gesetzte Hindernisse gleichmütig hin. Zum anderen, wo wir tatsächlich auf Hindernisse, die Menschen uns in den Weg legen, heftiger reagieren, mag das selbst wieder daran liegen, dass zum Ärger über das Hindernis die Empörung über das angebliche Unrecht hinzutritt, das uns damit geschieht; so dass auch diese Empfindlichkeit schon auf der naturrechtlichen Annahme beruht, dass Freiheit nur widerrechtlich geschmälert werden kann.

5 nicht gehindert sein zu tun, was man will

Eine höhere Anforderung an Beeinträchtigungen von Freiheit als bloß, dass jemand an etwas gehindert wird, stellt auch der folgende Begriff: Nur ein Hindernis, das jemandem zu tun verwehrt, was er gern tun möchte, tut seiner Freiheit Abbruch. Entsprechend wird auch hier „frei" großzügiger eingegrenzt als beim Kriterium des Fehlens von Hindernissen welcher Art auch immer. Frei ist hier nicht erst, wer kurzum ungehindert ist, sondern schon, wer nur nicht gehindert ist an dem, was er tun möchte. Dies ist nicht ein Unterbegriff der eben diskutierten Begriffe, sondern er steht quer zu ihnen. Denn äußere wie auch innere Hindernisse, dieser Unterschied einmal zugestanden, und andernteils Hindernisse, die einem von anderen Menschen in den Weg gelegt werden, wie auch andere Hindernisse, können jemanden sowohl an dem hindern, was er gern tun möchte, als auch an anderen Dingen.

---

28 So Rousseau, Émile, S. 80. Auf diese Stelle bezieht sich wohl Berlin, wenn er ohne Quellenangabe Rousseau sagen lässt, „The nature of things does not madden us, only ill will does" (Berlin, The concept of liberty, S. 123).

Dieser Begriff von Freiheit hat starken Rückhalt in unserem geläufigen Verständnis. Wer irgendwen fragt, was „frei sein" bedeutet, bekommt wahrscheinlich die Antwort: tun können, was man will.[29] Auch Hobbes nennt einmal, abweichend von der vorhin zitierten Erklärung, die wohl als seine offizielle gelten darf, frei schon den,

> that in those things, which by his strength and wit he is able to do, is not hindred to doe what he has a will to,[30]

und John Stuart Mill, in einer sichtlich unbedachten Formulierung, sagt kurzerhand

> liberty consists in doing what one desires.[31]

In der Erstfassung von „Two concepts of liberty" hatte auch Berlin so gesprochen,[32] distanzierte sich später aber ausdrücklich von einem solchen Verständnis[33] und änderte den Text von „Two concepts of liberty" entsprechend.

Denn dieser Begriff von Freiheit führt in die Schwierigkeit des zufriedenen Sklaven.[34] Wenn frei jemand ist, der das tun kann, was er will, dann ist ein Sklave, der sich mit seinem Los abgefunden hat, freier als ein anderer, der die Fesseln abwerfen will, es aber nicht kann. Wirklich scheinen sie jedoch gleich frei, also unfrei zu sein, wenn sie sonst unter gleichen Bedingungen leben. Dem angepassten Sklaven mag es besser gehen als dem aufbegehrenden, aber darum ist er nicht freier. Hier besteht also eine Spannung im normalen Verständnis von Freiheit selbst. Wir wollen sagen: Wer frei ist, kann tun, was er will, und wir wollen auch sagen: Bloß weniger wollen macht einen nicht freier. Aber beides können wir nicht sagen. Was geben wir auf?

Das erste, und damit die hier vorgeschlagene verschärfte Anforderung an Hindernisse, die einen unfrei machen. In Wahrheit macht unfrei nicht nur, was Wege verschließt, die man gehen möchte, unfrei macht, was Wege verschließt,

---

[29] Peter Bieri, Das Handwerk der Freiheit, München (Hanser) 2001, S. 44. Der Gedanke erscheint schon bei Aristoteles, Politik 1310 a 31 f., 1317 b 11 f.
[30] Hobbes, Leviathan, Kap. 21, Abs. 2.
[31] John Stuart Mill, On liberty (1859), in: Mill, Utilitarianism, On Liberty, Essay on Bentham, M. Warnock (Hrsg.), London (Collins) 1962, Kap. 5, Abs. 5.
[32] Isaiah Berlin, Two concepts of liberty, Oxford UP 1958, S. 7
[33] Isaiah Berlin, Introduction, in: Four essays on liberty, Oxford UP 1969, S. xxxviii f.
[34] Hierzu eingehend Richard Arneson, Freedom and desire, in: Canadian Journal of Philosophy 15, 1985, S. 425–448.

Punkt.³⁵ Für diese Lösung, also für das Verbleiben beim früheren Begriff von Freiheit als Ungehindertsein, spricht vor allem, dass man dem, der Freiheit als Ungehindertsein an dem verstehen will, was man tun möchte, leicht Ersatz bieten kann: „Sag nicht, dass Freiheit Ungehindertsein an dem ist, was man tun möchte, damit landest du beim Problem des zufriedenen Sklaven. Sag lieber, dass die Freiheit, an der einem liegt, meistens Ungehindertsein an dem ist, was man tun möchte. Denn Hindernisse auf Wegen, die man gar nicht gehen will, sind einem meistens egal, ebenso folglich die Freiheit, die man gewinnt, wenn sie wegfallen. Du fährst auf einer Straße, und die abzweigenden Waldwege sind mit Schranken gesperrt. Wohl bist du dann eingeschränkt, am Befahren der Waldwege gehindert, aber solange du nur auf der Hauptstraße weiterkommen willst, macht dir das nichts aus. Zugegeben, nur meistens ist das so. Manchmal liegt dir daran, etwas tun zu können, was du doch nicht tun willst, zum Beispiel eine Nazi-Partei wählen,³⁶ und solche Fälle geben einen weiteren Grund gegen den Satz: Frei ist, wer tun kann, was er will. Denn wenn die Nazi-Partei durch ein Parteiverbot vom Stimmzettel genommen wird, mindert das die Freiheit auch desjenigen Bürgers, der diese Partei nicht wählen will. Aber im Normalfall wollen wir das auch tun, was wir frei sein wollen zu tun, und das macht deine Verwechslung begreiflich, nämlich dass du Freiheit selbst mit Hilfe einer Bedingung erklärst, die nur meistens eine Bedingung dafür ist, dass einem daran liegt, frei zu sein."

Zudem mag es ein Missverständnis sein, die gängige Auskunft: frei sein heißt, tun können, was man will, durch das Kriterium auszulegen: frei ist, wer dasjenige, was er tun will, auch tun kann. Wenn wir jemandem sagen: Tu, was du willst! raten wir ihm ja auch nicht zu einer derjenigen Handlungen, die er schon will. Wir meinen, es ist egal, was er tut. Ähnlich ist ein beliebiger Punkt auf einer Geraden nicht ein Punkt, für den man eine besondere Vorliebe hat, wie „beliebig" wörtlich genommen denken lassen müsste. Es ist nur irgendein Punkt, egal welcher. „Frei sein heißt, tun können, was man will" mag entsprechend einfach bedeuten: Frei sein heißt, etwas Beliebiges tun können, was es jeweils auch sei, und dann deckt sich diese gängige Auskunft über Freiheit mit der bisher entwickelten Vorstellung von Freiheit als Fehlen von Hindernissen.

---

35 Ähnlich Michel de Montaigne, Essais, Maurice Rat (Hrsg.), Band 2, Paris (Garnier) 1962, Essai III 13, S. 524.
36 Siehe G.A. Cohen, The structure of proletarian unfreedom, in: Cohen, History, labour and freedom, Oxford UP 1988, S. 270 f. mit Fußnote 23.

6 unbehindert sein

Zwischenstand: frei sein ist nicht gehindert sein, in einem weiten Sinne, der auch im Handelnden selbst liegende Bedingungen als Hindernisse zulässt. Keine der verschärften Formulierungen: nicht von außen gehindert sein, nicht von anderen Menschen gehindert sein, nicht an dem gehindert sein, was man will, hat sich gegen die einfache Formulierung durchgesetzt.

„Hindernis" lässt sich aber noch in einer anderen Art zweifach verstehen, und das blieb bisher unbeachtet. Manchmal ist ein Hindernis etwas, was ein Tun ausschließt oder unterbindet. So ist ein Ehehindernis im katholischen Verständnis ein Umstand, durch den eine angebliche Eheschließung von vornherein nichtig gemacht wird, und ein umgestürzter Baum kann ein Hindernis sein, das es unmöglich macht, das Auto aus der Garage zu holen. Manchmal ist dagegen ein Hindernis etwas, wodurch ein Tun nur schwieriger wird. Ein Hindernisrennen etwa verlangt von den Teilnehmenden nur, mit erschwerenden Bedingungen fertig zu werden. Von Hindernissen der ersten Art sagt man, dass sie ein Tun verhindern, von denen der zweiten Art, dass sie es behindern. Spricht man bloß von Hindern, meint man meistens Verhindern („Ein langes Telefonat hinderte mich daran, rechtzeitig wegzukommen"), nur gelegentlich Behindern („Der neue Gehilfe hilft nicht, er hindert nur"). So fragt sich nun, ob jemand schon frei ist, etwas zu tun, wenn ihm Hindernisse nur der ersten Art, Ver-Hindernisse, oder ob er erst frei ist, wenn ihm auch Hindernisse der zweiten Art, Be-Hindernisse, erspart bleiben.

Hobbes an der zu Beginn (II 2) zitierten Stelle dürfte den zweiten Begriff von „Hindernis" im Auge haben,[37] Freiheit folglich eng fassen: die Freiheit von jemandem leidet schon, wenn er in seinem Tun nur behindert wird. Denn „opposition", das Wort, das er durch „externall impediments of motion" weiter erklärt, ist Widerstand, somit etwas, was das betreffende Tun nicht unterbindet, nur erschwert. Auch „impediments" lässt sich durchaus im Sinne von „Hemmnisse" verstehen.[38] Neuere Autoren halten sich gewöhnlich an den ersten Begriff von „Hindernis", markant etwa Hillel Steiner[39]. Andere schwanken, wie Berlin, für den frei einmal jemand ist, der an einem Tun nicht gehindert (prevented) wird, ein andermal jemand, der bei seinem Tun keine störenden Eingriffe (being interfered with) erleidet.[40]

---

[37] David Miller sieht in Hobbes einen Vertreter des ersten Begriffs (Miller, Market, state and community, Oxford UP 1989, S. 39).
[38] Siehe etwa Shakespeare, Richard III., 5. Akt, 2. Szene.
[39] Steiner, Individual liberty, S. 123.
[40] Berlin, Two concepts of liberty, S. 122, 123.

Sachliche Gründe sprechen dafür, als Hindernis auch das zu fassen, was ein Tun nur be-, nicht verhindert. Denn der Abstand zwischen Be- und Verhindern kann sehr klein werden. Wer eingesperrt ist und sich nicht befreien kann, ist nicht frei, klar. Aber wer eingesperrt ist und sich zwar befreien kann, für die Befreiung aber seine noch verbleibende Lebenszeit, vielleicht bis auf fünf Minuten, aufwenden muss, soll man von dem sagen, er sei frei, etwa in die Stadt zu gehen? Steiner antwortet ungerührt mit Ja.[41] Denn dass er in die Stadt geht, wird nicht verhindert, er muss nur vorher einige andere Dinge tun, an denen er aber auch nicht gehindert wird. Tatsächlich scheint es jedoch unvernünftig, dem Unterschied zwischen dem, was unerreichbar, und dem, was nur mit maßlosem Aufwand erreichbar ist, solches Gewicht zu geben. Es scheint ein willkürlicher Absolutismus, Freiheit erst dann beeinträchtigt zu sehen, wenn ein Tun unmöglich ist. Wir sprechen auch nicht so. Wer fast das ganze Leben, das ihm noch bleibt, daran wenden muss, dass er aus dem Gefängnis entkommt, den nennen wir nicht frei. Vielmehr sagen wir von ihm, wenn er dann draußen ist: er hat sich befreit. Also war er vorher nicht frei.

Carter hat Steiners Festlegung übernommen, dass man solange frei ist, etwas zu tun, wie man nicht daran gehindert wird, aber er hat sie folgendermaßen überzeugend zu machen versucht: Diejenigen, die an einem Tun nicht gehindert, nur dabei behindert werden, erfahren allerdings eine Minderung, aber nur eine ihrer Freiheit insgesamt, nicht eine der Freiheit, dies zu tun. Denn Hindernisse, die ein Tun nur be-, nicht verhindern, verhindern anderes Tun, das ohne die Behinderung mit diesem zusammen möglich gewesen wäre. Wer hier seine Ressourcen einsetzen muss, um Schwierigkeiten zu überwinden, habe sie eben anderswo nicht mehr zur Verfügung. Daher könne man vermuten, dass diejenigen, die auch durch Behinderungen, nicht nur durch Verhinderungen, die Freiheit, dies oder jenes zu tun, gemindert sehen, diese Freiheit nur mit der Gesamt-Freiheit eines Menschen verwechseln.[42] Aber diese Vermutung ist nicht plausibel. Wer sich nur mit unmäßigem Aufwand befreien kann, den halten wir nicht deshalb für unfrei, weil ihm durch diesen Aufwand vieles andere Tun verschlossen ist, sondern weil das fragliche Tun selbst, also in diesem Fall in die Stadt zu gehen, ihm so weit entrückt ist. Es ist dieselbe Eigenschaft, nämlich dass ein Tun einem zugänglich ist, die demjenigen ganz fehlt, der an etwas gehindert wird, und die demjenigen in größerem oder geringerem Maße fehlt, der auf Hindernisse trifft, die ihn nur behindern.

---

41 Hillel Steiner, How free: computing personal liberty, in: A. Phillips Griffiths, Of liberty, Cambridge UP 1983, S. 78.
42 Carter, A measure of freedom, S. 232f.

Die Konsequenz daraus ist allerdings, den Begriff des Hindernisses sehr weit zu fassen, und entsprechend den des Zugewinns an Freiheit. Was immer es auch nur ein wenig schwerer macht, etwas zu tun, ist hiernach ein Hindernis, was immer es auch nur ein wenig leichter macht, lässt Freiheit wachsen. Hobbes wird damit einverstanden sein, denn auch ein Widerstand, der sich leicht überwinden lässt, ist noch ein Widerstand. Der gewöhnliche Sprachgebrauch ist nicht einverstanden. Wir nennen ein Hindernis erst das, was ein Tun beträchtlich schwerer macht, reden von einem Freiheitsgewinn erst bei einem signifikanten Zuwachs.[43] Aber das ist eine bekannte Erscheinung. Physiker reden von Lasten, die so klein sind, dass kein normaler Mensch sie als Last bezeichnen würde. Dann dürfen auch Freiheitstheoretiker von Hindernissen und Freiheitsgewinnen sprechen, die so klein sind, dass kein normaler Mensch sie so bezeichnen würde. Wie andere Theoretiker systematisieren sie damit nur aus dem normalen Sprachgebrauch entnommene Vorgaben, mit Resultaten, die dann vom normalen Sprachgebrauch abweichen mögen.

7 nicht wahrscheinlich behindert sein

Eine ähnliche Frage wie bei Be- und Verhinderungen stellt sich auch bei der Wahrscheinlichkeit von solchen. Jemand will über den Pass fahren, weiß aber nicht, ob er offen ist, sondern nur, dass zu dieser Zeit des Jahres die Wahrscheinlichkeit, dass er offen ist, die objektiv verstandene Wahrscheinlichkeit, 0, 5 beträgt. Ist er jetzt, was die Fahrt über den Pass betrifft, weniger frei? oder ist jetzt nicht klar, ob er frei ist, über den Pass zu fahren, wobei die Wahrscheinlichkeit, dass er es ist, 0, 5 beträgt?

Die erste Antwort empfiehlt sich, also die Zulassung wahrscheinlicher Hindernisse als selbst Hindernisse.[44] Sie empfiehlt sich aus der Perspektive eines Handelnden, der Dinge erreichen und Schwierigkeiten überwinden will. Denn die Wahrscheinlichkeit von 50 %, dass der Pass geschlossen ist, schmälert schon jetzt seine Aussichten hinüberzukommen und fällt damit bei der Bestimmung seines Handelns ins Gewicht. Die Betrachtung hoher Wahrscheinlichkeit, wie eben die Betrachtung extremer Behinderung, stützt diese Überlegung. Es ist nicht plausibel, jemanden, der etwa nur eine minimale Chance hat, über den Pass zu kom-

---

43 Charles Taylor, What's wrong with negative liberty (1979), in: Taylor, Philosophy and the human sciences, Cambridge UP 1985, S. 218.
44 Hier wie auch bei dem vorigen Punkt, der Zulassung bloß behindernder Hindernisse, folge ich Felix Oppenheim, Social freedom: Definition, measurability, valuation, in: Social Choice and Welfare 22, 2004, S. 177 f.

men, hinsichtlich dieses Vorhabens frei zu nennen oder sich des Urteils, ob er in dieser Hinsicht frei ist, so lange zu enthalten, wie er nicht wirklich gescheitert oder durchgekommen ist. Plausibel ist es zu sagen: Wenn einer praktisch keine Chance hat hinüberzukommen, ist er jetzt schon in seiner Freiheit beeinträchtigt, wenn auch nicht so stark wie derjenige, bei dem feststeht, dass er nicht hinüberkommt. Das erfordert allerdings einen graduellen Freiheitsbegriff. Es ist nicht so, dass man kurzum frei ist oder nicht, etwas zu tun, sondern man ist mehr oder weniger frei, es zu tun. Aber schon die Zulassung von Hindernissen, die nur behindern, führte auf einen graduellen Freiheitsbegriff: je schwieriger es ist, ein Hindernis zu überwinden, desto weniger frei ist jemand, das zu tun, worin er durch das Hindernis behindert wird. Jetzt kommt nur hinzu: je größer die Wahrscheinlichkeit, dass jemand auf ein Hindernis trifft, desto weniger frei ist er.

Damit wird der Begriff des Hindernisses noch einmal weiter gefasst: Hindernis ist auch die Wahrscheinlichkeit dafür, dass ein Tun ver- oder auch nur behindert wird. Nach Hobbes ist frei, wer nicht auf Hindernisse trifft. Mit diesen beiden Erweiterungen heißt das: frei ist jemand, etwas zu tun, wenn er nicht daran gehindert und nicht dabei behindert wird, und wenn es auch nicht wahrscheinlich ist, dass dies geschieht; und er kann mehr oder weniger frei sein, es zu tun, nämlich abhängig davon, wie schwach oder stark er behindert wird und wie gering oder groß die Wahrscheinlichkeit ist, dass dies geschieht.

8 insgesamt frei sein

Wenn einer, nicht nur einfach frei oder nicht frei, sondern auch mehr oder weniger frei sein kann, das und das zu tun, dann liegt die Frage nahe, ob er auch insgesamt mehr oder weniger frei, ein freierer oder weniger freier Mensch sein kann. Gewiss nennen wir oft jemanden frei ohne weitere Angaben dazu, was zu tun er frei ist, weil sich die in der Situation von selbst verstehen. „Otto ist frei", in einem Fußballspiel gesagt, bedeutet nicht, dass Otto insgesamt ein freier Mensch ist. Es bedeutet, dass er von Gegenspielern unbedrängt den Ball annehmen und abspielen kann. Aber manchmal gebrauchen wir „frei" ohne Zusätze und meinen wirklich „frei insgesamt" oder „insgesamt freier als andere oder als er selbst zu anderer Zeit", und die Frage ist, ob so zu reden Sinn hat.

Wer über die Gesamt-Freiheit eines Menschen Auskunft haben will, dem muss man mit einer Liste antworten, die für jedes Tun ausweist, wie groß die Hindernisse sind, in dem eben beschriebenen weiten Sinne, die sich diesem Menschen bei diesem Tun entgegenstellen, also mit Hobbes, wie groß der Widerstand ist, auf den dieser Mensch bei diesem Tun trifft. Einmal angenommen, alles Tun von Menschen lässt sich in Tuns-Einheiten aufteilen, zwischen denen es keine Überlappungen gibt, die Zeilen-Einteilung der Liste bereitet also keine Probleme,[45] dann ist es grundsätzlich möglich, eine solche Liste zu erstellen, wenn auch eine vollständige Erhebung der erforderlichen Daten schwirig sein wird. Eine solche Freiheits-Liste gleicht einer Entfernungstabelle: für jede Art von Handlung wird der Grad verzeichnet, zu dem dieser Mensch bei diesem Tun behindert ist. Für verschiedene Menschen gelten verschiedene Listen mit charakteristischen Wertausschlägen. Gefangene treffen auf unüberwindliche oder, in dem Beispiel eben, auf fast unüberwindliche Hindernisse bei dem Unternehmen, in die Stadt zu gelangen, für andere ist nichts leichter als das, die dazwischen haben vielleicht mit dem Busfahrplan zu kämpfen. Wer es gelernt hat, tut sich leicht mit der Reparatur der Waschmaschine, ein anderer scheitert an der Aufgabe. An Hand dieser Listen kann man nun von einem Menschen sagen, er sei insgesamt freier als ein anderer, unter der Bedingung nämlich, dass sich ihre Freiheits-Listen nur in einer Zeile unterscheiden oder, wenn in mehreren, dann mit dem Gefälle immer in derselben Richtung. Das mag etwa der Fall sein, wenn es sich um denselben Menschen zu verschiedenen, aber nahe beieinander liegenden Zeitpunkten handelt. Wer zum Beispiel gerade den Führerschein bekommen hat, dem steht jetzt etwas frei, was ihm soeben noch nicht freistand, und seine Freiheits-Bilanz sonst mag sich nicht verändert haben, also ist er jetzt insgesamt freier als vorher.

Aber wenn es sich um verschiedene Menschen handelt oder auch um denselben Menschen zu weiter auseinander liegenden Zeitpunkten, laufen die Freiheitsgefälle immer hin und her.[46] Wenn sie dir den Führerschein abgenommen haben, mir aber das Fahrrad gestohlen, wie sollen wir diese Freiheitseinbußen vergleichen? Und realistisch unterscheiden sich zwei Menschen noch in weitaus mehr freiheitsrelevanten Hinsichten als nur zweien: Du kannst nicht unter Druck arbeiten, mich spornt äußerer Druck an, ich bin gehemmt in der Gegenwart von Frauen, du bist vollkommen unbefangen, Autoritäten machen dir wenig Eindruck, mich lassen sie verstummen. Und so weiter. Es ist nicht zu sehen, wie solche Einschränkungen gegeneinander abzuwägen sind. So gilt zwar, ein Mensch ist bei einem Tun in einem bestimmten Maße behindert. Aber es lässt sich nicht sagen, dass ein Mensch überhaupt, also über sein gesamtes Tun weg, in einem bestimmten Maß behindert ist, weil sich die Freiheitsbeträge pro einzelnes Tun nicht miteinander verrechnen lassen.

Ian Carter hat einen Vorschlag zur Überwindung dieses Problems gemacht. Er will Handlungen beschreiben als das Hervorbringen raum-zeitlich bestimmter

---

[45] Das Problematische dieser Annahme notiert schon Berlin, Two concepts of liberty, S. 130 Fußnote.
[46] Siehe Tim Gray, Freedom, Basingstoke (Macmillan) 1991, Kap. 4.2

physischer Bewegungen.⁴⁷ Damit ist dann eine Handlung tatsächlich dicker oder dünner als eine andere, sofern sie nämlich, direkt oder über ihre Folgen, mehr oder weniger Masse über eine längere oder kürzere Strecke im Raum verschiebt. Also lassen sie sich in ihrer Größe vergleichen, und ebenso lassen sich daher die Freiheitsverluste vergleichen, die man erleidet, wenn man an ihnen gehindert wird. Doch dieser letzte Schritt ist in Wirklichkeit problematisch. Wohl kann man Handlungen danach vergleichen, wie groß die Masse der durch sie direkt oder indirekt bewirkten Veränderungen ist. Aber es ist nicht zu sehen, was diesen Unterschied relevant für Freiheit macht. Es ist nicht zu sehen, warum an dicken Handlungen gehindert zu sein einen weniger frei sein lässt als an dünnen. Carter hat also wohl ein gemeinsames Maß von Handlungen gefunden, aber er hat nicht gezeigt, dass es misst, was es messen sollte.⁴⁸

So lässt sich aus den Freiheits-Einträgen der beschriebenen Liste kein Gesamtbetrag bilden, der dann größer oder kleiner wäre als der Gesamtbetrag, der aus der Liste eines anderen Menschen gebildet wird. Die Posten addieren sich nicht. Gehindert sein, ein Auto zu fahren, ist nicht ein um so viel größeres oder kleineres, sondern nur ein anderes Gehindertsein als das, an einer Fahrt mit dem Rad gehindert zu sein. Es gibt nicht die Freiheits-Einheiten, von denen jemand, dem sie den Führerschein abgenommen haben, viele verloren hat, jemand, dem sie das Fahrrad gestohlen haben, weniger, oder auch umgekehrt, wie es dagegen wohl die Gewichts-Einheiten gibt, von denen auf das Auto mehr entfallen als auf das Fahrrad. Also lässt sich nie von zwei Menschen sagen, der eine sei insgesamt freier als der andere, oder auch beide seien insgesamt gleich frei. Es lassen sich nur die einzelnen Hindernisse bemessen, die sich bei einem bestimmten Tun einem bestimmten Menschen entgegenstellen, und nur eine solche Liste von einzelnem Behindert- oder Unbehindertsein in seinem Tun gibt Auskunft über seine Gesamt-Freiheit.

9 nicht einem Herrn unterstehen

Wir verstehen noch, haben also noch zumindest in unserem passiven Wortschatz einen Gebrauch von „frei" im Gegensatz, nicht zu „gebunden" oder „gefangen",

---

47 Ian Carter, A measure of freedom, Kap. 7, hier besonders S. 183.
48 Ähnlich Robert Sugden, Opportunity as a space for individuality: its value and the impossibility of measuring it, in: Ethics 113, 2003, S. 783–809, sowie Oppenheim, Social freedom, Abschnitt 2.

sondern zu „dienend", „Knecht", „Sklave". Wenn Schiller das Stück „Wilhelm Tell" mit Rudenz' Satz beschließt:

> Und frei erklär ich alle meine Knechte.

dann wissen wir, dass die bisher nicht eingesperrt waren. Was sich ändert, ist ihr Stand.[49] Sie waren bisher Rudenz, ihrem Herrn, untertänig, sie werden in Zukunft, wie es dann genannt wurde, freie Arbeiter sein. Dabei mögen sie die gleiche Arbeit tun wie bisher, nur auf einer anderen rechtlichen Grundlage. Bisher arbeiteten sie für ihn, weil er ihr Herr war und dank seinem übergeordneten Status ihre Arbeit mit Recht verlangen konnte. Künftig arbeiten sie für ihn, weil sie mit ihm über Arbeit und Lohn einen Vertrag geschlossen haben.

„frei" als Bezeichnung des Standes eines Menschen ist älter als die bisher betrachteten Bedeutungen.[50] Im Umkreis des heutigen Gebrauchs lässt sich dieser Sinn gleichwohl aus dem bisher gewonnenen Begriff verständlich machen. Denn Herren hindern. Zumindest ist es wahrscheinlich, dass sie das tun. Herren sind ja nach Max Weber diejenigen, die eine Chance haben, dass bestimmte Menschen ihren Befehlen gehorchen.[51] Mag offen bleiben, ob diese Erklärung nicht zu eng ist; ob es nicht Herren gibt, die ausdrücklicher Befehle nicht bedürfen, um andere zu einem Verhalten nach ihrem Willen zu bringen. Ob mit Befehlen oder auf anderem Wege, Herren haben es in der Hand, Untergebene dies oder jenes tun zu lassen. Es kann wohl sein, dass sie ihre Chance nicht nutzen, die Untergebenen also ihre Wege gehen lassen. Aber das ist im Allgemeinen unwahrscheinlich. Herren üben in der Regel Herrschaft auch aus. Dann aber hindern sie: das eine Tun fordernd, unterbinden oder erschweren sie anderes. Also ist die Unfreiheit des Untergebenen ein Sonderfall der bisher betrachteten allgemeinen Unfreiheit dessen, dem sich Hindernisse entgegenstellen.

Daher sind Rudenz' Knechte am Schluss des Stücks zwar freie Arbeiter geworden, aber das heißt nicht, dass sie dann frei sind. Wohl steht ihnen nun frei, sich anderswo oder gar nicht zu verdingen, und das war nicht so, bevor Rudenz ihnen den Stand von Freien gab. Aber nachdem sie mit ihm einen Arbeitsvertrag geschlossen haben, unterstehen sie wieder seinen Befehlen, allerdings nun auf Grund dessen, dass sie selbst in diese Unterordnung eingewilligt haben. Sie sind

---

[49] Siehe auch im „Tell" (II 2): „Der Mann ist wacker, doch nicht freien Stands".
[50] Institutionen I 3: „Summa itaque divisio de iure personarum haec est, quod omnes homines aut liberi sunt aut servi", oder auch schon Thukydides VIII 15, 2. Zur deutschen Vorgeschichte von „frei" siehe Bernd Kannowski, Freiheit, in: Handwörterbuch zur deutschen Rechtsgeschichte, 2. Auflage, Band 1, Berlin (Schmidt) 2008, Sp. 1745–58.
[51] Weber, Wirtschaft und Gesellschaft, S. 28.

also nicht vorher unfrei, nachher frei in dem allgemeinen Sinne, dass sie vorher auf Hindernisse treffen, nachher nicht. Sie sind nur vorher und nachher in verschiedener Weise unfrei, nämlich Befehlen unterworfen. Sie sind es vorher ohne ihr Zutun, nachher auf Grund ihrer Einwilligung.

Philip Pettit will die Unfreiheit dessen, der einem Herrn untersteht, nicht bloß als einen besonderen Fall von Unfreiheit fassen. Für ihn besteht Unfreiheit darin, einen Herrn über sich zu haben, was heute freilich keine Sache des Standes eines Menschen ist, sondern der Umstände, in die er gerät. Pettit legt damit fest, dass nur andere Menschen einen unfrei machen, eine Festlegung, die zwar häufig getroffen wird, die aber, wie oben besprochen (II 4), nicht gut begründet ist. Doch mag dieser Disput hier beiseite bleiben, wichtig ist, wie Pettit Herrschaft versteht. Herr ist nach ihm jemand, der in der Lage ist, willkürlich in das Tun anderer hindernd oder erschwerend einzugreifen.[52] Verglichen mit dem bisher entwickelten Begriff von Freiheit stellt dieser Begriff teils schwächere, teils stärkere Anforderungen an eine Beeinträchtigung von Freiheit, ist also einesteils sparsamer, andernteils großzügiger mit dem Prädikat „frei". Nach dem bisher entwickelten Begriff mindert jede Behinderung und jede wahrscheinliche Behinderung die Freiheit eines Menschen. Dagegen reicht es nach Pettit für eine Freiheitsminderung aus, dass ein anderer zu Behinderungen in der Lage ist, er muss nicht wirklich behindern oder auch nur wahrscheinlich es tun. Andernteils zählt für Pettit nicht jede Behinderung, zu der ein anderer in der Lage ist, als Minderung der Freiheit eines Menschen. Die leidet erst, wenn ein anderer zu willkürlichen Behinderungen in der Lage ist.

Doch beide Änderungen überzeugen nicht. Zunächst überzeugt nicht, dass einer schon dadurch weniger frei sein soll, dass ein anderer nur in der Lage ist, hindernd oder behindernd in sein Tun einzugreifen, selbst wenn nicht zu erwarten ist, dass er es wirklich tut. Für Handelnde ist belanglos, was ein anderer ihnen anzutun bloß in der Lage ist, wichtig ist allein, was er ihnen antun wird oder wahrscheinlich antun wird. Der Freund, mit dem ich eine Bergtour mache, hat es an ausgesetzten Stellen in der Hand, mich hinunterzustoßen, und vor Strafverfolgung ist er unter den Umständen auch ziemlich sicher. Aber dass er das tun kann, macht mich nicht weniger frei. Nicht nur fühle ich mich nicht weniger frei. Ich bin es nicht, denn von der Seite bedroht mich nichts. Ich bin nur durch den Absturz selbst, ohne sein Zutun, bedroht und darum weniger frei, denn fehlzutreten stellt eine ernsthafte Gefahr dar. Aber ich muss nicht damit rechnen, dass er mich hinunterstößt, und solange das so ist, schadet sein bloßes Vermögen dazu meiner Freiheit nicht. Freiheit ist, wie zuvor argumentiert, eine Sache dessen, was

---

52 Philip Pettit, Republicanism, Oxford UP 1997, S. 52.

ich tun kann, dessen, was mir zu tun offensteht, gleichgültig, ob ich es tun will oder nicht. (II 5) Aber das Feld dessen, was mir offensteht, wird durch die bloße Tatsache, dass andere mir etwas tun können, nicht kleiner, sondern erst durch ihr Tun oder die Wahrscheinlichkeit ihres Tuns.

Quentin Skinner hat einen Begriff von Freiheit ähnlich demjenigen Pettits aus den Schriften der republikanischen Tradition in der frühen Neuzeit erhoben.[53] Aber wenn diese alten Autoren die königliche Prärogative als unvereinbar mit bürgerlicher Freiheit attackieren, so nehmen sie Anstoß, entgegen Skinners Behauptung, nicht an „der bloßen Möglichkeit"[54] von Übergriffen. Sie meinen die Gefahr von Übergriffen, eine unter Karl I. ja durchaus reelle Gefahr. Für eine Gefahr aber braucht man mehr als die bloße Möglichkeit eines Schadens, er muss auch einzutreten drohen. Machiavelli, den Skinner in diesem Zusammenhang zitiert, schreibt, der gemeinsame Nutzen des Lebens in einem freien Staat sei,

> di potere godere liberamente le cose sue sanza alcuno sospetto[55]
>
> das, was einem gehört, genießen zu können, frei und ohne Besorgnis.

Aber Besorgnis erregt einem vernünftigerweise nicht, was ein anderer bloß zu tun in der Lage ist, sondern wofür einige Aussicht besteht, dass er es tut.[56]

Erst recht überzeugt nicht, zweitens, dass allein willkürliche Eingriffe oder die Gefahr von solchen einen Menschen weniger frei machen. Was er unter einem willkürlichen Eingriff versteht, wird bei Pettit nicht ganz klar. Klar ist jedoch, dass staatliche Maßnahmen auf Grund von Gesetzen, die in geeigneten Verfahren aus dem Willen des Volkes hervorgegangen sind, nicht willkürlich sein sollen.[57] Doch damit handelt sich Pettit dieselbe absurde Folge ein, unter der vorhin schon die Rechte-Erklärung von Freiheit litt (II 4): Wer im Gefängnis eine rechtmäßig verhängte Strafe abbüßt, ist hiernach frei, denn willkürlich wird in sein Tun nicht eingegriffen. Aber ein Begriff von Freiheit, der zu dieser Behauptung zwingt, ist nicht annehmbar.

Skinner schließt sich in diesem Punkt Pettit nicht an. Er macht nur geltend, dass nach den frühneuzeitlichen Autoren, die er heranzieht, schon die Abhän-

---

[53] Quentin Skinner, Liberty before liberalism, Cambridge UP 1998. Siehe auch Skinner, The paradoxes of political liberty, in: Stephen Darwall (Hrsg.), Equal freedom, Ann Arbor (University of Michigan Press) 1995.
[54] Skinner, Liberty before liberalism, S. 72.
[55] Niccoló Machiavelli, Discorsi I 16.
[56] Jacob und Wilhelm Grimm, Die kluge Else, in: Grimm, Kinder- und Hausmärchen (H.-J. Uther Hrsg.), Band 1, Darmstadt (Wiss.Buchges.) 1996, Nr. 34.
[57] Pettit, Republicanism, S. 55f.

gigkeit, in die Menschen geraten, wenn sie nicht allein durch von ihnen selbst bestimmte Gesetze regiert werden, sie in ihrem Tun einschränkt, also ihre Freiheit mindert, selbst wenn etwa die Krone von ihren Eingriffsmöglichkeiten keinen Gebrauch macht.[58] Aber das heißt entweder: auch wenn aktuell keine Einschränkungen ihres Tuns verfügt sind, müssen sich Bürger einer Nicht-Republik vor solchen Einschränkungen in Acht nehmen, denn die Gefahr derselben besteht fort. Ist das gemeint, dann ist kein Streit. Diese Theoretiker sagen dann nur, genau wie hier argumentiert, dass nicht allein Einschränkungen, sondern auch die Wahrscheinlichkeit von solchen einen weniger frei macht. Oder aber mit Abhängigkeit ist gemeint, dass Einschränkungen nicht drohen, nur möglich sind. Doch dann ist gemäß dem zuvor Gesagten nicht zu sehen, wieso jemand weniger frei sein soll, nur weil ein anderer störend in sein Handeln eingreifen kann, selbst wenn keine Aussicht besteht, dass er es tut.

10 sein eigener Herr sein

Behinderung und wahrscheinliche Behinderung machen unfrei, darum ist es ein Fall von Unfreiheit, einem Herrn zu unterstehen, weil ein Herr wahrscheinlich das eigene Tun behindert. In der Diskussion um Freiheit ist aber auch oft von dem Zustand die Rede, dass jemand sein eigener Herr ist, und dies wird dann als ein Zustand positiver Freiheit betrachtet, im Gegensatz zu einer bloß negativ verstandenen Freiheit als Abwesenheit von Hindernissen. Tatsächlich lässt sich aber der Zustand, sein eigener Herr zu sein, am besten als der Zustand erklären, keinem Herrn zu unterstehen, somit wieder als ein Fall von Freiheit im negativen Sinn. Denn zwar kann „sein eigener Herr sein" bedeuten: Rechtsperson sein, mündig sein. Aber dieser Begriff ist für unser heutiges Verständnis von Freiheit belanglos. Die gegenwärtigen Rechtsordnungen kennen ja Sklaverei, Leibeigenschaft und ähnliche standesbedingte Einschränkungen der Mündigkeit nicht mehr, formelle Entmündigungen sind selten, und so wird praktisch jeder automatisch Rechtsperson und hört auch meistens erst mit dem Tod auf, es zu sein. Diese Eigenschaft ist damit bei erwachsenen Menschen heute selbstverständlich, und das soll positive Freiheit ja nicht sein. Sucht man aber nach einer anspruchsvolleren Bestimmung des mit „positive Freiheit" Gemeinten, bekommt man in aller Regel entweder triviale oder unerfüllbare, wenn nicht gleich unverständliche Bedingungen angeboten. So lässt etwa Berlin den Freund positiver Freiheit sagen,

---

58 Skinner, Liberty before liberalism, S. 83f.

> I wish to be somebody, not nobody

und es ist schwer zu sehen, wie einem dieser Wunsch unerfüllt bleiben kann. Wenn diese Rede aber eine tiefere Bedeutung haben soll, so ist sie unklar. Ebenso trivial oder unklar ist die Rhetorik von Selbstverwirklichung, auf die Charles Taylor sich mit Vorliebe stützt[59] und die auch sonst populär ist: Wie kann irgendetwas, was ich tue, nicht ein Stück Selbstverwirklichung sein? Soll aber nicht alles, was ich tue, Selbstverwirklichung sein, dann brauchen wir ein Kriterium, das zwischen dem Tun, in dem ich mich verwirkliche, und dem Tun, in dem ich das nicht tue, zu unterscheiden erlaubt, und ein solches ist nicht angeboten worden. Ohnehin erweckt ja die Vorstellung Misstrauen, dass es da ein Selbst gebe, das nur noch der Verwirklichung im Tun bedarf – was ist es denn vorher, unwirklich? Wenn schließlich der Freund positiver Freiheit bei Berlin fortfährt, er wäre gern

> not acted upon by external nature[60]

so scheint er auf den Tag zu warten, an dem Regen ihn nicht nass macht. Mangels einer vernünftigen positiven Erklärung empfiehlt sich somit das negative Verständnis von „sein eigener Herr sein" als „keinem Herrn unterstehen", was im vorigen Abschnitt (II 9) behandelt wurde.

Übrigens meint „sich beherrschen" trotz der Verwandtschaft der Ausdrücke noch etwas anderes als „sein eigener Herr sein". Wer sich beherrscht, hat sich unter Kontrolle, im Gegensatz dazu, dass er andere unter Kontrolle hat. Dagegen wer sein eigener Herr ist, untersteht sich selbst, im Gegensatz dazu, dass er einem andern untersteht. Wenn das eben Gesagte richtig ist, so ist sich selbst zu unterstehen tatsächlich nichts weiter als nicht einem anderen zu unterstehen.

11 Willensfreiheit besitzen

Nach allen bisher erwogenen Erklärungen von „frei" sind Menschen manchmal frei, etwas zu tun, oder jedenfalls manchmal freier, etwas zu tun, als zu einer anderen Zeit oder als andere es sind. Es gibt dagegen eine einflussreiche Überlegung, nach der Menschen überhaupt nicht frei sind. Sie schließt so: Dass jemand dies oder jenes tut, ist ein Naturereignis, was immer es sonst noch sein mag.

---

59 Taylor, What's wrong with negative liberty, S. 215.
60 Diese und die vorige Stelle bei Berlin, Two concepts of liberty, S. 131.

Dass aber ein Naturereignis eintritt, ist, gegeben frühere Naturereignisse, durch Naturgesetze bestimmt, und von den früheren Ereignissen gilt das Gleiche, bis zurück zum Anfang aller Dinge. Was einer tut, ist demnach naturgesetzliche Folge von Ereignissen, über die er nicht verfügt. Also ist er nicht frei in seinem Tun. Diese Überlegung hat in jüngster Zeit Auftrieb bekommen durch die neurowissenschaftliche Forschung, die das Wissen über die Abläufe im Handelnden erheblich vermehrt hat.[61] Tatsächlich beruht sie aber nicht auf diesen Erkenntnissen, sie kann ebenso auf der Grundlage der klassischen, ja schon der antiken Physik entwickelt werden. Wirklich dürfte die Überlegung von Chrysippos stammen, dem Haupt der stoischen Schule im dritten vorchristlichen Jahrhundert.[62] Wer die Überlegung für schlüssig hält, gleichwohl jemanden, der nicht eingesperrt ist, frei nennen will, wird sich damit helfen, zwei Bedeutungen von „frei" zu unterscheiden. Gängig ist hier die Unterscheidung von Handlungsfreiheit und Willensfreiheit: jene fehlt Gefangenen, diese fehlt, wenn die dargestellte Überlegung richtig ist, allen Menschen.[63]

Doch ist die Rede von Willensfreiheit nicht so zu verstehen, dass ihr Fehlen nur ein Organ eines Menschen, den Willen, lahmlegt, ähnlich dem Fall, dass jemand einen steifen Arm hat. Nach Meinung mancher Autoren braucht man sogar, um Willensfreiheit zu besitzen, nicht einen Willen zu haben.[64] Vielmehr ist, wem Willensfreiheit fehlt, selbst in einem bestimmten Sinne nicht frei. Die Frage ist, in welchem. Angenommen also, die Prämissen der gerade angeführten Überlegung sind richtig, obgleich sie auch bezweifelt wurden. Angenommen, menschliche Handlungen sind Naturereignisse, die durch andere Naturereignisse naturgesetzlich bestimmt werden. In welchem Sinne von „frei" sind Menschen dann nicht frei?

Gewöhnlich wird darauf geantwortet: sie sind nicht frei in dem Sinne, dass sie nichts anderes tun können, als was sie tatsächlich tun; und dafür, dass einer frei ist, etwas zu tun, ist es notwendig, dass er auch etwas anderes tun kann.[65] Aber diese letzte Annahme ist fragwürdig. Welche Vorstellung sie leitet, ist klar: wer frei ist, hat Spielraum, ist nicht auf eine Bahn festgelegt. Aber was, wenn jemand aus

---

61 Siehe etwa Hans Markowitsch, Warum wir keinen freien Willen haben. Der sogenannte freie Wille aus Sicht der Hirnforschung, in: Psychologische Rundschau 55, 2004, S. 163–168.
62 Der wichtigste Zeuge hierfür ist Cicero, De fato 40. Siehe dazu Susanne Bobzien, Determinism and freedom in Stoic philosophy, Oxford UP 1998.
63 Die Unterscheidung stammt der Sache nach von David Hume, An inquiry concerning human understanding, Kap. 8, Teil 1.
64 Peter van Inwagen, When is the will free? (1989) in: Timothy O'Connor (Hrsg.), Agents, causes, and events, Oxford UP 1995, S. 220.
65 Siehe etwa Geert Keil, Willensfreiheit, 2. Auflage, Berlin (de Gruyter) 2013, S. 11.

sich heraus auf diese Bahn festgelegt ist? Dann kann er zwar nicht anders, aber es fehlt ihm in dieser Sache nicht an Freiheit. Der ist nicht unfrei, der seinem Herzen folgt.[66] Augustinus schreibt einmal:

> Pondus meum amor meus; eo feror, quocumque feror.[67]
>
> Meine Liebe ist meine Schwere. Sie ist es, die mich treibt, wohin auch immer es mich treibt.

Was ein so charakterisierter Mensch tut, ist festgelegt. Wie die Steine zu Boden fallen, treibt es ihn dahin oder dahin. Aber ihn treibt seine eigene Schwere. Nicht gegen ihn ist festgelegt, dass er dahin oder dahin geht, sondern seine Liebe bestimmt ihn dazu, die aus ihm selbst, wie er soweit in der Begegnung mit anderem geworden ist, hervorgeht. Darum ist seine Freiheit nicht beeinträchtigt.

In welchem Sinne ist ein Mensch nicht frei, dessen Tun naturgesetzlich bestimmt ist? – auf diese Frage ist es also keine gute Antwort zu sagen: in dem Sinne, dass er keine Alternative hat. Keine Alternative zu haben reicht nicht aus, um einen in dem, was er tut, unfrei sein zu lassen. Auf eine bessere Antwort führt die Passage aus Paul-Henri Thiry d'Holbachs „Système de la nature", mit deren Hilfe Peter Bieri das Problem der Willensfreiheit exponiert:

> Notre vie est une ligne que la nature nous ordonne de décrire à la surface de la terre, sans jamais pouvoir nous en écarter un instant. [...] Cependant, malgré les entraves continuelles qui nous lient, on prétend que nous sommes libres.[68]
>
> Unser Leben ist eine Linie auf der Oberfläche der Erde, die zu beschreiben uns die Natur befiehlt und von der wir keinen Augenblick abzuweichen vermögen [...] Nichtsdestoweniger, trotz der Fesseln, durch die wir fortwährend gebunden sind, gibt man vor, wir seien frei.[69]

Also, die naturgesetzliche Bestimmung unseres Tuns ist eine Fessel, und das heißt, wie zu Beginn (II 2) an den Stellen bei Goethe und Rousseau, sie ist ein Hindernis der Bewegung. In diesem Sinne also sind wir nicht frei. Die Natur engt unseren Spielraum auf die eine von ihr vorgegebene Linie ein und hindert uns, davon abzuweichen. Metaphorisch kann d'Holbach deshalb auch sagen, die

---

66 Siehe dazu Harry Frankfurt, und zwar sowohl seine Behauptung, man brauche, um frei zu sein, nicht Alternativen zu haben (in „Alternate possibilities and moral responsibility") wie auch seine späteren Überlegungen zum Festgelegtsein durch einen selbst (etwa in „Identification and wholeheartedness" und „Rationality and the unthinkable", alle in: Frankfurt, The importance of what we care about, Cambridge UP 1988).
67 Augustinus, Confessiones XIII 9, 10.
68 Paul-Henri Thiry d'Holbach, *Système de la nature* (1770), Y. Belaval (Hrsg.), Hildesheim (Olms) 1966, S. 224 f.
69 Bieri, Das Handwerk der Freiheit, S. 19.

Natur befiehlt uns, diese Linie zu nehmen. Die Metapher passt nicht vollkommen, denn wem befohlen wird, der kann sich gewöhnlich dem Befehl auch widersetzen, während es ein Abweichen von der Linie der Natur nicht gibt. Aber das Recht der Metapher liegt darin, dass die Natur wie jemand, der Befehlsgewalt über uns hat, es herbeiführen kann, dass wir uns in dieser oder jener Weise verhalten.

Doch in Wahrheit ist die naturgesetzliche Bestimmung unseres Tuns keine Fessel. Denn dazu müsste sie uns auferlegt sein, und wir müssten an sich ihr nicht unterliegen. Aber das ist nicht so. Die naturgesetzlich bestimmten Abläufe, die zu diesem oder jenem Tun führen, sind die Art, in der wir selber wirken. Sie können uns keine Fessel anlegen, weil es den Gefesselten jenseits von ihnen nicht gibt.

Um somit die naturgesetzliche Bestimmtheit unseres Tuns als unvereinbar mit Freiheit anzusehen, wie d'Holbach, oder auch nur als eine Herausforderung für die Annahme von Freiheit, wie Bieri, muss man schon annehmen, dass wir an uns selbst etwas anderes sind als das naturgesetzlich bestimmte Wesen, und dass wir den natürlichen Abläufen nur als etwas äußerlich uns Auferlegtem unterworfen sind. Das aber heißt, man muss schon, wie Nietzsche es ausdrückt, den „Lockweisen alter metaphysischer Vogelfänger" auf den Leim gegangen sein, die den Menschen „allzulange zugeflötet haben: ‚du bist mehr! du bist höher! du bist anderer Herkunft!'"[70] Gibt man solche Vorstellungen vom Menschen als etwas anderem als Natur auf, wie es das erklärte Programm von d'Holbach selbst ist, so lässt sich ein Problem der Willensfreiheit nicht einmal stellen. Es ist dann nicht mehr zu sehen, wieso die naturgesetzliche Bestimmtheit ihres Tuns der Freiheit von Menschen etwas anhaben sollte.

Umgekehrt erübrigt sich damit aber auch die Gegenvorstellung vom Menschen, der als solcher frei ist. Sie erübrigt sich, eben weil es nur eine Gegenvorstellung ist, beschworen um die andere Vorstellung abzuwehren, dass wir in all unserem Tun der Bestimmung durch Naturgesetze unterliegen. Aber sie ist unnötig. Um sagen zu können, dass einem manchmal freisteht, etwas zu tun, brauchen wir uns nicht als grundsätzlich Freie, damit als etwas anderes als Natur auszugeben. Den Naturwesen, die wir sind, stehen zu einer Zeit manche Wege offen und manche nicht, und zu einer anderen Zeit stehen andere offen und andere nicht. Der Mensch ist nicht frei oder unfrei. Ein Mensch ist manchmal frei, dieses oder jenes zu tun, manchmal nicht.

---

70 Friedrich Nietzsche, Jenseits von Gut und Böse, Nr. 230, KSA Band 5, S. 169.

12 etwas tun dürfen

Auf einem Verkehrsschild ist ein Fahrrad zu sehen und darunter das Wort „frei". Das heißt offenbar: auf dem betreffenden Weg ist es erlaubt, mit dem Rad zu fahren. Es heißt nicht: das Radfahren auf diesem Weg ist nicht behindert, etwa durch eine Absperrung oder eine Überflutung. Es heißt also nicht: man kann hier radfahren. Schließlich sähe man das meistens auch so, ohne Schild. Es heißt: man darf hier radfahren. (Allerdings wird „kann" in der Umgangssprache oft statt „darf" gebraucht.) Oder, es bestehen keine rechtlichen Hindernisse, hier mit dem Rad zu fahren.

So, also im Sinne von „zulässig", wird „frei" häufig gebraucht. Von der bisher gegebenen Erklärung von „frei" aus lässt sich dieser Gebrauch verständlich machen. Rechtliche Hindernisse sind wirklich Hindernisse. Sie erschweren ein Tun künstlich, indem sie es mit der Aussicht auf üble Folgen verbinden, die gegen Täter verhängt werden. Auf einem Weg mit dem Rad zu fahren, der dafür nicht freigegeben ist, wird belastet durch die kleinere oder größere Chance, deswegen mit der Staatsgewalt Ärger zu bekommen. Rechtlichen Vorschriften zu unterstehen mindert also die Freiheit, im bisher erklärten Sinne des Wortes: sie machen einem das Leben schwerer. Und entgegen den Freunden des republikanischen Freiheitsbegriffs (II 9), rechtliche Vorschriften mindern Freiheit, gleich ob sie aus willkürlicher oder demokratisch legitimierter Machtausübung hervorgehen.

Manchmal gebrauchen wir „frei" auch, wenn ein Tun nicht rechtlich, sondern moralisch zulässig ist. Jemandem steht frei, etwas zu tun, das kann bedeuten, er ist nicht dazu verpflichtet, es nicht zu tun. Umgekehrt beschreiben wir Verpflichtete oft als gebunden, in älterer Sprache verbunden, somit als unfrei, im bisher entwickelten Sinne. Kleists Prinz von Homburg wundert sich, dass er als Gefangener doch gehen kann, wohin er will, und bekommt zur Antwort:

> Dein Wort ist eine Fessel auch.[71]

Womit gesagt ist: aus seinem Versprechen, in die Haft zurückzukehren, erwächst ihm eine Verpflichtung, und die hindert ihn zu fliehen, mindert also seine Freiheit. Ernst Tugendhat behauptet entsprechend, moralische Normen seien Einschränkungen unserer Freiheit.[72]

---

[71] Heinrich von Kleist, Prinz Friedrich von Homburg III 2.
[72] Ernst Tugendhat, Was heißt es, moralische Urteile zu begründen? in: Tugendhat, Aufsätze 1992–2000, Frankfurt (Suhrkamp) 2001, S. 91.

Aber dieser Gebrauch von „frei" ist problematisch. Denn moralische Gebote, anders als die des Rechts, drohen dem, der sie verletzen will, nicht mit Übeln. Sie sagen ihm nur, was zu tun recht ist.[73] Wohl mögen ihm wirklich Übel geschehen, wenn er es nicht tut, und wäre es nur, dass sein Ansehen leidet. Aber das moralische Gebot stützt sich nicht darauf, dass im Fall des Ungehorsams wahrscheinlich unerwünschte Folgen eintreten. Es hat keine Druckmittel in der Hand, mit denen es Unwillige dazu bringen kann, sich zu fügen. Doch dann wird es schwer zu verstehen, wieso jemand frei genannt wird, wenn er einer moralischen Verpflichtung nicht unterliegt. Er ist ja ebenso frei, wenn er ihr unterliegt. Schließlich hindert oder behindert ihn die Verpflichtung nicht, sie macht nur, dass er etwas tun oder nicht tun soll. In Wirklichkeit ist das gegebene Wort keine Fessel.

Aber manchmal fällt es uns schwer, das Rechte zu tun, und diese Mühe ist jemand los, der nicht einer Verpflichtung unterliegt. Darum können wir ihn frei nennen. Hier besteht Freiheit nicht darin, der Moralknute entkommen zu sein – es gibt keine. Aber zu tun, was richtig ist, kann anstrengend sein. „Schöne Dinge sind schwierig" ist ein griechisches Sprichwort, das Platon mehrfach zitiert.[74] Unverpflichtete können frei heißen, nicht weil sie nicht bedrängt oder bedroht sind, denn das sind auch Verpflichtete nicht, sondern weil sie ihr Tun laufen lassen können, wie Radfahrer bergab.

Doch wenn diese Überlegung es auch rechtfertigen mag, die Unverpflichteten frei zu nennen, dürfte der Ursprung dieses Sprachgebrauchs tatsächlich in der Angleichung von Moral an Recht liegen, die aus der wohl anfänglich ägyptischen, dann im Christentum fest verankerten Lehre vom Totengericht folgt. Denn wenn das, was man moralisch Gutes und Böses tut, einmal vor einen allwissenden Richter kommt, der dafür Lohn und Strafe zuteilt, ist man jetzt allerdings gebunden oder gehalten, moralische Forderungen zu erfüllen, gebunden durch die sonst zu erwartende Strafe, nicht anders als man auch an die Straßenverkehrsordnung gebunden ist. Umgekehrt ist man dort frei, wo man einer moralischen, aber nun eben durch Strafe bewehrten Forderung nicht untersteht, frei wie ein Radfahrer auf einem Weg mit dem „Radfahren frei"-Schild.

---

73 Entgegen Tugendhat, der eine solche Aussage für unverständlich hält (Tugendhat, Wie sollen wir Moral verstehen?, in: Aufsätze 1992–2000, S. 164).
74 Etwa Platon, Staat 435c.

13 Autonomie besitzen

Seit Kant ist es gebräuchlich geworden, Freiheit als Autonomie zu verstehen. Allerdings bezeichnet dieses Wort bei Kant und im heutigen Sprachgebrauch verschiedene Dinge.

Kant folgt mit seinem Verständnis von „Autonomie" der Bedeutung des entsprechenden Wortes im Griechischen. Dort bezeichnete „autonomia", wörtlich „Selbstgesetzlichkeit", die Eigenschaft einer Stadt, die in ihr geltenden Gesetze selbst zu geben, nicht von außen auferlegt zu bekommen.[75] Kant, dem dieser überlieferte Sprachgebrauch vertraut ist,[76] schreibt analog Individuen Autonomie zu, wenn sie nur Gesetzen unterstehen, die sie selbst gegeben haben.[77] Aus dem Zusammenhang ist sichtbar, dass dies heißt: wenn sie nur moralischen Gesetzen unterstehen, die sie selbst gegeben haben. Denn dass jemand auch allein solchen Rechtsgesetzen untersteht, die er selbst gegeben oder mitgegeben hat, kommt kaum vor. Recht ist praktisch immer zu einem größeren oder kleineren Teil altes Recht, nämlich älter als die Menschen, die unter ihm leben.

Aber in Wahrheit gilt auch von einer auf moralische Gesetze beschränkten Autonomie, dass niemand diese Eigenschaft besitzt. Denn unterstellt für jetzt, dass Moral sich angemessen in Gesetzen fassen lässt, was von denen, die eine Tugend-Ethik vertreten, bestritten wird, so sind moralische Gesetze doch solche, die nicht einer Gesetzgebung entstammen. Niemand hat festgelegt, dass Lügen falsch ist, so wie allerdings jemand das Radfahren auf diesem Weg zulässig gemacht hat. Schon Antigone zieht diesen Unterschied: das Verbot, Polyneikes zu begraben, stammt von Kreon und ist Gesetz der Stadt, aber das Gesetz, das gebietet, ihn zu begraben, steht zwar in Kraft, doch

> niemand weiß, woher es erschien.[78]

Es verdankt sich also nicht der Setzung durch irgendwen. Wenn nun moralische Gesetze keiner Gesetzgebung entstammen, dann auch nicht derjenigen der ihnen unterstehenden Individuen. Moralische Autonomie ist somit ein leerer Begriff, das heißt, einer, von dem es keine Fälle gibt.

Kant dagegen behauptete, moralische Autonomie komme allen vernünftigen Wesen zu.[79] Er meinte das behaupten zu können, zum einen weil er die Idee einer

---

75 Siehe etwa Thukydides V 18.
76 Siehe Kant, Zum ewigen Frieden (1795), Akademie-Ausgabe (= AA) VIII 346.
77 Kant, Grundlegung zur Metaphysik der Sitten (1785), AA IV 432f.
78 Sophokles, Antigone, v. 457.
79 Kant, Grundlegung zur Metaphysik der Sitten, AA IV 434.

moralischen Gesetzgebung für unproblematisch hielt. Wirklich erklärte er ja, dass wir alle unsere Pflichten

> insgesamt zugleich als göttliche Gebote anzusehen haben.[80]

In dem Gedanken einer moralischen Gesetzgebung übernahm er wohl einfach die jüdisch-christliche Lehre, die vor allem in der Geschichte von der Gesetzgebung am Berg Sinai[81] Gott als moralischen Gesetzgeber dargestellt fand. Er meinte es zum anderen behaupten zu können, weil er den „selbst"-Anteil der moralischen Selbstgesetzgebung auf eigentümliche Weise verstand. Der Mensch, sagt er, sei

> nur seiner eigenen und dennoch allgemeinen Gesetzgebung unterworfen.[82]

Nicht also das Individuum, wie es geht und steht, ist moralischer Gesetzgeber, sondern das Individuum, sofern durch es alle vernünftigen Wesen sprechen, das Individuum als selbst Vernunft. Denn „allgemeine Gesetzgebung" muss hier heißen „Gesetzgebung, in der alle Gesetzgeber sind", nicht „Gesetzgebung, die für alle Fälle gilt", weil sonst das „dennoch" keinen Sinn hat, das einen Gegensatz zwischen eigener und allgemeiner Gesetzgebung fordert. Aber ein Individuum, sofern durch es alle vernünftigen Wesen sprechen, ein Individuum als Vernunft gibt es nicht. Vernunft ist nicht, was wir sind, oder was wir im Kern, in Höchstform sind. Vernunft ist eine Art, in der wir manchmal arbeiten, ein Modus unseres Funktionierens. Mit einer geläufigen Metapher, sie ist etwas, was wir manchmal gebrauchen. Dann aber ist für das, was Kant als Autonomie beschreibt, in Wahrheit kein Träger zu finden. Es gibt keinen Gesetzgeber einer „eigenen und dennoch allgemeinen Gesetzgebung".

Freiheit als Autonomie im Sinne Kants zu verstehen verbietet sich also. Der heute vorherrschende Gebrauch von „Autonomie" ist weniger anspruchsvoll, denn er streicht das „-nomie"-Moment, also die Gesetzlichkeit dessen, was einer sich auferlegt. Nach diesem Gebrauch besitzt Autonomie schon, wer selbst bestimmen kann, was er tut und was mit ihm getan wird, statt dass andere dies bestimmen. So spricht man etwa von Patienten-Autonomie, wenn es der Betroffene ist, nicht der Arzt, der für oder gegen eine riskante Operation oder eine anstrengende Kur entscheidet. Im gleichen Sinne schreibt man auch Institutionen

---

80 Kant, Die Religion innerhalb der Grenzen der bloßen Vernunft (1793), AA VI 152.
81 Exodus 19–20.
82 Kant, Grundlegung zur Metaphysik der Sitten, AA IV 432.

Autonomie zu, spricht etwa von Hochschul-Autonomie oder Autonomie der Kunst.

Diese Autonomie ist ein Teil von Freiheit im bisher erklärten Sinne. Wem zum Beispiel die Entscheidung über eine gefährliche Operation aus der Hand genommen wird, der wird daran gehindert, einen der vor ihm liegenden Wege einzuschlagen, jenen, den der Arzt für weniger aussichtsreich hält. Der Arzt mag mit seiner Einschätzung der Chancen auch Recht haben, das ändert nichts daran, dass er dem Patienten einen Weg versperrt, wenn er über dessen Kopf hinweg entscheidet. Auch ob der Arzt, der dem Patienten die Entscheidung aus der Hand nimmt, ihm Unrecht tut, ist hier nicht von Belang. Hier geht es nur darum, dass Bevormundung, ob berechtigt oder nicht, Freiheit mindert.

Diese Autonomie ist aber auch nur ein Teil von Freiheit, wie sie bisher erklärt wurde, oder umgekehrt, Freiheit wird nicht allein durch Verletzungen von Autonomie gemindert. Denn Autonomie, wie heute der Ausdruck gewöhnlich gebraucht wird, ist von anderen nicht geschmälerte Macht, über sich selbst zu verfügen. Doch zum einen machen, wie vorhin (II 4) dargelegt, auch solche Behinderungen weniger frei, die nicht von anderen einem in den Weg gelegt wurden. Wer sich aus der Gletscherspalte nicht befreien kann, ist eben weniger frei, aber seine Autonomie hat nicht gelitten. Zum anderen beruht nicht alles, was wir tun, darauf, dass wir uns selbst dazu bestimmt haben, es zu tun. Wir stolpern in manches Tun hinein, lassen uns mitreißen von Dingen, haben uns nicht mehr in der Hand. Ob das gut ist oder schlecht, tut jetzt nichts zur Sache, jedenfalls ist in solchem Tun nicht behindert zu sein auch Freiheit. Aber es ist nicht Autonomie. Von der ist nur die Rede, wo jemand eigens über sich verfügt, etwa dies oder jenes zu tun.

14 ein freies Land

Soweit ein Durchgang durch einige gängige Gebrauchsweisen von „frei" und durch einige Vorschläge von Theoretikern zu einer sinnvollen Eingrenzung des Begriffs. Als überzeugend erwies sich diese Eingrenzung: Jemand ist frei, etwas zu tun, wenn er daran nicht gehindert und dabei nicht behindert wird, durch wen oder was auch immer, und wenn es auch nicht wahrscheinlich ist, dass er ge- oder behindert wird. Kurz, jede Art von Hindernis mindert Freiheit. Tatsächlich ist das nicht genau unser normaler Gebrauch von „frei". Aber das liegt nur daran, dass wir manche Behinderung oder manche Wahrscheinlichkeit einer Behinderung als zu gering ansehen, um sie als Freiheitsminderung zu bezeichnen. Damit ziehen wir also nur einen Unterschied zwischen erheblichen und geringfügigen Freiheitsminderungen, und das spricht nicht gegen den Grundsatz: Widerstand, welcher Art und Größe auch immer, macht einen weniger frei. Keine neue Lehre, gewiss: mit kleinen Korrekturen und Ergänzungen ist es die Lehre von Hobbes.

Der Begriff der Freiheit hat sich damit als einheitlich erwiesen: Es gibt im Gebrauch von „frei" keine Gräben, man kommt auf verständlichen Wegen überall hin. Ausgespart blieb soweit nur der Gebrauch von „frei" in politischen Zusammenhängen, denn der soll ja von hier aus erklärt werden. Also, wie lässt sich Freiheit, von der politisch die Rede ist, auf der Grundlage des Begriffs von Freiheit als Abwesenheit von Hindernissen verstehen?

Als unproblematisch kann beiseite bleiben die Anwendung von „frei" auf Kollektive wie ein Volk oder Institutionen wie einen Staat, wenn diese dabei selbst als Handelnde betrachtet werden. Wohl ist die Rede von Kollektiven und Institutionen als Handelnden umstritten. Aber lässt man sie sich einmal gefallen, macht es keine Schwierigkeiten mehr, diese Gebilde als frei zu beschreiben. Mit einer solchen Beschreibung wird von ihnen das Gleiche gesagt wie von Individuen, nämlich dass sie bei diesem oder jenem Tun nicht auf Hindernisse treffen. „Russland hatte bei der Annexion der Krim freie Hand" bedeutet: Russland stellten sich bei dieser Aktion keine Hindernisse, jedenfalls keine ernsthaften Hindernisse in den Weg.

Meistens jedoch, wenn ein Staat als frei bezeichnet wird, beschreibt das nicht seinen äußeren Handlungsspielraum, sondern seine innere Verfassung. „It's a free country" sagt der Held in einem alten Film, indem er sich neben die Schöne auf die Parkbank setzt, und damit nimmt er nicht Stellung zur außenpolitischen Lage. Ebenso ist ein Freistaat, also eine Republik, nicht ein Staat, der durch andere Mächte nicht behindert wird, sondern einer, in dem die Bürger eine bestimmte Art von Freiheit genießen. Diese Weisen, „frei" zu gebrauchen, müssen nun geklärt werden. Ein freies Land, was ist das?

Es ist nicht ein Land, in dem die Menschen schlichtweg frei sind. Ein solches Land gibt es nicht. Denn nicht nur kann nach dem entwickelten Begriff von Freiheit auch das, was von Natur aus so und so ist, einen weniger frei machen. Die Menschen, die in einem Land zusammenleben, werden einander immer auch, von Staats wegen oder auf andere Weise, behindern und damit einander ihre Freiheit schmälern. Tatsächlich kann ein freies Land nur eines sein, in dem die einzelnen Menschen ziemlich frei sind, also eines, in dem vielen Menschen in wichtigen Bereichen ihres Lebens erhebliche Behinderungen ihres Tuns großenteils und einigermaßen verlässlich erspart bleiben. Ein freies Land ist nicht eines, in dem die Menschen Freiheit, sondern in dem sie beträchtliche Freiheit haben.

Deutschland ist in diesem Sinn ein freies Land. Das ist es dank den im Grundgesetz niedergelegten Grundrechten. Denn mit ihnen garantiert die Bundesrepublik ihren Bewohnern Religions-, Meinungs-, Berufsfreiheit und weitere wichtige Freiheiten, und diese Garantie ist wegen der sie stützenden Institutionen weitgehend verlässlich. „Freiheit" bedeutet dabei immer, dass das betreffende Tun, also Religionsausübung, Meinungsäußerung, Berufswahl und so weiter, keinen Behinderungen von Seiten des Staats unterliegt. Wenn etwa Art. 4 I GG die Freiheit des religiösen und weltanschaulichen Bekenntnisses für unverletzlich erklärt, so sagt der Staat damit zu, niemandem Hindernisse in den Weg zu legen, der sich zu dieser oder jener oder auch zu gar keiner Religion bekennen und sie ausüben will. Hier bewährt sich im Übrigen der Vorschlag, in der Erklärung von Freiheit das Wort „Hindernis" weit, also bloße Behinderungen einschließend zu verstehen. Denn sicher verbietet Art. 4 I GG dem Staat auch, religiöse Betätigungen etwa mit Steuern zu belegen, die in seine Kasse fließen,[83] womit er sie ja nicht verhindern, nur behindern würde.

Für den freiheitlichen Charakter der Bundesrepublik wird neben diesen einzelnen, sachlich unterschiedenen Freiheiten auch die allgemeine Freiheitsgarantie von Art. 2 I GG angeführt, die jedem das Recht auf die freie Entfaltung seiner Persönlichkeit zusichert, soweit er nicht die Rechte anderer, die verfassungsmäßige Ordnung oder das Sittengesetz verletzt. Entgegen dem Anschein gibt diese allgemeine Garantie für den freiheitlichen Charakter der Bundesrepublik jedoch nichts her. „Freie Entfaltung der Persönlichkeit" wird auf zwei Arten gedeutet. Das Bundesverfassungsgericht (im Folgenden: BVerfG) liest seit dem Elfes-Urteil[84] von 1957 den Artikel als eine Garantie allgemeiner Handlungsfreiheit: jegliches Tun von Menschen fällt in den Schutzbereich dieses Rechts. Dieser Auffassung hat sich auch die Literatur großenteils angeschlossen. Dagegen schränkt eine Minderheit den Schutzbereich des allgemeinen Freiheitsrechts auf solches Tun ein, das „eine gesteigerte, dem Schutzgut der übrigen Grundrechte vergleichbare Relevanz für die Persönlichkeitsentfaltung" besitzt.[85] Aber weder in der einen noch in der anderen Deutung trägt die allgemeine Freiheitsgarantie von Art. 2 I GG zum freiheitlichen Charakter der Bundesrepublik etwas bei. Die erste Deutung versucht, mit dem umfassenden Schutzbereich des Freiheitsrechts der Vorstellung vom Menschen als einem Wesen, das frei ist, gerecht zu werden.[86] Der Mensch ist frei, so ist der Gedanke, also gehört all sein Tun unter den Schirm der Freiheitsgarantie. Aber wie vorhin dargelegt (II 11), der Mensch ist nicht frei. Frei sind nur manchmal Menschen, dies oder jenes zu tun. Also gibt es keinen Grund, prinzipiell alles Tun vor staatlichem Eingriff zu schützen. Wohl kann man auf die

---

83 Roman Herzog, GG Art. 4, in: Maunz/Dürig, Grundgesetz-Kommentar, 75. EL 2015, Rn. 71.
84 Entscheidungen des BVerfG (im Folgenden: BVerfGE) 6, 32.
85 So das Sondervotum Grimm, BVerfGE 80, 137. Eine ähnliche Position vertritt Hans Peters, Das Recht auf freie Entfaltung der Persönlichkeit in der höchstrichterlichen Rechtsprechung, Köln (Westdeutscher) 1963, Abschnitt III.
86 Siehe Udo di Fabio, GG Art. 2, in: Maunz/Dürig, Grundgesetz-Kommentar, 75. EL 2015, Rn. 1

Begründung daraus, dass der Mensch frei ist, auch verzichten und Art. 2 I GG nur als Auffang-Grundrecht verstehen, das dort einspringt, wo der Schutz durch die einzelnen Grundrechte sich als lückenhaft erweist. Tatsächlich aber bringt die umfassend verstandene Freiheitsgarantie auch als Auffang-Grundrecht den Menschen keinen besseren Schutz ihrer Freiheit. Denn so breit im Prinzip der Schutzbereich dieser Garantie, so breit auch die Ermächtigung für den Staat, durch die verfassungsmäßige Ordnung, also durch Gesetze oder auf Grund von Gesetzen, das Tun der Individuen einzuschränken. Von der allgemeinen Handlungsfreiheit, die Art. 2 I GG nach der ersten Deutung verbürgt, hat man deshalb nichts,[87] so wenig wie man von Art. 4 der Déclaration des droits de l'homme et du citoyen von 1789 hat, der einem erst die Freiheit zusichert, alles zu tun, was anderen nicht schadet, dann aber die Grenzen dieser Freiheit dem Gesetzgeber zu ziehen anvertraut. Anders als bei den eben betrachteten einzelnen Grundrechten können sich die Individuen beim allgemeinen Freiheitsrecht auch nicht darauf berufen, dass nach Art. 19 II GG dessen Wesensgehalt nicht angetastet werden darf. Denn die allgemeine Handlungsfreiheit hat keinen Wesensgehalt. Sie besteht nur darin, dass man dies und dies und dies tun kann. Kann man eins dieser Dinge nicht mehr tun, ist die Handlungsfreiheit wohl gemindert, aber nie wesensmäßig beeinträchtigt.

Liest man dagegen näher am Wortlaut die Freiheitsgarantie von Art. 2 I GG als Schutz nur desjenigen Tuns vor staatlichen Eingriffen, das für die Entfaltung der Persönlichkeit eines Menschen von Belang ist, so schrumpft umgekehrt der Schutzbereich dieser Garantie auf Null. Denn wir entfalten in unserem Tun nicht unsere Persönlichkeit. Es gibt nicht das individuelle Wesen eines Menschen, das im Gang seines Lebens, wenn nicht von außen gestört, sich vielfältig auseinanderlegt und doch in all seinen Äußerungen ein eigentümliches Ganzes bildet, die „geprägte Form, die lebend sich entwickelt"[88]. Art. 2 I GG hängt sich so gedeutet an eine Vorstellung an, die in der deutschen Tradition vor allem durch Goethe repräsentiert wird, und geht mit ihr zusammen unter. Dichter gegen Dichter: Wenn Menschen vielmehr leben „Wie Wasser von Klippe/ Zu Klippe geworfen"[89], ist ihnen mit der Garantie der freien Entfaltung ihrer Persönlichkeit nicht gedient: In dem Geschäftszweig sind sie nicht tätig. Vielleicht erscheint es pedantisch, so zu

---

[87] Das ist der in der Literatur öfters erhobene Leerlauf-Einwand gegen die Deutung des BVerfG, siehe etwa Konrad Hesse, Grundzüge des Verfassungsrechts der Bundesrepublik Deutschland, 20. Auflage, Heidelberg (Müller) 1995, Rn. 426.
[88] Johann Wolfgang Goethe, Urworte. Orphisch (1820), in: Goethe, Gedichte, E. Trunz (Hrsg.), Hamburger Ausgabe, Band 1, 7. Auflage, Hamburg (Wegner) 1964, S. 359.
[89] Friedrich Hölderlin, Hyperion, Band 2 (1798), in: Hölderlin, Werke und Briefe, F. Beißner, J. Schmidt (Hrsg.), Frankfurt (Insel) 1969, S. 424.

argumentieren. Wohl greife das Grundgesetz, wird man entgegnen, in Art. 2 I auf die deutsche Klassik zurück, aber das sei nur eine zeitbedingte Formulierung. Praktisch können wir in dem Tun eines Menschen das, was Entfaltung seiner Persönlichkeit ist, von dem trennen, was es nicht ist, und so den Schutzbereich des allgemeinen Freiheitsrechts bestimmen. Aber in Wahrheit können wir es nur in dem Sinne, dass wir einfach sagen können, dies gehört auf die eine, jenes auf die andere Seite, ohne Grund. Wir bestimmen dann im Blindflug. Denn wir haben kein Kriterium, dem folgend wir die Grenze ziehen.

Beiden Deutungen der allgemeinen Freiheitsgarantie misslingt also eine plausible Umgrenzung ihres Schutzbereichs. di Fabio weist darauf hin, dass eine allgemeine Freiheitsgarantie in Verfassungen ungewöhnlich ist.[90] Kein Wunder: eine solche leistet nicht, was sie leisten sollte. Deutschland ist ein freies Land, aber nicht weil in diesem Land kurzum Freiheit, sondern weil in ihm spezifische Freiheiten gesichert sind.

Allerdings stützt sich die offizielle Selbstinterpretation der Bundesrepublik als eines freiheitlichen Staates nicht allein und manchmal auch nicht in erster Linie auf die Garantien der Grundrechte. Bei der Bestimmung des Begriffs „freiheitliche demokratische Grundordnung", mit dem das Grundgesetz selbst, etwa in Art. 21 II, seinen wesentlichen Gehalt charakterisiert, hat das BVerfG nur neben verschiedenen anderen Dingen auf „die Achtung vor den im Grundgesetz konkretisierten Menschenrechten" Bezug genommen.[91] Dass diese politische Ordnung eine freiheitliche Ordnung ist, soll also mehr bedeuten als nur, dass sie den Einzelnen Religions-, Meinungs-, Berufsfreiheit und andere Freiheiten gewährt. Was aber diese weiter reichende Freiheitlichkeit selbst ist, lässt sich aus der Darstellung des Gerichts nicht mehr entnehmen. Denn die reiht nur Bestandstücke der Verfassung aneinander: Volkssouveränität, Gewaltenteilung, Verantwortlichkeit der Regierung, Gesetzmäßigkeit der Verwaltung und so weiter, zudem ausdrücklich ohne Anspruch auf Vollständigkeit, so dass sich nicht erkennen lässt, worin der durch diese Stücke gesicherte freiheitliche Charakter der Grundordnung besteht. Die Rede vom freiheitlichen Staatswesen Bundesrepublik wird damit gehaltlos, sie dient nur als summarische Kennzeichnung für das, was bei uns besser ist als früher und, während einer langen Zeit, besser als „drüben".[92] Leicht begreiflich, dass der so entleerte Begriff der freiheitlichen demokratischen

---

[90] di Fabio, GG Art. 2, Rn. 3.
[91] BVerfGE 2, 1.
[92] Siehe Dürig/Klein, Art. 18, April 2010, in: Maunz, Dürig, Grundgesetz-Kommentar, Loseblatt-Ausgabe, München (Beck), Rn. 4–12

Grundordnung dann vor allem polemisch, im Kampf gegen so genannte Verfassungsfeinde benutzt wurde.[93]

Man könnte diese Art, vom freiheitlichen Charakter der Bundesrepublik zu reden, auch so deuten, dass sich das Verfassungsgericht in seiner Entscheidung auf Rousseaus zentralen Gedanken stützt, wenn auch ohne ihn ausdrücklich zu nennen.[94] Denn nach Rousseau verlieren die Menschen zwar, wenn sie Bürger werden, ihre natürliche Freiheit, aber indem sie sich dem allgemeinen Willen unterstellen, gewinnen sie die bürgerliche Freiheit.[95] Das heißt, ein demokratisches Staatswesen ist als solches auch schon ein freiheitliches Staatswesen; und wenn das Gericht in jenem Urteil einzelne Bestandstücke des Grundgesetzes aufzählt, so weil es sie als Kennzeichen einer demokratischen Ordnung betrachtet, deren Freiheitlichkeit dann, dank Rousseau, ohne Weiteres folgt. Aber sachlich bringt der Rückgriff auf Rousseau nichts ein. Dessen Gedanke ist ja bloß ein theoretischer Handstreich. Denn wieso die Bürger, wenn sie dem allgemeinen Willen unterworfen sind, darum frei sein sollen, ist nicht zu erkennen. Wohl ist der allgemeine Wille, dem sie unterstehen, ihr eigener. Aber was immer ein allgemeiner Wille ist, er ist doch nur etwas an ihnen; und wäre er auch ihr Bestes, Unterwerfung darunter bleibt Unterwerfung, sie ist nicht Freiheit. Der unauflösliche Zusammenhang von Freiheit und Demokratie, immer wieder beschworen im politischen Reden der Bundesrepublik, ist bloße Selbstverklärung.[96] Gewiss ist in einem demokratischen System politisch mitbestimmen zu können selbst ein bedeutendes Stück Freiheit. Nur ist es eben ein Stück Freiheit neben anderen. Mit ihm ist ein Land freier als ohne es, aber darum ist es nicht kurzum frei.

15 wie frei man in einem Land ist

Dem Selbstbewusstsein der Bundesrepublik, ein freiheitlicher Staat zu sein, kann man noch auf zwei anderen Wegen versuchen, einen Gehalt zu geben, der über die Freiheits-Garantien des Grundrechtsteils hinausgeht. Der eine Weg folgt der Be-

---

93 Siehe Claus Offe, Überlegungen und Hypothesen zum Problem politischer Legitimation, in: R. Ebbighausen (Hrsg.), Bürgerlicher Staat und politische Legitimation, Frankfurt (Suhrkamp) 1976, S. 92f. Ähnlich Christoph Gusy, Die „freiheitliche demokratische Grundordnung" in der Rechtsprechung des Bundesverfassungsgerichts, Archiv für öffentliches Recht 105, 1980, S. 279–310.
94 In der Sache, also ohne spezielle Beziehung auf BVerfGE 2, 1, ist das die Linie von Eberhard Grabitz, Freiheit und Verfassungsrecht, Tübingen (Mohr) 1976, Kap. 5.
95 Rousseau, Du contrat social I 8.
96 Berlin unterstreicht, dass Freiheit und Demokratie getrennte Dinge sind, Two concepts of liberty, S. 129–131.

merkung Berlins, der durchschnittliche Bürger Schwedens sei im Ganzen erheblich freier als der durchschnittliche Bürger Spaniens und Albaniens,[97] gemeint ist: Spaniens unter Franco und Albaniens unter Hodscha. Man würde demnach wie oben beschrieben (II 8) für jeden Bewohner der Bundesrepublik eine Freiheits-Liste aufstellen, die für jedes Tun den Grad des Behindertseins dieses Menschen angibt, daraus eine Durchschnitts-Liste für alle in der Bundesrepublik Lebenden bilden, die darin verzeichneten einzelnen Freiheits-Beträge addieren und das Ergebnis mit dem Ergebnis der gleichen Rechnung für andere Länder vergleichen. Man bekäme auf diese Weise eine Freiheits-Rangliste der Länder, und die Bundesrepublik, wenn sie auf einem der oberen Plätze landete, könnte sich rühmen, vielleicht nicht geradezu ein freiheitlicher, doch immerhin ein relativ freiheitlicher Staat zu sein. (Die im Internet verfügbaren Freiheits-Ranglisten werden wohl auf andere Weise erstellt, nicht über die Freiheit des durchschnittlichen Bürgers, dies oder jenes zu tun, sondern über das Vorhandensein und die Wirksamkeit von Institutionen und Regelungen, die als charakteristisch für liberale Demokratien gelten. Der Sache nach schlagen diese Erhebungen also den gleichen Weg wie das BVerfG ein, wenn es die freiheitliche demokratische Grundordnung mit einer Aufzählung von Institutionen und Regelungen erklärt, sich aber nicht darum kümmert, was die an Freiheit erbringen. Effektiv messen die Freiheits-Ranglisten deshalb nicht die Freiheit, die Menschen in verschiedenen Ländern haben, sondern die Ähnlichkeit ihrer politischen Systeme mit dem unseren oder vor allem mit dem der USA.)

Tatsächlich scheitert aber das Unternehmen, die Freiheit in verschiedenen Ländern über die Freiheit des durchschnittlichen Bürgers zu berechnen. Von den Schwierigkeiten der Datenerhebung noch abgesehen, ebenso von der Schwierigkeit der Festlegung von Tuns-Einheiten, für die der durchschnittliche Grad von Freiheit ermittelt werden soll, entscheidend ist, dass wie vorhin dargelegt (II 8) die durchschnittlichen Freiheits-Beträge pro Tun sich nicht zu einem Gesamtbetrag von Freiheit addieren lassen. Um beim Ost-West-Vergleich zu bleiben, der Berlin damals vor Augen stand: Es lässt sich nicht sagen, wie viel die Freiheit, auf eine staatlich nicht gelenkte Presse zugreifen zu können, zählt im Vergleich zur Freiheit, die darin liegt, seinen Arbeitsplatz sicher zu haben, wie viel Religionsfreiheit zählt gegenüber dem Schutz vor Altersarmut, freie Gewerkschaften gegenüber billigen Theaterkarten. Und „zählt" bedeutet hier „zählt", nicht „wird geschätzt": die Frage ist, wie viel an Freiheit überhaupt diese oder jene besondere Freiheit einbringt, nicht wie sehr einer sie mag. Es müsste für die beschriebene Rechnung zählbare Freiheits-Einheiten geben, von denen man bei der einen Einrichtung der

---

[97] Berlin, Two concepts of liberty, S. 130 Fußnote.

Dinge so viele, bei der anderen so viele erhält. Aber die gibt es nicht. Es gibt nur in verschiedenen Ländern unterschiedlich bestückte Körbe durchschnittlicher Freiheiten, etwa viel Freiheit zu kaufen und zu verkaufen in einem Land, viel Freiheit durch soziale Sicherung in einem anderen.[98] Wohl kann man den in einem Land gebotenen durchschnittlichen Freiheiten-Korb dem eines anderen Landes vorziehen, und durchaus mit Gründen. Aber man ist dann nicht hier freier als da, sondern der eine Freiheiten-Mix sagt einem mehr zu als der andere.

Es ist also irreführend zu sagen, bei uns herrsche Freiheit. Denn das suggeriert, dass die Freiheiten, die bei uns angeboten werden, alle Freiheit ausmachen, und das ist nach der gegebenen Erklärung von „frei" nicht der Fall. Wer die Bundesrepublik in Sachen Freiheit loben will, sollte sagen: Hier gibt's gute Freiheiten. Mehr ist nicht wahr.

16 zusammenstimmende Freiheit

Man kann noch auf einem anderen Weg, nämlich mit Hilfe von Kants Rechtstheorie, versuchen, eine grundsätzliche Freiheitlichkeit der Bundesrepublik nachzuweisen, also eine Freiheitlichkeit, die sich nicht darin erschöpft, dass einzelne wichtige Freiheiten von ihr garantiert werden. Denn nach Kant ist eine politische Ordnung freiheitlich schon als Rechtsordnung, nicht erst dadurch, dass sie diese oder jene Freiheit gewährleistet. Er schreibt:

> Der Begriff aber eines äußeren Rechts überhaupt geht gänzlich aus dem Begriffe der Freiheit im äußeren Verhältnisse der Menschen zueinander hervor.[99]

Das bedeutet: Recht ist selbst eine Form von Freiheit, der Freiheit von Menschen, die aufeinander einwirken können, also „im äußeren Verhältnisse" zueinander stehen. Es ist diejenige Form solcher Freiheit, in der sie einer bestimmten Einschränkung unterworfen ist, nämlich der

> Einschränkung der Freiheit eines jeden auf die Bedingung ihrer Zusammenstimmung mit der Freiheit von jedermann, insofern diese nach einem allgemeinen Gesetze möglich ist.[100]

---

[98] Siehe G.A. Cohen, Capitalism, freedom, and the proletariat (1979), in: D. Miller (Hrsg.), Liberty, Oxford UP 1991, S. 163–182.
[99] Immanuel Kant, Über den Gemeinspruch: Das mag in der Theorie richtig sein, taugt aber nicht für die Praxis (1793), AA VIII 289.
[100] Kant, Über den Gemeinspruch, AA VIII 289 f.

Das Freiheitliche der politischen Ordnung der Bundesrepublik liegt, folgt man dieser Überlegung Kants, schon darin, dass sie, als Rechtsordnung, die Freiheit der Individuen miteinander zusammenstimmend macht. Die Staatsrechtslehre hat diesen Gedanken aufgenommen, so Ernst-Wolfgang Böckenförde:

> Freiheit – als äußere Freiheit des Handelns – besteht nicht ohne Recht; erst durch und im Recht wird es möglich, dass die Freiheit des einen mit der Freiheit des anderen zusammen bestehen kann.[101]

Der in Kants Überlegung benutzte Begriff der Freiheit deckt sich mit dem im vorliegenden Kapitel entwickelten. Das wird deutlich, wenn Kant einige Jahre später in der „Rechtslehre", offenbar im Einklang mit der Darstellung im Gemeinspruch-Aufsatz, aus dem die eben gegebenen Zitate stammen, von den Bedingungen spricht,

> unter denen die Willkür des einen mit der Willkür des anderen nach einem allgemeinen Gesetze der Freiheit zusammen vereinigt werden kann

oder unter denen

> die Freiheit der Willkür eines jeden mit jedermanns Freiheit nach einem allgemeinen Gesetze zusammen bestehen kann.[102]

Denn diese Formulierungen zeigen, dass Freiheit hier als Willkür zu verstehen ist, das heißt, als die Eigenschaft eines Menschen, eines tun zu können, ein anderes tun zu können, ein drittes, und so weiter durch die ganze Reihe der ihm zu einem Zeitpunkt offenstehenden Handlungen. Frei ist somit jemand, wie zuvor dargestellt, in dem Maße, in dem er ungehindert, vermutlich überdies unbehindert, Dinge tun kann. Die letzte Vermutung stützt sich auf Kants Umschreibung, gleich nach der eben zitierten Stelle, von „Hindernis" durch „Widerstand". Denn Widerstände behindern nur. Kants Begriff von Recht stützt sich demnach nicht auf einen anspruchsvollen und zweifelhaften Begriff von Freiheit, wie transzendentale Freiheit, „das Vermögen, einen Zustand von selbst anzufangen",[103] oder Autonomie, das Unterworfensein unter eigene und zugleich allgemeine Geset-

---

[101] Ernst-Wolfgang Böckenförde, Vorwort, in: Böckenfürde, Recht, Staat, Freiheit, Frankfurt (Suhrkamp) 2006, S. 7. Siehe auch in demselben Band den Aufsatz von Böckenförde (unter Mitarbeit von Christoph Enders), Freiheit und Recht, Freiheit und Staat (1985), besonders S. 42, 43.
[102] Kant, Metaphysische Anfangsgründe der Rechtslehre (1797), AA VI 230.
[103] Kant, Kritik der reinen Vernunft (1781), AA III 363.

ze[104]. Freiheit der Willkür, also dass einer dies oder auch jenes tun kann, soll ausreichen.

Aber bei diesem Verständnis von Freiheit sieht man nicht, was ein Zusammenstimmen der Freiheit des einen mit der Freiheit des anderen sein soll. (Nicht dass man es mit einem anspruchsvolleren Begriff von Freiheit eher sähe.) Denn man begreift nicht, was es heißt, dass diese und jene Freiheit ohne Recht nicht zusammenstimmen. Mit dem Beispiel aus Kants „Kritik der praktischen Vernunft", Karl V. will Mailand haben, Franz I. will auch Mailand haben.[105] Als Souveräne befinden sie sich nach der traditionellen Lehre gegeneinander im Naturzustand, das heißt, es gibt kein Recht, nach dem Mailand einem von ihnen zusteht. Wir dürfen zudem annehmen, dass sich in der vorliegenden Situation keinem von ihnen ernsthafte Hindernisse bei einer Einnahme der Stadt in den Weg stellen. Aber dann ist nicht zu sehen, wieso die Freiheit des einen mit der des anderen nicht zusammenstimmen soll. Die Freiheits-Beschreibung Karls enthält den Satz: Karl kann ohne große Mühe Mailand einnehmen, die Freiheits-Beschreibung Franz' enthält den Satz: Franz kann ohne große Mühe Mailand einnehmen, und diese beiden Sätze widersprechen einander nicht, es besteht auch keine Spannung zwischen ihnen, sie sind einträchtig nebeneinander wahr. Lässt man Karls und Franz' Freiheit nicht davon abhängen, was sie tun können, sondern davon, was sie tun dürfen, nach der vorhin (II 12) diskutierten Lesart, ergibt sich dasselbe. Da sie sich gegeneinander im Naturzustand befinden, gilt: Es ist Karl nicht verboten, und es ist Franz nicht verboten, Mailand einzunehmen, und dieser Satz enthält wieder keinen Widerspruch. Somit besteht zwischen Karls Freiheit und Franz' Freiheit kein Konflikt. Konflikt besteht nur zwischen Karl und Franz.

Jetzt kann man entgegnen: Mehr ist auch nicht gemeint. Dass die Freiheit des einen mit der Freiheit des anderen nicht zusammenstimmt, ist bloß überanstrengte Philosophen-Rede. Effektiv soll es nur heißen, dass die Freien, also etwa Karl und Franz, im Streit liegen. So die Rede vom Nicht-Zusammenstimmen der Freiheit zu verstehen wird auch dadurch gestützt, dass „Freiheit" im philosophischen Sprachgebrauch oft geradezu persönlich konstruiert wird, etwa wenn Karl Jaspers von einem „Kampf der Freiheit um ihren Raum" spricht.[106] Sind es aber die Freien, die im Konflikt liegen, nicht ihre Freiheit, dann wird verständlich, dass Recht gebraucht wird, nämlich um solchen Streit zu beenden oder schon gleich zu verhindern.

---

104 Kant, Grundlegung zur Metaphysik der Sitten (1785), AA IV 432f.
105 Kant, Kritik der praktischen Vernunft (1788), AA V 28.
106 Karl Jaspers, Die geistige Situation der Zeit (1931), Berlin (de Gruyter) 1953, S. 188.

Doch wer so entgegnet, verteidigt nicht Kants Satz, der Begriff des Rechts gehe aus dem Begriff der Freiheit hervor, sondern gibt ihn auf. Denn Recht wird hier wieder nur gegen die Freien aufgeboten, damit sie einander und damit am Ende sich selbst nicht schaden. Recht ist hier nicht, wie Böckenförde es ausdrückt, „Freiheit ermöglichende und vermittelnde Form."[107] Die Freien sind schon frei, bevor das Recht eintritt und ihnen zur Vermeidung schädlicher Folgen ihres Tuns Einschränkungen auferlegt. Der Abschnitt in Kants Gemeinspruch-Arbeit, aus dem der Satz von der Zusammenstimmung der Freiheit des einen mit der des anderen stammt, erklärt ausdrücklich, „Gegen Hobbes" gerichtet zu sein.[108] Wird so entgegnet wie gerade vorgeschlagen, wird also das Nicht-Zusammenstimmen der Freiheit des einen und des anderen auf den Zwist zwischen den Freien zurückgeführt, kann von „gegen Hobbes" keine Rede mehr sein. Dass es Recht braucht, um das Streiten der Individuen einzudämmen, ist die Lehre von Hobbes. Aber dieses Recht verdankt sich in keiner Weise der Freiheit der Beteiligten, es beruht auf der überlegenen Macht des Souveräns, wer immer das sei, der die Individuen nötigt, Frieden zu halten.

Manche Passagen bei Kant lassen denken, dass er ein anderes Nicht-Zusammenstimmen der Freiheiten im Auge hat, das durch Recht behoben werden müsse. Wenn er etwa „das allgemeine Rechtsgesetz" so ausdrückt:

> Handle äußerlich so, dass der freie Gebrauch deiner Willkür mit der Freiheit von jedermann nach einem allgemeinen Gesetz zusammen bestehen könne,[109]

scheint es nicht wie an den bisher betrachteten Stellen ein Nicht-Zusammenstimmen der Freiheit des einen mit der des anderen zu sein, was durch Recht geheilt wird, sondern ein Nicht-Zusammenstimmen des freien Tuns des einen mit der Freiheit des anderen. Also, es geht nicht um einen Konflikt zwischen Karls Freiheit und Franz' Freiheit; einen solchen Konflikt gibt es nicht. Es geht um den Konflikt zwischen Karls Tun, wenn er Mailand einnimmt, und Franz' Freiheit. Denn das ist wahr, nachdem Karl Mailand eingenommen hat, kann Franz es nicht mehr ohne große Mühe einnehmen, er ist also weniger frei. Auf diese Weise können tatsächlich Karls Tun und Franz' anfängliche Freiheit nicht „zusammen bestehen": ist das eine, so ist das andere nicht.

Doch versteht man jetzt nicht, was daran schlimm ist. Wenn wie in der vorigen Lesart die Freiheit auf einander einwirkender Individuen ohne Recht nicht zu-

---

107 Böckenförde, Freiheit und Recht, Freiheit und Staat, S. 43.
108 Kant, Über den Gemeinspruch, AA VIII 289.
109 Kant, Rechtslehre, AA VI 231. Auch die Formulierung von AA VI 230, Ende des ersten vollen Absatzes, weist in diese Richtung, doch ist hier der Text verdorben.

sammen bestehen kann, hat es etwas Einleuchtendes zu sagen, dass Recht gebraucht wird; obgleich man sich fragt, wie dann Leben im Naturzustand, also ohne Recht auch nur möglich war. Wenn aber nach der gegenwärtigen Lesart das Tun des einen nur unvereinbar ist mit einem bestimmten Freiheits-Bestand des anderen, also einfach das Tun des einen die Freiheit des anderen verkürzt, möchte man entgegnen: Ja, warum auch nicht? Wirklich verkürzt (und erweitert) ja alles, was wir tun, die Freiheit der Menschen, mit denen wir leben. Wir stehen einander ständig im Wege und halten einander auch ständig die Leiter. Die Verkürzungen von Freiheit, die wir einander zufügen, einem allgemeinen Gesetz zu unterstellen, wie Kant verlangt, ist sicher vorteilhaft, weil uns das füreinander leichter berechenbar macht. Für Freiheit nötig ist es nicht. Wir können, was Freiheit angeht, gut weiter erratisch uns gegenseitig hindern und behindern einerseits, uns Wege auftun andererseits. Das heißt, die Rechtsordnung, wenn denn eine errichtet wird, ist im Prinzip belanglos für Freiheit. Im Prinzip, denn im Einzelnen wird es ihr in einem bestimmten Maß gelingen, die Verkürzungen von Freiheit zu kanalisieren. Doch um nur erst frei zu sein, brauchen wir sie nicht. Auch nicht, um zusammen frei zu sein. Wir brauchen sie nur, um auf nutzbringende Weise zusammen frei zu sein.

Somit geht aus dem Begriff der Freiheit von Menschen, die aufeinander einwirken, ein Begriff von Recht nicht hervor. Für Freie bleibt Recht etwas Nachträgliches. Dass Recht besteht, erwächst ihnen nicht daraus, dass sie frei sind, es wird ihnen bloß auferlegt, wenn auch mit Grund. Mit einem freien Land kann infolgedessen nur ein Land gemeint sein, in dem die Menschen, die dem Recht unterstehen, die und die Freiheit durch die Rechtsordnung zugesichert bekommen und auch tatsächlich genießen, also bei dem und dem Tun, wie Ausübung einer Religion, Meinungsäußerung, Berufswahl, nicht ge- oder behindert werden.

17 politische Freiheit

Freiheit, von der in politischen Zusammenhängen gesprochen wird, ist also dasselbe wie Freiheit, von der sonst gesprochen wird, nämlich Hindernislosigkeit. Damit hat sich der Begriff der Freiheit insgesamt, also einschließlich seines politischen Gebrauchs, als einheitlich erwiesen. Er ist nicht vieldeutig, wie oft gesagt wird.[110] Nach einem brauchbar eingegrenzten Begriff ist frei sein immer dies, dass sich einem Hindernisse nicht entgegenstellen.

---

110 Siehe etwa Peter Koller, Grundlinien einer Theorie gesellschaftlicher Freiheit, in: J. Nida-Rümelin, W. Vossenkuhl (Hrsg.), Ethische und politische Freiheit, Berlin (de Gruyter) 1998, S. 476.

Dagegen wird der Ausdruck „politische Freiheit" auf verschiedene Arten gebraucht. Manchmal ist politische Freiheit die Eigenschaft derjenigen, denen politische Tätigkeit offensteht, während andere von solcher Tätigkeit ausgeschlossen sind, so dass „politisch" also das Tun beschreibt, an dem einer gehindert oder nicht gehindert wird. Manchmal ist politische Freiheit stattdessen die Eigenschaft derjenigen, die nicht durch politische Instanzen an einem Tun gehindert werden – ob sie auf andere Weise an dem Tun gehindert werden, bleibt offen. Hier beschreibt „politisch" also die Hindernisse, die einem entgegentreten oder nicht. Die Grundrechte, an denen wie gezeigt der freiheitliche Charakter der Bundesrepublik hängt, gewähren politische Freiheit im zweiten Sinne. Denn es sind in erster Linie Abwehrrechte gegen den Staat,[111] also Rechte darauf, dass bestimmtem Tun der Individuen von Staats wegen keine Hindernisse entgegengestellt werden. Das lässt offen, welche anderen Hindernisse, von anderen Menschen oder durch die Natur gesetzt, dem Tun entgegentreten. Politische Freiheit, ob man den Ausdruck auf die erste oder die zweite Weise gebraucht, ist aber immer nur eine Freiheit neben anderen; und eine Freiheit hinzugewinnen, sei es politische Freiheit, sei es eine andere, ist ein sinnvolles Ziel politischen Bestrebens. Das allerdings nicht, weil wir ein Recht auf Freiheit oder größtmögliche Freiheit haben, sondern weil vielen an dieser oder jener, etwa an politischer Freiheit liegt.

---

[111] Siehe Horst Dreier, Vorbemerkung vor Art. 1, in: Dreier, Grundgesetz-Kommentar, 3. Auflage, Rn. 82.

III Menschenwürde

1 Würde

„Würde" bezeichnet oder unterstellt einen Vorrang.[1] Wer in Amt und Würden ist, steht über dem Normalbürger, wen man mit „Hochwürden" anredet, dem erkennt man einen herausgehobenen Status zu, wer etwas für unter seiner Würde hält, ist in seinen Augen mehr wert, als dass er das Betreffende tun oder erleiden müsste, und wer die Doktorwürde erworben hat, hat nicht nur irgendeine Prüfung gemacht, sondern gehört zumindest in Deutschland zu einer besonderen Art von Menschen, weshalb diese Bezeichnung Teil seines Namens wird, wie ein Adelsprädikat. Entsprechendes gilt für „würdig" und „würdigen". Wer würdig verabschiedet wird, wird nicht wie irgendwer verabschiedet, und eine Arbeit würdigen heißt den Wert des Geleisteten ins Licht rücken. Wohl verblasst manchmal die Vorstellung des höheren Rangs. Eine Sehenswürdigkeit ist einfach ein Ort, den man sehen, ein denkwürdiges Ereignis eines, dessen man gedenken sollte. In solchen Fällen ist würdig schon das Verhalten, das der betreffenden Sache angemessen ist, und „-würdig" und „-wert" werden austauschbar. Dennoch kommen diese Redeweisen von der Rangvorstellung her. Unter den Dingen, die man sehen oder deren man gedenken kann, ragen die eben hervor, die man sehen und deren man gedenken sollte, und noch ein verabscheuungswürdiges Verbrechen ist unter den Verbrechen eines der Sonderklasse. „Würde" bezeichnet gelegentlich auch ganz äußerlich eine Art zu reden oder sich zu verhalten. Schiller gibt einmal die Regieanweisung „Äußerst stolz und mit Würde"[2], und es ist vollkommen verständlich, wenn jemand von der Tour im Nationalpark berichtet, die Elefanten hätten sich würdevoll bewegt. Doch indirekt geht auch dieser Gebrauch auf die Rangvorstellung zurück. Denn das Ernste, Gemessene und Feste, das so bezeichnet wird, gehört zu dem traditionellen Bild vom höheren Menschen, das vor allem Cicero, vielleicht anknüpfend an die Beschreibung des Großgesinnten bei Aristoteles,[3] aber im Blick auf eine römische Aristokratie gezeichnet und mit dem Ideal des stoischen Weisen zusammengeführt hat.[4]

---

[1] Das ist reich belegt in dem Artikel „Würde" in: Jacob Grimm, Wilhelm Grimm, Deutsches Wörterbuch, Bd. 14 II, Leipzig (Hirzel) 1960, Sp. 2060–2088.
[2] Friedrich Schiller, Die Verschwörung des Fiesco zu Genua, II 17. Vgl auch Schiller, Maria Stuart, III 4.
[3] Aristoteles, Nikomachische Ethik (im Folgenden abgekürzt als „NE"), IV 7–8.
[4] Siehe besonders Cicero, De officiis, I 66 f., 141.

Gegenüber Behauptungen und Unterstellungen von Vorrang ist die Frage am Platz, ob der betreffende Vorrang wirklich besteht. Jemand kann bloß vorgeben, eine bestimmte Würde zu besitzen, also in einem weiten Sinne hochstapeln: er tut so, als hätte er einen Vorrang, hat ihn aber nicht. Um zu zeigen, dass in einem gegebenen Fall eine Würde nicht bloß prätendiert ist, muss man angeben, auf welcher Eigenschaft des Betreffenden sie beruht, also wodurch der angeblich Würdige tatsächlich hervorragt. In diesem Sinne kann man von einem „Grund der Würde" reden: der Eigenschaft, dank der jemand den mit „Würde" behaupteten oder unterstellten Vorrang auch wirklich hat.[5] Der Grund einer Doktorwürde etwa ist die in einem bestimmten Verfahren erwiesene Gelehrtheit des Betreffenden.

2 Würde des Menschen

Das Grundgesetz beginnt Artikel 1 mit dem Satz: „Die Würde des Menschen ist unantastbar". Es behauptet zwar nicht, aber es unterstellt damit, dass der Mensch Würde hat. Das bedeutet, dass alle Menschen sie haben: „der Mensch" ist hier Kollektivsingular. Der Satz des Grundgesetzes ist zu verstehen nach dem Muster von „Das Blatt der Akazie ist gefiedert", wo auch nicht von dieser oder jener Akazie, sondern von den Akazien insgesamt die Rede ist. Wenn aber Menschen durchweg Würde haben sollen, fallen Rangunterschiede zwischen Menschen, also zwischen Würdenträgern jeglicher Art und den jeweils anderen, als Gründe für die Würde aus, von der das Grundgesetz spricht. Denn diese Vorränge haben jeweils nur einige, und andere haben sie nicht. Daher geht Niklas Luhmanns Verständnis von Würde als gelungener Selbstdarstellung am Thema Menschenwürde vorbei. Denn manchen Menschen misslingt die Selbstdarstellung, wie Luhmann selbst betont.[6] Ihnen fehlt also nach Luhmann Würde, während doch die Menschenwürde allen Menschen zukommen soll. Frage dann, auf den Vorrang gegenüber wem gründet sich die Würde, nicht dieses oder jenes Menschen, sondern des Menschen überhaupt, von der das Grundgesetz spricht?

Ciceros Antwort liegt nahe und ist bis heute bestimmend geblieben:

> Sed pertinet ad omnem officii quaestionem semper in promptu habere quantum natura hominis pecudibus reliquisque beluis antecedat[7]

---

[5] Siehe Paulus Kaufmann, „Instrumentalization: what does it mean to use a person?" in: Kaufmann et al. (Hg.), Humiliation, degradation, dehumanization, Dordrecht 2011, S. 58.
[6] Niklas Luhmann, Grundrechte als Institution, Berlin (Duncker) 1965, S. 68.
[7] Cicero, De officiis, I 105.

> Bei aller Untersuchung unserer Pflicht muss man immer im Auge behalten, wie weit die Natur des Menschen dem Vieh und den anderen Tieren voransteht.

Es sind die Tiere, über denen wir stehen. Dieser Vorrang verpflichtet uns nach Cicero auch zu einer bestimmten Lebensweise, eben zu jenem kontrollierten, maßvollen, durch Prinzipien bestimmten Verhalten, in dem römische Vornehmheit und Stoizismus zusammenfließen:

> si considerare volumus quae sit in natura nostra excellentia et dignitas, intellegemus quam sit turpe diffluere luxuria et delicate ac molliter vivere, quamque honestum parce continenter severe sobrie.[8]
>
> wenn wir unseren Blick darauf richten wollen, was in unserer Natur das Herausragende, die Würde ist, werden wir einsehen, wie hässlich es ist, in Schwelgerei zu zerfließen und verwöhnt und weichlich zu leben, dass vielmehr sparsam, beherrscht, streng und nüchtern zu leben das Rechte ist.

Freilich, die Folgerung ist zweifelhaft. Der Blick auf unseren höheren Rang belehrt uns nicht darüber, was recht zu tun ist. Adel verpflichtet in Wirklichkeit nicht.

Doch schwerer wiegt dies Problem: Es gibt in der Natur keinen Adel. Die Arten der unbelebten Dinge, der Pflanzen und der Tiere bilden nicht eine aufsteigende Treppe, wie die Tradition der „scala naturae" dachte, so etwa Aristoteles[9], Augustinus[10] und Thomas von Aquin[11]. Die Biologen haben sich um 1800 von dem Gedanken einer Anordnung der Arten nach Stufen der Vollkommenheit verabschiedet.[12] Arten, so haben wir von ihnen gelernt, liegen nur nebeneinander. Die Farnkräuter tun andere Dinge als die Kellerasseln, und die Menschen tun wieder andere, aber das eine Tun steht nicht höher oder niederer als das andere. Wir haben ja keinen Grund zu sagen, dass es in dieser Richtung hinauf geht und in jener hinunter. Ein Tun ist nur anders als das andere. Ebenso wenig daher steht die eine Art über oder unter der anderen.

---

8 Cicero, De officiis, I 106. Das Wort „nostra", also „unserer", haben die Herausgeber eingefügt, siehe M. Tulli Ciceronis De officiis, M. Winterbottom (Hrsg.), Oxford UP 1994, S. 43.
9 Aristoteles, Historia animalium 588 b 7–8, 21–24; de generatione animalium 733 a 32–b 16. Siehe Heinz Happ, Die *scala naturae* und die Schichtung des Seelischen bei Aristoteles, in: R. Stiehl, H.E. Stier (Hrsg.), Beiträge zur alten Geschichte und deren Nachleben, Berlin (de Gruyter) 1969, S. 220–244
10 Augustinus, De civitate dei, XI 16.
11 Thomas von Aquin, Quaestio disputata de anima, art. 7; Summa theologiae I, 50, art. 2 ad 1.
12 Siehe Ernst Mayr, The growth of biological thought, Cambridge Mass. (Harvard) 1982, S. 201–205.

Die Würde des Menschen, im Gegensatz zur Würde dieses Menschen gegenüber jenem, braucht aber einen Vorrang des Menschen gegenüber den anderen Naturdingen, insbesondere den Tieren. Ein Vorrang nur vor anderen Menschen begründet nicht eine Würde *des* Menschen. Da es nun Vorränge im Reich der Natur nicht gibt, gibt es auch keine Würde des Menschen. Manche Menschen haben Würden, also Ämter, Titel, Auszeichnungen. Vielleicht haben manche Menschen auch Würde, im Sinne einer charakterlichen Höhe oder auch nur im Sinne eines bestimmten Gebarens, wie in Schillers Regieanweisung. *Der Mensch hat nicht Würde.*

Zur Klarstellung: Dass es Vorränge im Reich der Natur nicht gibt, ist nicht meta-ethisch zu verstehen. Der Satz bedeutet nicht, dass die Vorrang-Urteile, die wir fällen, etwa auch solche über natürliche Arten, nicht als Urteile über das Vorliegen rein objektiv festzustellender Tatbestände zu nehmen sind, sondern vielleicht als Ausdruck einer Einstellung des Urteilenden, als Zuschreibung einer Disposition, in Betrachtenden bestimmte Reaktionen hervorzurufen, oder etwas Ähnliches.[13] Der Satz bedeutet also nicht, dass ein Urteil, mit dem wir einer natürlichen Art einen Vorrang gegenüber einer anderen zuschreiben, anders als üblich analysiert werden muss. Er bedeutet, dass ein solches Urteil falsch ist. Es ist ein Satz erster Stufe: nicht ein Satz über Sätze, also etwa darüber, was sie bedeuten oder wie sie sich begründen lassen, sondern darüber, wie die Dinge liegen. Und dass die Dinge so liegen, wie der Satz sagt, die Arten der Lebewesen sich also nicht in ihrem Rang unterscheiden, dafür spricht das Zeugnis derjenigen, die sich mit natürlichen Arten auskennen und die ihnen keine Rang-Unterschiede mehr zuschreiben, im Gegensatz zu ihren Vorgängern, die das noch getan haben. Wohl wird manchmal von höheren Tierarten geredet, etwa wenn ihnen, nicht aber den niederen die Fähigkeit zugesprochen wird, Schmerzen zu empfinden. Aber diese Redeweise ist sichtlich ein Überbleibsel aus der Zeit, in der man noch an eine Stufenleiter der Arten glaubte. Heute ist damit nicht mehr gemeint, dass die einen Tiere einen höheren Rang in der Ordnung der Natur einnehmen. Die Redeweise wird heute rein klassifizierend gebraucht, nämlich um eine Gruppe von Tieren, die bestimmte Fähigkeiten haben, von einer anderen Gruppe, die sie nicht haben, abzugrenzen.

Noch ein Punkt zur Klarstellung, das hier vorgebrachte Argument ist ein anderes als dasjenige, mit dem Norbert Hoerster vor einigen Jahren die Nutzlosigkeit des Prinzips der Menschenwürde zu zeigen suchte.[14] Hoerster fragte, was

---

13 Eine nützliche Einführung in die Diskussion um solche Erklärungen wertender Urteile gibt Mark Schroeder, Noncognitivism in ethics, London (Routledge) 2010.
14 Norbert Hoerster, Zur Bedeutung des Prinzips der Menschenwürde, Juristische Schulung 23, 1983, S. 93–96.

die Berufung auf die Würde des Menschen leistet, wenn über die Zulässigkeit einer Handlungsweise, zum Beispiel die Zulässigkeit des Betriebs von peepshows, zu entscheiden ist. und seine Antwort war, dass diese Berufung nichts leistet, weil eine solche Entscheidung stets schon auf andere moralische Urteile zurückgreifen muss, die dann in Wahrheit die Begründungsarbeit tun, so dass das Prinzip der Menschenwürde zu einer bloßen Leerformel wird. Dem hier geführten Argument geht es nicht darum, wie viel das Prinzip der Menschenwürde bei der Begründung solcher Entscheidungen leistet. Es geht ihm darum, ob der Mensch tatsächlich Würde hat, also ob das Prinzip der Menschenwürde, an das bei solchen Entscheidungen appelliert wird, selbst zutrifft; und es kommt zu dem Schluss, dass das Prinzip nicht zutrifft, weil keine Art von Naturdingen höher steht als eine andere. Wenn Hoerster vom Begriff der Menschenwürde sagt, es sei ein normativer, wenn auch kein rein normativer Begriff, will er vielleicht die hier gestellte Frage, ob der Mensch tatsächlich Würde besitzt, für verfehlt erklären.[15] Aber diese Meinung ließe sich schwer verteidigen. Was immer ein normativer Begriff ist, er muss, als Begriff, etwas sein, worunter Dinge fallen oder nicht fallen, oder anders ausgedrückt, Würde muss eine Eigenschaft sein, die Dingen zukommt oder nicht zukommt. Dann aber ist die Frage zulässig, ob diese Eigenschaft wirklich allen Menschen zukommt. Schließlich kann man, wenn von einer Würde nur dieses oder jenes Menschen die Rede ist, sinnvoll fragen, ob der Betreffende die Würde wirklich hat (III 1). Es wäre seltsam, wenn sich das bei der Würde, die alle Menschen haben sollen, plötzlich nicht mehr fragen ließe.

3 Verteidigungen

Dem hier vorgetragenen Argument dafür, dass *der* Mensch nicht Würde hat, kann man auf verschiedene Arten entgegentreten, einmal, indem man bestreitet, dass Menschenwürde einen Vorrang des Menschen gegenüber anderen Naturdingen verlangt, zum anderen, indem man Rangunterschiede zwischen den Naturdingen verteidigt, und zum dritten, indem man den Menschen ganz aus der Natur hinausrückt.

Eine Überlegung der ersten Art vertritt Jeremy Waldron. Für ihn ist Würde zwar ein Rangbegriff. Aber mit dem Begriff der Menschenwürde werde dieser Vorrang allgemein gemacht, so dass kein Mensch hinter einem anderen an Würde zurücksteht, alle in den ersten Rang aufrücken.[16] Indessen, wenn diese Würde

---
15 So besonders in der abschließenden Zusammenfassung des genannten Aufsatzes.
16 Jeremy Waldron, Dignity, rank, and rights, Oxford UP 2012, S. 33.

noch ein Vorrang sein soll, brauchen wir doch wieder die Tiere, auf die wir hinabschauen können. Denn dass einmal manche Menschen für niederen Ranges gehalten wurden, reicht nicht aus, uns jetzt allen einen Vorrang zuzuschreiben – Vorrang vor wem denn? Aber auf die Tiere haben wir nicht Grund hinabzuschauen, nach dem zuvor Gesagten.

Nach der zweiten Überlegung können Naturdinge doch einen höheren Rang als andere Naturdinge einnehmen, nämlich unter naturexternen Gesichtspunkten. Eines solchen Gesichtspunkts bedienen sich Juden und Christen, wenn sie nach 1 Mos 1, 26 f. Menschen dadurch ausgezeichnet sehen, dass sie nach Gottes Bild geschaffen sind. Dass diese Eigenschaft eine Würde des Menschen begründen könnte, leuchtet ein: Wesen, die Gott ähnlich sind, stehen einsichtigerweise höher als Wesen, die das nicht sind. An Gottesebenbildlichkeit also, oder an einer ähnlichen Auszeichnung in einer auf naturexterne Kriterien gestützten Ordnung der Dinge, hätte die Würde des Menschen eine Grundlage. Hätte. Denn es ist nicht wahr, dass Gott den Menschen nach seinem Bilde schuf; oder was sonst für transzendente Auszeichnungen wir uns umgehängt haben.

Was schließlich ein Hinausrücken des Menschen aus der Natur angeht, wäre es sehr wenig plausibel zu sagen, dass Menschen überhaupt nicht Naturwesen sind. Üblich ist es vielmehr zu sagen: Menschen sind Naturwesen, aber nicht nur. Es gibt dazu noch etwas an ihnen oder in ihnen, das nicht Natur ist, die Seele, den Geist, die Persönlichkeit, das Selbst, ob nun mit diesen Ausdrücken dasselbe oder Verschiedenes bezeichnet wird; und dass es dies an ihnen gibt, an anderen Dingen aber nicht, macht ihren Vorrang aus.[17] Diese Position vertritt Günter Dürig in einem Aufsatz, der für die juristische Diskussion der Menschenwürde maßgebend geworden ist:

> Jeder Mensch ist Mensch kraft seines Geistes, der ihn abhebt von der unpersönlichen Natur.[18]

Nun ist ohnehin nicht klar, warum der Besitz von etwas Nicht-Natürlichem einem Wesen einen höheren Rang geben soll. Wenn ich eine Mütze habe und du nicht, bin ich darum nicht etwas Besseres, aber wenn ich eine Seele habe und du nicht, dann wohl? Doch dies Bedenken auch beiseite, unhaltbar ist die Vorstellung von einem Stück Nicht-Natur, das wir, ansonsten Naturwesen, zusätzlich an oder in uns haben. Denn man begreift nicht, wie dies Stück Nicht-Natur mit dem restlichen Naturwesen verbunden ist. Descartes, nachdem er die denkende Seele vom

---

[17] So schon Samuel Pufendorf, De jure naturae et gentium, Lund 1672, I 3, 1.
[18] Günter Dürig, Der Grundrechtssatz von der Menschenwürde, in: Archiv für öffentliches Recht 81, 1956, S. 125.

ausgedehnten Körper getrennt hatte, erklärte die Zirbeldrüse zum Ort der Vermittlung zwischen ihnen,[19] absurderweise, denn eine Seele, die als denkende Substanz nicht mit dem Körper als ausgedehnter interagiert, kann auch nicht in der Zirbeldrüse ihren Sitz haben. Mit derselben Schwierigkeit müssen diejenigen kämpfen, die den Menschen mit einem Stück Nicht-Natur ausstatten: Wo treffen sich Natur und Nicht-Natur? mit was für Bändern, materiellen oder immateriellen, ist die Seele an den Leib gebunden? Wird hiergegen gesagt, Seele, Geist und ähnliche Dinge seien nicht als zusätzliche Bestandstücke im Naturwesen Mensch zu verstehen, sondern wie heute üblich[20] als besondere Funktionsweisen des Menschen, denen andere Wesen in der Natur nichts Ähnliches an die Seite stellen können, dann kehrt das frühere Argument zurück: Wenn Menschen so, also geistig, ihr Wesen treiben und andere Naturdinge das ihre anders treiben, so begründet das in keiner Richtung einen Vorrang zwischen ihnen. Jedes tut eben sein Ding, eines neben dem anderen.

Von dem gerade betrachteten Argument gibt es auch eine aufs Handeln abgestellte Version, die also Seele, Selbst und so weiter nicht als besondere Bestandstücke oder Funktionsweisen des Menschen ansieht, sondern als dasjenige, das es für einen Menschen in seinem Tun und Leiden zu wahren und zu fördern gilt. So mahnt der platonische Sokrates seine Mitbürger, nicht an erster Stelle für ihren Körper oder für ihr Vermögen zu sorgen, sondern für ihre Seele, damit sie so gut sei wie nur möglich.[21] Ralf Stoecker wiederum setzt Selbstachtung darein, „dass man darauf aufpasst und dass es einem am Herzen liegt, was mit diesem Selbst geschieht", und wer in seiner Würde als Mensch verletzt wird, dem werde der Erfolg dieser Bemühung verwehrt.[22] Doch es ist nicht allein zweifelhaft, ob wir so etwas haben wie die Seele, von der Sokrates, und das Selbst, von dem Stoecker spricht. Vor allem sieht man nicht, warum es ein guter Rat ist, dafür besonders zu sorgen, und entsprechend, warum es schlimm ist, wenn einem der Erfolg dieser Bemühung verwehrt, also wenn man, nach diesem Vorschlag, in seiner Würde verletzt wird. Wodurch haben Seele und Selbst, gesetzt ein Mensch besitzt so etwas, ein praktisches Interesse? Warum nicht sagen: Sollen doch meine Seele und mein Selbst und meine Würde sehen, wo sie bleiben, ich habe Wichtigeres zu tun?

---

19 René Descartes, Les passions de l'âme (1649), G. Rodis-Lewis (Hrsg.), Paris (Vrin) 1970, Art. 31f.
20 Siehe etwa Michael Pauen, Kein Rätsel des Bewusstseins, in: K. Crone et al. (Hrsg.), Über die Seele, Frankfurt (Suhrkamp) 2010, S. 390
21 Platon, Apologie 30 a/b.
22 Ralf Stoecker, Menschenwürde und das Paradox der Entwürdigung, in: R. Stoecker (Hrsg.) Menschenwürde, Wien (öbv) o. J., S. 141, 146.

4 Autonomie

Kants Konzeption der Menschenwürde, die nach wie vor großen Einfluss ausübt, wird von demselben Argument betroffen wie die zuvor beschriebenen Versuche, den Grund der Menschenwürde in einem Stück Nicht-Natur im Menschen zu finden. Die Würde des Menschen und überhaupt der vernünftigen Wesen ist für Kant, im Einklang mit dem zu Beginn dieses Kapitels Gesagten, ein „Prärogativ", also ein Vorrecht Höhergestellter, das „allen bloßen Naturwesen", also Tieren, Pflanzen und anorganischen Dingen, abgeht.[23] Kant setzt nun dies Vorrecht darein, dass die Vernünftigen Anteil an der allgemeinen Gesetzgebung haben, also darein, dass sie selbst auch Urheber der Gesetze sind, denen sie als Handelnde unterliegen.[24] Die Eigenschaft, selbst Urheber der Gesetze zu sein, denen man unterliegt, heißt bei Kant Autonomie, im Einklang mit dem antiken und im Unterschied zum heutigen Gebrauch dieses Ausdrucks (II 13).[25] Also, das Vorrecht der durch ihre Vernunft höher gestellten Wesen ist Autonomie. (Wie: Die großen Kinder bekommen selbst den Schlüssel zu ihrem Fach.) Zugegeben, diese Deutung muss Kants Wortlaut an einem Punkt korrigieren. Er sagt einmal, Autonomie sei der Grund der Würde der menschlichen und jeder vernünftigen Natur,[26] und mindestens nach der eben gegebenen Erklärung von „Grund der Würde" (III 1) ist das nicht korrekt, der Grund der Würde ist die Vernünftigkeit der betreffenden Wesen. Er hätte vielmehr sagen sollen, die Würde der menschlichen und jeder vernünftigen Natur *ist* Autonomie, oder besteht in Autonomie. Tatsächlich sagt er auch genau das ein paar Seiten später.[27]

Von den Schwierigkeiten der Autonomie-Lehre selbst noch abgesehen[28]: in welchem Sinne sollen hier Menschen nicht „bloße Naturwesen" sein? Nur in dem Sinne, dass sie im Gegensatz etwa zu Tieren Vernunft gebrauchen? Aber es ist nicht einzusehen, wieso das sie aus dem Kreis der Naturwesen rückt. Fledermäuse orientieren sich mit Echolot, Menschen mit Vernunft. Das ist ein Unterschied, ja, aber wieso ein Unterschied, der die Menschen höher stellt als die Fledermäuse? Mag es immer sein, dass die Menschen sich durch eigene Gesetze leiten können, die Tiere nicht, so ist das doch keine Ehre und Auszeichnung, also Würde, sondern nur eine Besonderheit, wie das Echolot der Fledermäuse. Wird darauf wieder

---

23 Kant, Grundlegung zur Metaphysik der Sitten (1785), AA IV 438.
24 Kant, Grundlegung, AA IV 435.
25 Kant, Grundlegung, AA IV 432f.
26 Kant, Grundlegung, AA IV 436.
27 Kant, Grundlegung, AA IV 440.
28 Siehe Rüdiger Bittner, Moralisches Gebot oder Autonomie, Freiburg (Alber) 1983, Kap. 5; Bittner, Autonomy modest, in: Erkenntnis 79, 2014, S. 1329–1339.

entgegnet, dass Vernunft nicht bloß eine besondere Funktionsweise von Menschen ist, sondern ein besonderer Bestandteil von ihnen, etwas in ihnen, das ähnlich der traditionell verstandenen Seele nicht zur Natur gehört, wie das wirklich an manchen Stellen Kants Gedanke zu sein scheint,[29] so wird wie zuvor die Verbindung zwischen diesem Stück Nicht-Natur und dem Naturwesen, das der Mensch auch noch ist, unbegreiflich.

5 niemals bloß als Mittel

Die juristische Diskussion und auch die Rechtsprechung des BVerfG haben Menschenwürde lieber aus Kants so genannter Zweckformel erklärt[30], nach der Menschen immer auch als Zweck, nie bloß als Mittel behandelt werden müssen. Aber als Interpretation Kants ist diese Konstruktion verfehlt, und sachlich führt sie in eine Sackgasse. Denn was die Interpretation Kants angeht, so wird in der Grundlegungsschrift die Würde der Vernunftwesen ausdrückliches Thema erst in der Diskussion der dritten Formel des kategorischen Imperativs, also der Autonomie-Formel.[31] Wohl versucht Kant dann, die Äquivalenz von Autonomie- und Zweck-Formel zu erweisen,[32] mit zweifelhaftem Erfolg, und in der späten Tugendlehre verknüpft er ohne weitere Umstände die Würde und das Verbot bloßer Benutzung von Menschen,[33] doch das ändert nichts daran, dass der Gedanke der Würde des Menschen ursprünglich in den Zusammenhang der Autonomie gehört, nicht in den Zusammenhang der Zweck-Formel, also des Verbots bloßer Benutzung von Menschen.

Was zum anderen die Sache angeht, so ist bisher keine Erklärung von „Menschen bloß als Mittel behandeln" gefunden worden, unter der es plausibel wäre, ein solches Verhalten immer oder jedenfalls grundsätzlich als verwerflich zu betrachten. Am sorgfältigsten hat Sam Kerstein das Problem diskutiert, und er erklärt wie folgt: Eine Person behandelt jemanden bloß als Mittel, wenn sie ihn zum einen als Mittel behandelt und wenn zum anderen

---

29 Siehe etwa Kant, Grundlegung, AA IV 452: „Als ein vernünftiges, mithin zur intelligibelen Welt gehöriges Wesen [...]".
30 Kant, Grundlegung, AA IV 429. Diese Deutung wurde wiederum führend vertreten von Dürig, Der Grundrechtssatz von der Menschenwürde, S. 117.
31 So auch Dietmar von der Pfordten, Menschenwürde, München (Beck) 2016, S. 33.
32 Kant, Grundlegung, AA IV 437 f.
33 Kant, Metaphysische Anfangsgründe der Tugendlehre (1797), AA VI S. 373–493, § 38.

> it is reasonable for her to believe both that he is unable to consent to her using him and that he cannot share the proximate end(s) she is pursuing in using him.³⁴

Dass derjenige, der als Mittel behandelt wird, das Ziel der Person, die ihn so behandelt, nicht teilen kann, soll heißen, dass er sich dies Ziel nicht rational zu eigen machen kann.³⁵ An Kants Beispiel des lügenhaften Versprechens³⁶: wenn jemand sich durch das Versprechen der Rückzahlung dazu verleiten lässt, einem anderen Geld zu leihen, kann er das Ziel des anderen, nämlich dauerhaft dieses Geld zu behalten, im Normalfall sich rational nicht zu eigen machen, weil er damit andere seiner Pläne vereitelt.

Aber es ist nicht zu erkennen, wieso die Behandlung eines Menschen als eines Mittels dadurch davor geschützt ist, eine Behandlung seiner bloß als eines Mittels zu sein, dass dieser das mit der Behandlung verfolgte Ziel rational sich zu eigen machen *kann*. Fälle, in denen jemand einen anderen bloß als Mittel behandelt, sollten sich von Fällen, in denen jemand einen anderen als Mittel, aber nicht bloß als Mittel behandelt, dadurch unterscheiden, dass bei den ersten, wie das Wort „bloß" anzeigt, etwas fehlt, etwas wie die Rücksichtnahme auf die eigenen Ziele des Betroffenen. Aber dass jemand sich das Ziel rational nicht zu eigen machen kann, das ein anderer bei seiner Behandlung verfolgt, davon ist nicht einzusehen, dass hierin der Mangel liegen soll, der die Behandlung eines Menschen als Mittel zu einer Behandlung bloß als Mittel macht. Diese Behauptung erscheint vielmehr willkürlich. Kerstein bringt ein erhellendes Beispiel: Eine Gruppe jüngerer Wanderer, die nicht wissen, wie sie vom Berg herunterkommen, sieht einen erfahrenen Wanderer eine Strecke weit vor sich und folgt ihm, achtet aber darauf, dass er es nicht merkt, weil das für sie beschämend wäre.³⁷ Hier behandeln die jüngeren Wanderer den älteren als Mittel, und er kann dazu nicht einwilligen, weil er davon nichts weiß. Wohl könnte er das Ziel sich rational zu eigen machen, das sie auf diese Weise verfolgen, nämlich ihre sichere Ankunft im Tal. Aber es ist nicht klar, wieso die Tatsache, dass er das könnte, aus dem, was sie mit ihm tun, eine Behandlung nicht bloß als Mittel macht. Diese Tatsache scheint hierfür vielmehr irrelevant. Lässt man sie aber als irrelevant beiseite, dann liegt es nach normalem Sprachgebrauch nahe zu sagen, dass die jüngeren Wanderer den älteren bloß als

---

34 Samuel Kerstein, How to treat persons, Oxford UP 2013, S. 76. Kerstein verschärft (S. 79) seine Anforderungen an einen Gebrauch bloß als Mittel noch mit einer weiteren Bedingung, die aber hier außer Betracht bleiben kann.
35 Kerstein,. How to treat persons, S. 63. Auch hier übergehe ich eine weitere Verfeinerung des Kriteriums bei Kerstein, S. 64 f.
36 Kant, Grundlegung, AA IV 429 f.
37 Kerstein, How to treat persons, S. 63.

Mittel behandeln, denn sie haben ja weiter mit ihm nichts zu tun, er dient ihnen allein als Wegweiser. Nun ist es aber auf keine Weise zu tadeln, dass die jüngeren Wanderer sich so an den älteren anhängen. Also haben wir hier einen Fall untadeliger Behandlung eines anderen bloß als Mittels.

Tatsächlich tut sich hier eine noch erheblich breitere Bresche auf. Die Untergebenen von militärischen und betrieblichen Hierarchien können oft den Plan, unter dem sie eingesetzt werden, nicht billigen, einfach weil sie ihn nicht kennen. Die Ziele, die mit ihrem Einsatz verfolgt werden, könnten sie zwar in vielen Fällen rational sich zu eigen machen. Aber wenn diese Tatsache gemäß dem eben Gesagten belanglos ist, werden solche Untergebenen dennoch durchweg als bloßes Mittel behandelt. Bedenkenswert ist in diesem Zusammenhang auch der Fall der Erziehung. Erzieher tun anderen, gewöhnlich jüngeren Menschen etwas an, worein diese in einem gehaltvollen Sinne nicht einwilligen können, weil sie, noch nicht hindurchgegangen, nicht wirklich wissen, was ihnen zuteil werden soll. Dass sie aber die in einer Erziehung verfolgten Ziele sich zu eigen machen *könnten*, etwa wenn sie schon erwachsen wären, erscheint wieder belanglos. So eröffnet sich, nicht bloß ein Fall, sondern ein ganzes Feld untadeliger Behandlung anderer bloß als Mittel.

Wenn es aber nicht grundsätzlich unzulässig ist, Menschen bloß als Mittel zu behandeln, gibt es keinen Grund mehr, die Rede von der Würde des Menschen mit Hilfe des Verbots einer solchen Behandlung zu interpretieren.[38] Es kommt hinzu, dass sich die angebliche Eigenschaft von Menschen, nicht bloß als Mittel behandelt werden zu dürfen, mit dem nicht deckt, was im gängigen Sprachgebrauch als ihre Würde bezeichnet wird.[39] Man kann jemandes Würde verletzen, ohne ihn zu benutzen, etwa durch Erniedrigungen, die einem selbst, wie man weiß, nichts einbringen. Umgekehrt kann man jemanden benutzen, in einem normalen Sinne des Ausdrucks auch bloß benutzen, also nichts weiter von ihm wollen als irgendeinen Dienst, ohne seine Würde zu verletzen. Viele Käufe sind so: man gibt Geld hin, damit der Mensch auf der anderen Seite etwas hergibt, aber man kommt ihm dabei nicht nahe genug, um seiner Würde etwas zu Leide zu tun.

Auch über Kants Zweckformel lässt sich also die Würde des Menschen nicht gegen das Argument von der adellosen Natur verteidigen. Menschenwürde ist vielmehr bloß einer der Schatten Gottes, von denen Nietzsche spricht.[40] Denn Gott ist zwar tot, will sagen: der Gedanke „Gott" spielt keine Rolle mehr, ist weg vom

---

38 Siehe hierzu auch Samuel Kerstein, Dignity and preservation of personhood, in: P. Kaufmann et al. (eds.), Humiliation, degradation, dehumanization, Dordrecht (Springer) 2011, S. 231–241.
39 Peter Schaber, Menschenwürde als Recht, nicht erniedrigt zu werden, in: Ralf Stoecker (Hrsg.) Menschenwürde, Wien (öbv) o. J., S. 122f.
40 Friedrich Nietzsche, Die fröhliche Wissenschaft (1882), Nr. 108, in: KSA Band 3, S. 467.

Fenster, aber Vorstellungen, die auf dem Boden dieses Gedankens wuchsen, wie eben die von der Würde des Menschen, leben ohne ihn weiter. Sie wuchsen auf diesem Boden: Die unsterbliche Seele mitsamt ihrer diversen Nachkommenschaft und die Gottesebenbildlichkeit haben zu der Vorstellung einer Würde des Menschen geführt. Aber nun haben sich diese Gedanken als unhaltbar erwiesen, und dann noch weiter die Würde des Menschen zu behaupten, trotz dem bloßen Nebeneinander in der Natur, ist nicht vernünftig. Besser wir bringen unser Haus in Ordnung und trennen uns von Stücken, die uns vielleicht lieb geworden sind, für die aber wirklich kein Platz mehr ist. Robert Spaemann wendet sich gegen diejenigen, die meinen, „man könne die religiöse Betrachtung der Wirklichkeit fallen lassen, ohne dass einem etliches andere mit abhanden kommt, auf das man weniger leicht verzichten möchte."[41] Richtig, nur ist das nicht, wie Spaemann meint, ein Grund, an der religiösen Betrachtung der Wirklichkeit festzuhalten. Es ist nur ein Grund für eine ziemlich große Tour zum Sperrmüll.

---

41 Robert Spaemann, Über den Begriff der Menschenwürde, in: E.-W. Böckenförde, R. Spaemann (Hrsg.), Menschenrechte und Menschenwürde, Stuttgart (Klett) 1987, S. 302.

IV Menschenrechte

Menschenrechte sind Rechte, die Menschen schon als Menschen besitzen, nicht erst auf Grund einer Gewährung, eines Vertrags oder sonst einer rechtlichen Transaktion.[1] Die Frage, ob es Menschenrechte gibt, bedeutet also: Haben Menschen als solche schon auf etwas ein Recht? Auf irgendetwas. Denn unter den Freunden der Menschenrechte ist umstritten, welches im Einzelnen diese Rechte sind. Doch der Streit braucht hier nicht entschieden zu werden. Hier ist nur die Frage: Gibt es irgendetwas, worauf Menschen nicht dank einer rechtlichen Transaktion, sondern schon als Menschen ein Recht haben? Man kann die Transaktionen, durch die Menschen Rechte bekommen, als Setzungen bezeichnen, und damit lässt sich die Frage auch so stellen: Haben Menschen manche Rechte anders als durch Setzung? Mit dem alten Gegensatz[2] heißt das: Haben Menschen manche Rechte von Natur aus?

Das ist eine simple, vollkommen durchsichtige Frage, und man versteht nicht, was etwa Hannah Arendt an ihr „höchst verwirrend" fand.[3] Dass jemand auf etwas ein Recht hat, ist eine Eigenschaft des betreffenden Menschen neben anderen, im selben Sinne eine Eigenschaft wie die, dass er blaue Augen hat, wenn man auch ihr Vorliegen auf andere Weise prüft als die Farbe der Augen. Man lernt zum Beispiel in der Rechtswissenschaft, unter welchen Bedingungen jemand das Recht hat, von einem Kaufvertrag zurückzutreten. Das ist festgelegt durch die Gesetze, in diesem Fall durch das Bürgerliche Gesetzbuch, und so kann, wer die Gesetze kennt, sagen, wann einer diese Eigenschaft hat. Wenn man dagegen wissen will, ob Menschen auf etwas ein Recht haben nicht dank den Gesetzen, sondern einfach als Menschen, dann hilft es freilich nicht, die Gesetze zu kennen, sondern man muss sich auf andere geeignete Weise Aufschluss besorgen. Aber mag man auch andere Mittel einsetzen, um zu einer Antwort zu gelangen, der Art nach ist die Frage die gleiche wie die juristische.

---

[1] So das orthodoxe Verständnis, wie John Tasioulas es nennt (On the nature of human rights, in: G. Ernst, J.-C. Heilinger, The philosophy of human rights, Berlin (de Gruyter) 2012, S. 17–59).
[2] Siehe Antiphon (5. Jahrhundert v. Chr.), 87 B 44 in: H. Diels, W. Kranz (Hrsg.), Die Fragmente der Vorsokratiker (= VS), 11. Auflage, Berlin (Weidmann) 1964.
[3] Hannah Arendt, Elemente und Ursprünge totaler Herrschaft, Frankfurt (EVA) 1955, S. 438.

1 Anträge auf Nichtbefassung

Man kann die Frage abweisen aus dem Grund, dass die Antwort offensichtlich sei, nämlich Ja. Das behauptete der Second Continental Congress in der Unabhängigkeitserklärung der Vereinigten Staaten vom 4. Juli 1776, einem Text, der in den Hauptzügen von Thomas Jefferson stammt[4]:

> We hold these truths to be self-evident, that all men are created equal, that they are endowed by their Creator with certain unalienable Rights.

Aber evident ist hier nur, dass der Kongress irrt oder lügt, irrt, wenn er wirklich glaubt, die angeführten Sätze seien aus ihnen selbst evident, lügt, wenn er nur behauptet, das zu glauben. In Wahrheit ist es ja keineswegs offensichtlich, dass die Menschen ausgestattet mit Rechten aus der Hand des Schöpfers kommen. Der Kongress, indem er das Geschaffensein der Menschen gleichfalls für offensichtlich erklärt, gibt auch zu erkennen, dass es ihm gar nicht darum geht, etwas Wahres zu sagen, sondern nur etwas, das Gläubigen das Herz wärmt. Denn 1776 muss ihm bekannt gewesen sein, dass die Schöpfungsthese ernsthaft bezweifelt wird und damit nicht als offensichtlich wahr durchgehen kann.

Man kann die Frage auch abweisen aus dem Grund, dass jedenfalls bei uns über sie bereits politisch entschieden worden sei. Denn Art. 1 II GG sagt:

> Das Deutsche Volk bekennt sich darum zu unverletzlichen und unveräußerlichen Menschenrechten als Grundlage jeder menschlichen Gemeinschaft, des Friedens und der Gerechtigkeit in der Welt.

Doch das hier ausgesprochene Bekenntnis des deutschen Volkes ist nicht schon als Bekenntnis vor Irrtum sicher, so wenig wie die christlichen Glaubensbekenntnisse, denen es offenbar nachgebildet ist.[5] Wohl mag jemand, der den Satz von dem einen Gott, der Himmel und Erde erschaffen hat, für möglicherweise irrig hält, damit die Gemeinschaft derjenigen verlassen haben, die am Anfang des christlichen Bekenntnisses (in der Fassung des Konzils von Nicäa 325) sagen: „Wir glauben". Nicht aber gehört jemand, der an Menschenrechten zweifelt, darum nicht mehr zum deutschen Volk. Ein Volk ist keine Kirche. Es kann nicht darauf bestehen, dass die zu ihm gehörenden Menschen bestimmte Überzeugungen

---

[4] Die Geschichte der Unabhängigkeitserklärung beschreibt Pauline Maier, American scripture, New York (Knopf) 1997.
[5] Horst Dreier, Art. 1, in: H. Dreier (Hrsg.), Grundgesetz Kommentar, Tübingen (Mohr) 1996, Rn. 1.

teilen.⁶ Mag also das deutsche Volk sich zu Menschenrechten bekennen, für Deutsche ist damit die Frage, ob es die gibt, nicht erledigt.

Ähnlich kann man die Frage aus dem Grund abweisen, dass bei uns über sie, wenn nicht politisch, so doch kulturell schon entschieden sei. Unsere Kultur ist eine der Menschenrechte, sagt Richard Rorty, mit dieser Kultur identifizieren wir uns, und so lohnt es sich nicht zu fragen, ob Menschen solche Rechte wirklich haben.⁷ Aber es ist nicht wahr, dass unsere Kultur eine von Menschenrecht-Gläubigen ist, denen die Frage, ob es diese Rechte wirklich gibt, wie vom Mond gefallen erscheint. Und wäre es so, um so dringender wäre es, der Frage Gehör zu verschaffen. Denn die Erfahrung lehrt, dass wir weiter kommen, wenn wir gerade bei Überzeugungen, die angeblich zum Bestand unserer Kultur gehören, nachfragen, ob sie wahr sind. Die Aussagen des christlichen Glaubens haben einmal zum Bestand unserer Kultur gehört, aber wir haben dadurch gewonnen, und auch Christen haben dadurch gewonnen, dass ihre Wahrheit in Frage gestellt wurde. Vermutlich verhält es sich ebenso bei den Menschenrechten. Tatsächlich gibt es nicht einmal „unsere Kultur", mit deren Menschenrecht-Glauben man sich einverstanden erklären könnte, es gibt sie weder in den Vereinigten Staaten noch in Deutschland. Unsere Kultur, das ist Kraut und Rüben von Ideen und Traditionen. Was die Frage um so näher legt, ob diese Rübe, Menschenrechte, etwas taugt.

Man kann die Frage weiterhin abweisen aus dem Grund, dass die Menschenrechte in Erklärungen wie der Allgemeinen Erklärung der Menschenrechte vom 10.12.1948 sowie zwischenstaatlichen Vereinbarungen wie der Europäischen Konvention zum Schutz der Menschenrechte vom 4.11.1950 niedergelegt seien und hierdurch feststehe, dass Menschen diese Rechte tatsächlich haben. Aber wirklich werden in diesen Dokumenten Rechte nicht verliehen, so dass Menschen sie dann haben dank diesen Dokumenten. Die fraglichen Rechte sollen ja Menschenrechte sein, und die besitzt man, wie zu Anfang des Kapitels gesagt, nicht auf Grund einer Verleihung. Die genannten Dokumente sind vielmehr, wie im Fall der Allgemeinen Erklärung, als eine Verkündung oder Proklamation, also Bekanntmachung von Rechten zu verstehen, oder wie im Fall der Europäischen Konvention, als ein Abkommen zwischen Staaten über die Wahrung von Rechten in jedem dieser Staaten, aber im einen wie im anderen Fall von Rechten, die ohne ihre Verkündung und ohne das Abkommen über ihre Wahrung schon bestehen. Vermutlich aus demselben Grund greift das Grundgesetz zu der auffälligen Redeweise, das deutsche Volk „bekenne sich zu" unverletzlichen und unveräußer-

---

6 Erhard Denninger, Art. 1, Abs. 2,3, Rn. 5, in: A. Azzola u. a., Kommentar zum Grundgesetz für die Bundesrepublik Deutschland, 2. Auflage, Neuwied (Luchterhand) 1989.
7 Richard Rorty, Human rights, rationality, and sentimentality, in: S. Shute, S. Hurley (Hrsg.), On human rights, New York (Basic) 1999, S. 116.

lichen Menschenrechten. Die Rechte sind schon da, heißt das, das deutsche Volk legt sich in seiner Verfassung nur darauf fest, ihnen in seinem Staatswesen Geltung zu verschaffen. Wenn also durch solche Dokumente Menschenrechte nicht gesetzt, nur bekanntgegeben oder ihre Wahrung zugesichert wird, bleiben die Dokumente mit ihrer Annahme, dass Menschen diese Rechte zuvor schon haben, dem Irrtum ausgesetzt. Dann aber erledigen die Dokumente nicht die Frage, ob es Menschenrechte gibt, sie werfen sie gerade auf.

Man kann die Frage schließlich abweisen aus dem Grund, dass erneut offensichtlich sei, wie die Antwort lauten muss, diesmal Nein. Ernst Tugendhat schreibt:

> Natürlich kann es solche Entitäten wie Rechte nicht gewissermaßen in der Natur geben,[8]

und er meint wohl mit „Rechten gewissermaßen in der Natur" eben Rechte, die nicht durch eine rechtliche Transaktion gesetzt werden. Aber da er nichts anführt, was zeigen würde, dass es solche Rechte nicht gibt, muss auch dieser Antrag auf Nichtbefassung abgewiesen werden. Wohl erkennt Tugendhat dann „Menschenrechte" an, aber er versteht darunter etwas anderes als hier erklärt, nämlich Rechte, die von allen legitimen Staaten verliehen werden.[9] Doch diese Sicht lässt sich kaum verteidigen. Denn entweder haben Menschen das Recht, in legitimen Staaten zu leben, und das wäre doch wieder ein Recht „gewissermaßen in der Natur", weil es ja nicht von den betreffenden Staaten selbst verliehen sein könnte; oder die Menschen haben kein solches Recht, dann sind Tugendhats „Menschenrechte" Rechte, die nicht alle Menschen besitzen, nämlich diejenigen nicht, denen sie von ihren Staaten, illegitimen Staaten versteht sich, nicht gewährt werden. Denn dass es solche Staaten gibt, steht ja außer Zweifel. Aber Menschenrechte, die nicht alle Menschen besitzen, verdienen nicht diese Bezeichnung. Zudem sind sie politisch nutzlos, weil gerade diejenigen, die ein Interesse daran haben, sich auf sie zu berufen, sich nicht darauf verlassen können, dass sie sie tatsächlich besitzen.

---

[8] Ernst Tugendhat, Die Kontroverse um die Menschenrechte (1993), in: Tugendhat, Aufsätze 1992–2000, Frankfurt (Suhrkamp) 2001, S. 27.
[9] Tugendhat, Die Kontroverse um die Menschenrechte, S. 27.

2 Gründe gegen die Annahme von Menschenrechten

Die Vorgeschichte des Gedankens der Menschenrechte spricht gegen die Annahme, dass es solche Rechte wirklich gibt. Diese Vorgeschichte ist von einer Reihe von Autoren mehr oder weniger detailliert dargestellt worden, zwar mit verschiedenen Akzenten, in den Grundzügen aber übereinstimmend.[10] Im groben Umriss sieht sie so aus.

Die Rede von Rechten, die Menschen als Menschen besitzen, tritt zum ersten Mal auf in der „Virginia Declaration of Rights" vom Juni 1776. Dort heißt es in Artikel 1:

> That all men are by nature equally free and independent, and have certain inherent rights,

wobei mit „inherent" offenbar eben gemeint ist, dass diese Rechte nicht durch eine rechtliche Transaktion erworben wurden, sondern Menschen schon als Menschen zukommen. Die „Declaration of independence" der Vereinigten Staaten vom Juli 1776 schließt sich mit dem vorhin zitierten Satz an die Erklärung von Virginia an. Jeffersons Entwurf sprach noch von „inherent and inalienable rights", und erst in der Schlussredaktion des Kongresses fielen die Worte „inherent and" weg.[11] Anders aber als die Erklärung von Virginia lässt die Unabhängigkeitserklärung die Menschen ihre Rechte nicht von Natur aus besitzen, sondern dank der Gabe ihres Schöpfers. Da dessen Geben aber keine rechtliche Transaktion ist, bleiben die Rechte auch hier Menschenrechte in dem zu Beginn erklärten Sinne, also Rechte, die einer schon als Mensch, nicht auf Grund eines besonderen Rechtsaktes besitzt. Die „Déclaration des droits de l'homme et du citoyen" des revolutionären Frankreich schließlich legt im August 1789

> les droits naturels, inaliénables et sacrés de l'Homme

dar, wobei sie ihrerseits sichtlich unter dem Einfluss der amerikanischen Erklärungen steht.

Die Rede von Menschenrechten, die mit diesen drei Dokumenten ins Leben tritt, leitet sich her von der Vorstellung natürlicher Rechte, die in der Diskussion des 17. und 18. Jahrhunderts geläufig war. Wie die Formulierung der französischen

---

[10] Siehe etwa A.P. d'Entrèves, Natural law, 2. Auflage, London (Hutchinson) 1970; Gerhard Oestreich, Geschichte der Menschenrechte und Grundfreiheiten im Umriss, 2. Auflage, Berlin (Duncker) 1978; Richard Tuck, Natural rights theories, Cambridge UP 1979; Siegfried König, Zur Begründung der Menschenrechte: Hobbes – Locke – Kant, Freiburg (Alber) 1994.
[11] Maier, American scripture, S. 135.

déclaration deutlich macht, sind die hier erklärten Menschenrechte nichts anderes als die natürlichen Rechte von Menschen. Ebenso spricht George Masons Entwurf vom Mai 1776, der der Erklärung von Virginia zu Grunde lag, noch von „inherent natural rights",[12] statt bloß „inherent rights", die alle Menschen besitzen.

Der Übergang von natürlichen Rechten zu Menschenrechten bedeutet dabei keine Verengung, was den Kreis der Träger der Rechte betrifft. In der damaligen Diskussion wurden auch die natürlichen Rechte immer verstanden als Rechte, die nur Menschen besitzen, nicht etwa, wie heute diskutiert wird, Tiere oder sogar Tierarten, Lebensräume von Tieren und weiterhin Pflanzen. Der Übergang bedeutet auch keine Verengung, was den Umkreis der Rechtsverletzungen betrifft, wie Thomas Pogge behauptet hat. Er meint, dass Menschenrechte anders als natürliche Rechte nur durch das verletzt werden können, was Inhaber öffentlicher Ämter entweder selbst tun oder auch nur in Auftrag geben oder dulden.[13] Aber diese Interpretation von „Menschenrecht" wird durch den gängigen Gebrauch des Ausdrucks nicht gestützt. Wenn unter den Menschenrechten das Recht auf Leben ist, was weithin angenommen wird, und jemand bringt mich rein privat um, ohne jede Nachlässigkeit der Polizei, so wird man hierin durchaus die Verletzung eines meiner Menschenrechte sehen. Wir sprechen vielleicht in einem solchen Fall nicht von einer Menschenrechtsverletzung, aber das liegt wohl nur daran, dass wir seit Auschwitz, Hiroshima und Dresden Taten von anderem Ausmaß kennen, mit denen irgendein Normalverbrechen in eine Reihe zu stellen man sich scheut. Also, Verengung weder hier noch dort: Die Menschenrechte *sind* die natürlichen Rechte des 17. und 18. Jahrhunderts.

Die Vorstellung von natürlichen Rechten wiederum leitet sich her aus dem Gedanken des Naturrechts. Unter Naturrecht ist zu verstehen ein Bestand von Gesetzen für menschliches Handeln, die nicht einen politischen Ursprung haben, die also nicht vom Volk, von bestellten Amtsträgern oder auch von einem Tyrannen aufgestellt worden sind, sondern von Natur aus, und das heißt jetzt nur: ungesetzt, oder allenfalls von Gott gesetzt, gelten. Wie natürliche Rechte und Naturrecht zusammenhängen, wird bei John Locke deutlich, der zwar nie ausdrücklich von Menschenrechten in dem Sinn der Erklärung von Virginia und der ihr folgenden Dokumente spricht, die in ihnen ausgedrückte Konzeption aber maßgeblich bestimmt hat. In dem Kapitel „Of the State of Nature" des zweiten

---

[12] George Mason, First Draft of the Virginia Declaration of Rights, in: The papers of George Mason, Band 1: 1749–1778, R. Rutland (Hrsg.), Chapel Hill (University of North Carolina Press) 1970, S. 277.
[13] Thomas Pogge, World poverty and human rights, 2. Auflage, Cambridge (Polity) 2008, Abschnitt 2.2–3.

„Treatise of Government" legt er zunächst dar, dass im Naturzustand die Menschen frei und gleich sind. Doch die Freiheit, schränkt er ein, sei nicht Zügellosigkeit:

> The *state of nature* has a law of nature to govern it, which obliges every one: and reason, which is that law, teaches all mankind, who will but consult it, that being all *equal and independent*, no one ought to harm another in his life, health, liberty, or possessions.

Auch ohne staatliche Gewalt unterstehen die Menschen also einem Gesetz, einem ungesetzten eben, von dem ihnen ihre Vernunft Kenntnis gibt. Der nächste Absatz schließt nun so an:

> And that all men may be restrained from invading others rights, and from doing hurt to one another, and the law of nature be observed, which willeth the peace and *preservation of all mankind*, the *execution* of the law of nature is, in that state, put into every man's hands.[14]

Die Rechte, von denen in diesem Satz die Rede ist, müssen diejenigen sein, die einer dadurch hat, dass durch das Gesetz der Natur anderen verboten ist, ihm dies oder jenes anzutun. Alle Menschen haben somit im Naturzustand schon Rechte, denn alle befinden sich im Schutzbereich des Naturrechts; und die Rechte, die sie damit haben, sind die natürlichen Rechte oder, wie es eben später heißt, die Menschenrechte. Es sind Rechte darauf, dass ihnen getan oder nicht getan wird, was anderen durch Naturrecht geboten ist, ihnen zu tun oder nicht zu tun. Die Menschenrechte sind somit bei Locke das bloße Negativ in der Form subjektiven Rechtes zum positiven Gebot des Naturrechts. Was dieses zu tun verlangt, darauf sind jene der Anspruch.

Der Begriff subjektiver Rechte, oder Anrechte, ist seinerseits eine mittelalterliche Bildung, er entstammt wohl der kanonistischen Diskussion des 12. Jahrhunderts.[15] Der Gedanke des Naturrechts selbst ist älter. Vorbereitet bei Heraklit[16], in der Sophistik[17] und bei Aristoteles[18], wurde er im Wesentlichen ausgebildet in der alten Stoa, nämlich durch Chrysippos. So zitiert Plutarch von ihm die Sätze:

---

14 John Locke, Two Treatises of Government (1689), P. Laslett (Hrsg.), Cambridge UP 1964, Second Treatise §§ 4-7.
15 Siehe Brian Tierney, The idea of natural rights, Atlanta (Scholars) 1997, Kap. 2.
16 Heraklit, VS 22 B 2, 30, 41, 114.
17 Siehe wieder Antiphon, VS 87 B 44.
18 Aristoteles, NE V, 1134 b 18 – 1135 a 5

> Kein anderer Anfang, keine andere Quelle der Gerechtigkeit lässt sich finden als aus Zeus und aus der gemeinsamen Natur. Denn von hier aus muss all das seinen Ursprung nehmen, wenn wir über das, was gut und schlecht ist, etwas sagen wollen.[19]

Wie eine Stelle bei Diogenes Laertius zeigt,[20] ist hier mit „Zeus" nicht ein Gott gemeint, der den Menschen Regeln des Handelns nach seinem Willen auferlegt, so dass er und die Natur zwei verschiedene Rechtsquellen wären. Zeus ist die vernünftige Ordnung des Ganzen, das für alle Wesen „gemeinsame Natur" ist. Diese vernünftige Ordnung aber, so ist der Gedanke, bildet zugleich die Richtlinie für menschliches Handeln.[21] Von hier aus begreift man auch, weshalb das Naturrecht so heißt, denn bisher bedeutete „von Natur aus" ja nur „nicht durch Setzung". Chrysippos meint dagegen, in der Natur, also in dem Weltganzen, in dem die Menschen und ihre Werke einbegriffen sind, liege eine Ordnung, die für die Menschen zugleich Gebot ist. „Gemäß der Natur leben" ist darum die zentrale Anweisung der alt-stoischen Ethik,[22] und das heißt: so leben, wie es durch die Ordnung der Welt verlangt ist, dass wir leben.

Das ist also in Übersicht der Stammbaum der Menschenrechte: Sie hießen früher natürliche Rechte, diese sind das in die Form subjektiver Rechte gewendete, gleichsam das auf links gedrehte Naturrecht, und das Naturrecht ist das Gesetz der Welt, das zugleich Menschen gebietet, wie sie handeln sollen.

Aber es gibt kein Naturrecht. Die Welt ist nicht ein vernünftig geordneter Kosmos, durch den zugleich eine bestimmte Bahn zu gehen uns angewiesen ist. Wohl könnte es so sein, Chrysippos' Gedanke ist nicht abwegig oder unverständlich. Doch es gibt andere Beschreibungen der Welt, die den Phänomenen gerecht werden, aber geringere Ansprüche machen und deshalb vorzuziehen sind. Nach ihnen ist die Welt nur ein Haufen von Dingen, mit denen vielerlei passiert. Wohl passiert manches davon regelmäßig, und so kann man von Gesetzen der Natur sprechen. Aber diese Regelmäßigkeiten sind selbst partikulär, sie geben keine Grundlage, von einer vernünftigen Ordnung des Ganzen zu reden. Nur in einer solchen vernünftigen Ordnung läge es jedoch nahe, eine Anweisung auch für unser Handeln zu finden. Wirklich ist aber das, was in der Welt abläuft, nur so und so. Es ist daraus nichts dazu zu entnehmen, wie wir leben sollen.

Dass es kein Naturrecht gibt, spricht nun gegen die Annahme von Menschenrechten. Denn diese Annahme ist auf dem gerade beschriebenen Weg ent-

---

19 Plutarch, de Stoicorum repugnantiis 1035 c, in: Stoicorum veterum fragmenta (= SVF), Hans von Arnim (Hrsg.), Leipzig (Teubner) 1903, III 326.
20 Diogenes Laertius VII 87, SVF III 4.
21 Weitere Belege für diesen Gedanken: SVF III 68, 314, 315, 323.
22 Das ist vielfach belegt, siehe etwa SVF III 5–9, 12.

standen, also im Ausgang von einem Naturrecht, das es nicht gibt. Das lässt vermuten, dass auch die so entstandene Annahme irrig ist. Nur vermuten: auch von Irrtum ausgehend kann man Wahrheit erreichen. Aber das ist das Korn des blinden Huhns. In der Regel geraten wir von Irrtümern nur tiefer in Irrtümer.

Die Zweifel an der Annahme von Menschenrechten werden verstärkt durch die Beobachtung, dass die genannten drei Gründungsdokumente der Menschenrechte-Tradition, die Erklärung von Virginia, die Unabhängigkeitserklärung und die französische Erklärung, alle eine revolutionäre Absicht verfolgen. Das ist ein Grund für den Verdacht, dass ihre positiven Aussagen, also etwa die über Menschenrechte, nicht ernst zu nehmen sind. Denn es könnte gut sein, dass diese Dokumente in Wirklichkeit nur sagen wollen, das alte Recht des Königreichs, des englischen oder des französischen, gelte nicht mehr, und dass von dieser negativen Aussage die positive Behauptung der Menschenrechte nur das mit Hilfe des Theoriebestands der Zeit aufgeputzte Negativ ist. Schillers etwas später entstandene Verse sind berühmt, aber verräterisch:

> Wenn der Gedrückte nirgends Recht kann finden,
> Wenn unerträglich wird die Last – greift er
> Hinauf getrosten Mutes in den Himmel
> Und holt herunter seine ewgen Rechte,
> Die droben hangen unveräußerlich
> Und unzerbrechlich wie die Sterne selbst. [23]

In Wahrheit wohl umgekehrt: Nicht sind da erst die Rechte, und manchmal holt sich ein Gedrückter bei ihnen Hilfe, sondern von seinen unveräußerlichen Rechten redet jemand allein aus dem Grund, dass er das vorfindliche Recht als drückend empfindet und loswerden möchte. Vielleicht ist es wirklich drückend und er tut gut daran, sich gegen es zu wehren. Aber auch wenn das so ist, werden wir seine Rede von den droben hangenden unveräußerlichen Rechten nur als eine in seiner Lage verständliche Selbstbestätigung ansehen. Wir werden sie nicht glauben.

3 Gründe für die Annahme von Menschenrechten

Aber da der Irrtumsgeschichte auch Wahrheit entsprungen sein könnte, sind doch zumindest einige der Überlegungen zu prüfen, die für die Annahme von Menschenrechten vorgebracht werden. Eine Gruppe von ihnen versucht, die Annahme

---

23 Friedrich Schiller, Wilhelm Tell (1804), II 2.

von Menschenrechten als notwendige Voraussetzung eines Begriffsgebrauchs oder einer Praxis zu erweisen, die für unser Leben basal sind. Eine andere Gruppe argumentiert von bestimmten Rechten oder Interessen der Individuen her und will zeigen, dass diese die Annahme von Menschenrechten zwingend machen.

Zur ersten Gruppe: H.L.A. Hart hat behauptet, dass, wenn es nur irgendwelche moralischen Rechte gibt, jeder Mensch ein natürliches Recht auf Freiheit hat. Dass jemand ein moralisches Recht gegen andere hat, bedeute nämlich, dass es gerechtfertigt ist, wenn er diese zwingt, das zu tun, worauf er ein Recht hat. Einfachster Fall, wem etwas versprochen worden ist, der dürfe den, der es ihm versprochen hat, zur Erfüllung des Versprechens zwingen. Mit der Rede von moralischen Rechten werde also vorausgesetzt, dass es der Rechtfertigung bedürfe, die Freiheit eines Menschen zu beeinträchtigen, indem man ihn zu etwas zwingt. Das heißt, es werde vorausgesetzt, dass Menschen ein Recht auf Freiheit haben. Freilich nicht ein unbedingtes Recht: manchmal sei es eben gerechtfertigt, jemanden zu etwas zu zwingen. Dennoch ein Recht: fehlt eine solche Rechtfertigung, so bestehe ungemindert der Anspruch des Betreffenden, keinen Zwang zu leiden.[24]

Doch an zwei Stellen überzeugt das Argument nicht. Einmal hat ein Wesen nicht dann schon ein Recht auf etwas, wenn die betreffende Sache ihm zu verwehren der Rechtfertigung bedarf. Hart scheint hier eine durchgängige Anwendbarkeit der Rede von Rechten zu unterstellen, die er selbst ihr in dem Aufsatz ausdrücklich abspricht. Ihm selbst folgend kann man argumentieren, es bedürfe zwar wohl einer besonderen Rechtfertigung, etwa Tieren Schmerzen zuzufügen, aber daraus folge nicht, dass sie ein Recht haben, keine Schmerzen zugefügt zu bekommen.[25] Zum anderen bedient sich Hart ohne weitere Begründung der These Kants, das Recht sei mit der Befugnis zu zwingen verbunden, nur dass er sie auf moralische Rechte überträgt.[26] Diese These ist aber schon im Fall juridischer Rechte anfechtbar. Kant argumentiert im Kreis, wenn er aus der Tatsache, dass jemand das Recht eines anderen verletzt, „nach dem Satze des Widerspruchs" schließt, es dürfe gegen den Rechtsbrecher Zwang angewandt werden. Dass es ein Widerspruch wäre zu sagen: es ist unzulässig, gegen Rechtsbrecher Zwang einzusetzen, müsste gerade erst gezeigt werden. Doch im Fall moralischer Rechte dürfte die These auf jeden Fall unhaltbar sein. Was moralisch in Ordnung ist zu tun, wenn mir jemand sein Versprechen bricht, hängt von den Einzelheiten des

---

[24] H.L.A. Hart, Are there any natural rights? in: The Philosophical Review 64, 1955, S. 175–191.
[25] Hart, Are there any natural rights? S. 181.
[26] Immanuel Kant, Metaphysische Anfangsgründe der Rechtslehre (1797), AA VI 231.

Falls ab. Sicher ist es aber nicht grundsätzlich zulässig, dass ich ihn zur Erfüllung zwinge.

In die erste Gruppe gehört auch Robert Alexy, der, wie er sagt, ein transzendentales Argument für die Annahme von Menschenrechten vorlegt. Es setzt an den Bedingungen der Möglichkeit einer Praxis an, die für Menschen eine ausgezeichnete Bedeutung haben soll. Diese Praxis ist der Diskurs, und Alexy folgt erklärtermaßen den Bahnen der Diskurstheorie bei Habermas[27] und Apel[28]. Im Umriss sieht sein Argument so aus: Wer Diskurse führt, ist durch die Regeln des Diskurses selbst gehalten, seine Diskurspartner als Freie und Gleiche zu betrachten. Diese Einstellung zu anderen Menschen ist aber, weil Diskurs fundamental für unser Leben ist, nicht nur in einer Nische unseres Lebens am Platze. Ernsthaft an Diskursen teilnehmend sind wir auch darauf festgelegt, in unserem Handeln die Autonomie anderer Menschen zu achten und können demgemäß ihre Rechte als Menschen nicht bestreiten.[29]

Schon an diesem Umriss wird allerdings die Schwäche des Arguments erkennbar. Denn was ist ein Diskurs? Sind das die Gespräche beim Mittagessen, auf dem Heimweg vom Kino, über den Gartenzaun? Solche Gespräche unterstellen einen nicht einer Regel, wonach man den Partner als frei und gleich zu betrachten hat. Man kann mit ihm auch rein strategisch umgehen, also etwa ihm nach dem Mund reden, um ihn zu irgendwelchen Zwecken bei Laune zu halten. Man achtet ihn dann weder als frei noch als gleich, und das mag grundsätzlich moralisch nicht in Ordnung sein, die Praxis des Miteinander-Redens hat nichts dagegen einzuwenden. Sie ist für Manipulation ebenso wie für Kommunikation offen. Oder ist ein idealer Diskurs gemeint, einer unter Vernünftigen als solchen? Für den mögen Regeln gelten, wie Alexy sie beschreibt, aber das ist bedeutungslos, denn diese Art von Diskurs, wenn sie überhaupt vorkommt, ist eine Randerscheinung in unserem Leben. Wie Menschen ohne Alltagsgespräche zusammenleben können, ist tatsächlich schwer vorstellbar. Aber daraus folgt nichts von Belang, weil Alltagsgespräche normativ anspruchslos sind. Wie Menschen ohne Diskurse unter Freien und Gleichen zusammenleben können, ist leicht vorzustellen, denn meistens tun sie es ja. Sei es also so, dass in den Edel-Diskursen Menschenrechte unterstellt werden müssen, so sagt das doch nichts darüber, ob Menschen diese Rechte wirklich haben.

---

27 Jürgen Habermas, Diskursethik – Notizen zu einem Begründungsprogramm, in: Habermas, Moralbewusstsein und kommunikatives Handeln, Frankfurt (Suhrkamp) 1983.
28 Karl-Otto Apel, Das Apriori der Kommunikationsgemeinschaft und die Grundlagen der Ethik, in: Apel, Transformation der Philosophie, Band 2, Frankfurt (Suhrkamp) 1973.
29 Robert Alexy, Diskurstheorie und Menschenrechte, in: Alexy, Recht, Vernunft, Diskurs, Frankfurt (Suhrkamp) 1995, S. 127–164.

Zur zweiten Gruppe: Rainer Forst begründet Menschenrechte aus einem „Recht auf Rechtfertigung", das jeder Mensch besitzen soll. Er versteht darunter das Recht, für jede einen betreffende Handlung rechtfertigende Gründe zu bekommen.[30] Nun sähe man die Annahme eines solchen Rechts auf Rechtfertigung selbst noch gern begründet, wenn auf dieses Recht die Annahme von Menschenrechten gestützt werden soll, und Forst bietet dazu nichts an außer emphatischem Behaupten. Tatsächlich ist aber ziemlich leicht zu sehen, dass es dies Recht auf Rechtfertigung nicht gibt. Fast alles, was wir tun, wirkt ja auf andere ein, wäre also ihnen gegenüber rechtfertigungspflichtig, aber nur ein verschwindend kleiner Teil von dem, was wir tun, besteht in Rechtfertigungen. Das heißt, jeder von uns schleppte hiernach einen riesigen, von Tag zu Tag wachsenden Überhang von Tun mit sich, für das er allen Betroffenen noch Rechtfertigungen schuldet. Aber wirklich zu denken: Fast alles, was ich getan habe, muss ich noch gegenüber allen, die davon betroffen wurden, rechtfertigen, wäre wohl eher eine Wahnvorstellung als eine moralische Einsicht. Man würde jemanden, der so denkt, dahin zu bringen suchen, dass er lieber jetzt etwas Vernünftiges tut, statt sich mit all dem Rechtfertigen dessen abzuquälen, was er einmal getan hat.

Vermutlich meint Forst also nicht, was er an den eben herangezogenen Stellen sagt. Er sagt auch wirklich an anderen Stellen etwas anderes, nämlich: Jeder Mensch hat das Recht, dass für eine ihn betreffende Handlung rechtfertigende Gründe, nicht gegeben werden, sondern gegeben werden können.[31] Das ist freilich kein Recht auf Rechtfertigung mehr. Denn hiernach muss Rechtfertigung nicht stattfinden, das Tun muss nur rechtfertigbar sein. Da nun „rechtfertigen" bedeutet: zeigen, dass etwas recht ist, so sind die rechtfertigbaren Handlungen einfach die Handlungen, die recht sind, und das nur so genannte „Recht auf Rechtfertigung" erweist sich als das Recht, dass einem nichts getan wird, was nicht recht ist, es ist ein „Recht auf Rechtheit".

Allerdings ist auch hier nicht klar, dass jemand ein solches Recht hat. Wenn es unrecht ist, was einer einem anderen tut, ist dann immer ein Recht des Betroffenen verletzt? Man denke an das, was in der Tradition „unvollkommene Pflichten" hieß, Pflichten der Wohltätigkeit etwa: Wer sie verletzt, tut wohl unrecht, aber das heißt nicht, dass er auch ein Recht verletzt, das der Betreffende auf sein Wohltun hat. Allgemein gefasst, das, was wir in der Sprache des rechten Tuns sagen, lässt sich nicht ohne Rest in die Sprache der Rechte, die jemand hat,

---

[30] Rainer Forst, Das grundlegende Recht auf Rechtfertigung, in: H. Brunkhorst et al. (Hrsg.), Recht auf Menschenrechte, Frankfurt (Suhrkamp) 1999, S. 75, 81.
[31] Forst, Das grundlegende Recht auf Rechtfertigung, S. 75, 83.

übertragen.³² Unser moralisches Verständnis wird in einer solchen Wiedergabe verzerrt. In dessen Zentrum steht das rechte Handeln selbst, und das Vermeiden von Verletzungen der Rechte anderer ist dazu sekundär. Es ist auch ein enges, unfreies Bild von moralischem Handeln, wonach es allein darauf ausgerichtet ist, anderen nichts schuldig zu bleiben. Mit Aristoteles möchte man sagen, Menschen, die recht handeln, sind Menschen in Bestform,³³ nicht bloß Menschen, die sich keine Übergriffe gegen andere zuschulden kommen lassen. Wenn aber die Rede von Rechten für moralisches Urteilen nicht grundlegend ist, kann man sich auf das irreführend so genannte Recht auf Rechtfertigung, das in Wirklichkeit ein Recht auf rechtes Tun ist, in einer Begründung der Menschenrechte nicht berufen. Ein solches Recht mag es nicht geben.

Peter Schaber leitet die Menschenrechte aus einem anderen Grund-Recht her, das, wie er meint, alle Menschen besitzen, nämlich aus dem Recht, selbst zu bestimmen, was mit ihnen geschieht. Sowohl Freiheits-Rechte wie die Rechte auf körperliche Unversehrtheit, Bewegungsfreiheit, Meinungsfreiheit als auch soziale Rechte wie die auf ausreichende Ernährung und gesundheitliche Fürsorge können nach ihm verstanden werden als Rechte auf Dinge, die für Selbstbestimmung erforderlich sind.³⁴

Aber das angebliche Grund-Recht auf Selbstbestimmung ist so zweifelhaft wie Forsts so genanntes „Recht auf Rechtfertigung". Lassen wir die Dinge beiseite, die niemand Macht hat, im eigenen Fall zu bestimmen, etwa wann und von welchen Eltern er geboren wird und welche Begabungen er besitzt; obgleich die Tatsache, dass wir in so wichtigen Hinsichten uns selbst nicht in der Hand haben, das Pathos der Selbstbestimmung dämpft. Aber auch dort, wo wir unserer eigenen Einwirkung zugänglich sind, bleiben wir darauf angewiesen, dass die Welt mitspielt. Schaber nennt als einen Fall von Selbstbestimmung, dass man selbst entscheidet, mit wem man zusammenlebt, vielleicht im Gegensatz zu einer Zwangsverheiratung. Aber wenn Adelheid ihrerseits nicht mit mir zusammenleben will, ist es mit meiner Selbstbestimmung in diesem Fall Essig, ohne dass mir Unrecht geschieht. Ebenso bei der Berufswahl: die Welt tut mir nicht Unrecht, wenn sie keinen weiteren Philosophen bezahlen will, weil es von denen schon

---

32 Siehe hierzu die Kontroverse zwischen J.L. Mackie, Can There be a Rights-Based Moral Theory? (1979), der diese Frage bejaht, sowie auf der anderen Seite Hart, Are there any natural rights? und Joseph Raz, Right-based moralities, die sie mit Nein beantworten, alle in dem Band Jeremy Waldron, Theories of rights, Oxford UP 1984. Siehe ferner Onora O'Neill, Towards justice and virtue, Cambridge UP 1996, Kap. 5.
33 Siehe etwa Aristoteles, NE 1098 a 16–17.
34 Peter Schaber, Human rights without foundations? in: G.Ernst, J.-C. Heilinger, The philosophy of human rights, Berlin (de Gruyter) 2012, S. 70.

genug gibt. Wird darauf entgegnet, das Recht auf Selbstbestimmung müsse allerdings gegen die Rechte anderer, insbesondere gegen deren Recht auf Selbstbestimmung abgewogen werden, so entfällt in Wirklichkeit eine Fundierung von Menschenrechten im Recht auf Selbstbestimmung. Denn Menschenrechte sollten etwas sein, was einer in jegliche Lebenssituation schon mitbringt. Wird jetzt gesagt, das Recht auf Selbstbestimmung gelte so weit, wie nicht Rechte anderer ihm entgegenstehen, so können wir uns die Rede von Menschenrechten ganz sparen und die Rechte, die jemand hat, in Abhängigkeit von der Rechtslage, in der er jeweils mit anderen steht, bestimmen.

Tatsächlich gibt der Gedanke der Selbstbestimmung ein schiefes Bild unseres Lebens. Wir sind nicht Individual-Autokraten, die bestimmen: So werde ich, und dann werden sie es oder, wenn ihnen Unrecht geschieht, werden sie es nicht. Vielmehr sind wir jeweils schon mit der Welt im Geschäft, wenn wir uns das oder das zu werden vornehmen. Wir nutzen Chancen, meiden Gefahren, probieren Wege aus, die sich auftun. Selbstbestimmung ist nicht das Spiel, sondern gute Wege finden, und so ist es witzlos, uns ein Recht auf Selbstbestimmung zuzuschreiben. Überdies, selbst wenn Selbstbestimmung für unser Leben so bedeutsam wäre, wie Schaber meint, folgte daraus kein Recht auf Selbstbestimmung. Wir haben kein Recht darauf, dass wir erfüllen, was wir wesentlich sind. Bleibt die Erfüllung aus, so zeigt das nur, dass das angebliche Wesen doch nicht so wesentlich war. Nicht zeigt es, dass jemandem etwas vorenthalten wurde, was ihm zustand.

James Griffins Theorie der Menschenrechte, an die Schaber erklärtermaßen anknüpft, wird von denselben Einwänden betroffen.[35] Griffin will Menschenrechte als Schutz unseres Status als handelnde Personen verstehen, und im vollen Sinn Handelnder sein heißt für ihn: nach den eigenen Vorstellungen sein Leben formen. Aber in diesem Sinn Handelnder zu sein ist für unser Leben wirklich nicht charakteristisch. Alles, was wir Gescheites tun, geht ein auf das, was uns entgegenkommt, und lässt sich auch davon bestimmen; und das wäre ein trauriger Liebhaber, Musikant, Gesprächspartner, Bücherschreiber und so weiter, der sagen könnte und sagen wollte, er habe alles, was er getan hat, nur nach seinen eigenen Vorstellungen geformt – „Armer Kerl!", würde man denken. Lesen wir aber „eigene Vorstellungen" großzügiger, so dass einer auch dann nach eigenen Vorstellungen sein Leben formt, wenn er diese in Anbetracht der Umstände, insbesondere dessen, was andere ihm sagen und tun, ausbildet, dann wird das Kriterium kraftlos. Auch wer sich der bloßen Gewalt beugt, formt in diesem Sinne sein Leben nach den eigenen Vorstellungen. Überdies, selbst wenn sein Leben

---

35 James Griffin, On human rights, Oxford UP 2008, vor allem S. 32–37.

nach den eigenen Vorstellungen zu formen so verstanden werden kann, dass damit etwas Wünschenswertes, nicht etwas Trauriges oder Triviales, bezeichnet wird, haben wir darum noch kein Recht darauf, dass dies uns zuteil wird. Etwas kann eine schöne Sache sein und doch einem nicht zustehen.

Dieser letzte Punkt ist auch bedeutsam für die Überlegung von John Tasioulas, der nicht von Grund-Rechten, sondern, an Joseph Raz[36] anschließend, von Grund-Interessen von Menschen ausgeht und Menschenrechte nach folgendem Schema begründet: Wenn etwas den Grund-Interessen jedes Menschen allein kraft seiner Menschen-Natur dient, und wenn ein solches Interesse bei jedem Menschen allein kraft seiner Menschen-Natur und abgesehen von anderen Interessen wichtig genug ist, anderen eine Pflicht aufzuerlegen, dies Interesse zu schützen oder zu fördern, und wenn eine solche Pflicht unter den gegebenen Umständen erfüllt werden kann, dann haben alle Menschen ein Recht auf das, woran sie ein solches Interesse haben.[37] Vereinfacht: ein Interesse, das alle Menschen haben, begründet, wenn es wichtig genug ist, ein entsprechendes Recht aller Menschen.

Aber hier ist die Frage, wieso ein solches Interesse ein Recht begründet. Tasioulas erklärt nicht, was einen nach seinem Schema gezogenen Schluss gültig macht. (Raz gibt zu dem entsprechenden Punkt ebenfalls keine Auskunft.) Tasioulas betont selbst, dass ein Interesse an etwas haben und ein Recht darauf haben verschiedene Dinge sind.[38] Um so dringender braucht man einen Nachweis dafür, dass jedenfalls unter bestimmten Bedingungen das eine, das Interesse, immer das andere, ein Recht, mit sich bringt. Es scheint, Tasioulas möchte sich an diesem Punkt darauf berufen, dass Menschen an sich selbst wertvoll sind, also einfach als Menschen. Denn er erklärt, seine Theorie

> regards the interests in question as generative of human rights in crucial part because they are the interests of human beings who possess equal moral status.[39]

Aber es ist nicht zu erkennen, wieso die Berufung darauf hilft. Nehmen wir einmal an, dass jeder Mensch schon als Mensch an sich wertvoll ist und alle gleich wertvoll sind: Wieso bringt bei diesen wertvollen und gleich wertvollen Wesen unter bestimmten Bedingungen ein Interesse ein Recht mit sich, bei nicht so

---

36 Joseph Raz, The morality of freedom, Oxford UP 1986, Kap. 7.
37 Tasioulas, On the foundations of human rights, in: Rowan Cruft u. a. (Hrsg.), Philosophical foundations of human rights, Oxford UP 2015, S. 50 f.
38 Tasioulas, On the foundations of human rights, S. 47 f. Ebenso On the nature of human rights, S. 22.
39 Tasioulas, On the foundations of human rights, S. 53.

wertvollen Wesen, sagen wir bei den Ameisen, aber nicht? Man sollte denken, ob jemand, der an etwas ein Interesse hat, deshalb auch das Recht hat, es zu bekommen, hat nichts mit der Frage zu tun, ein wie wertvolles Wesen er selbst ist. Raz schützt sich gegen den Hinweis auf die Ameisen mit der Klausel, das betreffende Wesen müsse fähig sein, Rechte zu haben. Aber das ist ad hoc argumentiert: man möchte eben wissen, warum die Ameisen auf Grund ihrer Interessen nicht doch Rechte besitzen, so wie die Menschen auf Grund der ihren. Man hat den Eindruck, hier herrscht ein philosophisches Amigo-System: Grundsätzlich kann nicht von Interessen auf Rechte geschlossen werden, aber bei so wertvollen Wesen wie Menschen drücken wir ein Auge zu und lassen den Schluss durchgehen. Doch wenn der Schluss von Interessen auf Rechte grundsätzlich nicht trägt, trägt er auch bei wertvollen Wesen nicht. Sicher, an Menschen liegt uns mehr als an Ameisen. Aber wenn wir unsere Urteile danach einrichten, ob uns an Wesen etwas liegt, können wir uns die Rede von ihren Rechten gleich sparen.

4 Was Menschenrechte attraktiv macht

Die Argumente dafür, dass Menschen einfach als Menschen Rechte auf etwas haben, dass es also Menschenrechte gibt, erreichen nicht ihr Ziel, und so bestätigen sich die Zweifel, die schon durch die Herkunft des Gedankens der Menschenrechte aus der Tradition des Naturrechts angeregt wurden. Doch wohlgemerkt, nicht diese historisch gestützten Zweifel entscheiden. Den Ausschlag dafür, Menschenrechte zu bestreiten, gibt die Tatsache, dass sich für ihre Annahme keine positive Begründung finden lässt.[40] Denn wenn die Begründung eines problematischen Satzes trotz den Anstrengungen vieler, die sich um seine Begründung bemühen, nicht und nicht gelingt, muss man ihn aufgeben. Klar, einstweilen aufgeben, denn es kann noch eine bessere Begründung kommen, aber unter einem solchen Vorbehalt steht ja alles, was man sagt. Also, es gibt keine Menschenrechte, und das deutsche Volk irrt, wenn es sich laut Art. 1 II GG zu ihnen bekennt.

Umgekehrt fragt sich angesichts der Dürftigkeit der vorgestellten Argumente, wodurch sich die Menschenrechte ihre breite Anhängerschaft erworben haben. Es kann nicht sein, dass viele Menschen durch so künstliche Erwägungen wie die gerade vorgestellten von der Existenz und der Wichtigkeit von Menschenrechten überzeugt wurden. Es muss umgekehrt gewesen sein: viele Menschen glaubten schon an Menschenrechte, und um den Glauben zu stützen, ersannen die Phi-

---

40 So auch Alasdair MacIntyre, After virtue, University of Notre Dame Press 1981, S. 67.

losophen ihre Argumente. Aber woher stammt dann der Glaube an die Menschenrechte? Das zu erkennen ist wichtig, denn kriegt man den Glauben nicht zu fassen, bleibt wahrscheinlich auch die an den Argumenten geführte Kritik ohne Wirkung.

In der Frühzeit der Rede von Menschenrechten werden es, wie eben erwähnt, politische Gründe gewesen sein, die sie attraktiv erscheinen ließen. Gegen königliche Herrschaft und adlige Privilegien kämpfend, gaben sich die Bürger für etwas anderes aus als bloß Dritter Stand, eine weitere Gruppe neben den traditionell Privilegierten. Sie traten als Menschen auf und als Verteidiger von Rechten, die ihnen schon als Menschen zukommen. Damit verliehen sie ihrer Sache die Würdigkeit eines allgemeinen Anliegens und stärkten so ihre Stellung in der politischen Auseinandersetzung. Sie bliesen mit der Berufung auf Menschenrechte die Backen auf, und das macht diese Berufung verständlich. Aber der Kampf gegen König und Adel ist vorbei. Was macht heute die Rede von Menschenrechten so anziehend?

Hans Joas hat im Anschluss an einen Aufsatz von Émile Durkheim die beherrschende Stellung der Menschenrechte im heutigen politischen Denken aus einer Sakralisierung der Person erklärt.[41] Die menschliche Person, schrieb Durkheim 1898, wird begriffen

> comme investie de cette propriété mystérieuse qui fait le vide autour des choses saintes, qui les soustrait aux contacts vulgaires et les retire de la circulation commune. Et c'est précisément de là que vient le respect dont elle est l'objet.[42]
>
> als ausgestattet mit dieser geheimnisvollen Eigenschaft, die eine Leere um die heiligen Dinge schafft, die sie der vulgären Berührung und dem alltäglichen Umgang entzieht. Und genau daher kommt die Achtung, die ihr entgegengebracht wird.

Die Menschen, heißt das, werden selbst das Heilige in einer Welt, aus der sonst alle heiligen Dinge, Orte und Praktiken getilgt worden sind. Dass sie es werden, ist aber durch die Gesellschaft bestimmt:

> la religion de l'individu est d'institution sociale, comme toutes les religions connues. C'est la société qui nous assigne cet idéal, comme la seule fin commune qui puisse actuellement rallier les volontés.[43]

---

41 Hans Joas, Die Sakralität der Person, Frankfurt (Suhrkamp) 2011, Kap. II 3.
42 Émile Durkheim, L'individualisme et les intellectuels (1898), in: Durkheim, La science sociale et l'action, Paris (PUF) 1970, S. 264 f.
43 Durkheim, L'individualisme et les intellectuels, S. 275.

> Die Religion des Individuums verdankt sich gesellschaftlicher Einrichtung wie alle bekannten Religionen. Es ist die Gesellschaft, die uns dieses Ideal anweist, als einziges gemeinsames Ziel, das in der Gegenwart die verschiedenen Willen zusammenbinden kann.

Denn Gesellschaften, die so viele Menschen umfassen und so große Gebiete einnehmen, sich aber intern so weit differenziert haben wie die modernen, können diese Verbindung nicht mehr über Riten oder Dogmen bewerkstelligen. Allein diejenige Religion, in welcher der Mensch es ist, der zum Gott des Menschen geworden ist, stiftet den Zusammenhalt, dessen eine moderne Gesellschaft wie jede andere bedarf.[44] Von hier aus lasse sich, so führt Joas die Überlegung weiter, die Bedeutung der Menschenrechte heute begreifen. Mit ihnen wahren wir dem, was in unserer Welt durch einen gesellschaftlichen Prozess zu etwas Heiligem geworden ist, seine besondere Stellung.[45]

Diese Überlegung hat viel für sich. Schon die Erklärung der Menschen- und Bürgerrechte von 1789 betrachtete ja die Menschenrechte als „geheiligt" („sacrés"), und auf etwas Bezug zu nehmen, das geschieden ist vom alltäglichen Umgang und Gebrauch, ist auch heute noch für viele Menschen erwünscht, während sie es als Verlust empfinden, dass die Neuzeit mit heiligen Stätten und Praktiken weitgehend aufgeräumt hat. Wenn also die Menschenrechte so etwas wie den Graben bilden, der einen neuen Sakralbereich abtrennt, macht das ihre Attraktivität einsichtig. Auf diese Weise wird auch verständlich, dass sich kaum jemand an den mageren Begründungen stört, die für die Behauptung von Menschenrechten gegeben werden: Begründung ist nicht das Spiel, sondern Achtung für etwas, das unabhängig von Begründungen als achtunggebietend erfahren wird.[46] Vielleicht erklärt sich so auch die Verwirrung, die Hannah Arendt, wie zu Beginn dieses Kapitels erwähnt, angesichts der Frage empfand, ob Menschen diese Rechte wirklich haben. Es mag verwirren, wenn dem für heilig Gehaltenen ein anderes Spiel aufgedrängt wird, die profane Prüfung, ob es derlei wirklich gibt.

Wenn die Erklärung von Durkheim und Joas für die Attraktivität des Gedankens der Menschenrechte zutrifft, hat freilich auch die hier geführte Kritik an den vorgebrachten Begründungen wenig Aussichten, Überzeugung zu bewirken: Wo Begründung nicht das Spiel ist, ist Kritik an ihnen es auch nicht. Immerhin, auch die eingewurzelte Scheu und Verehrung von etwas Heiligem löst sich manchmal, wenn die Umstände günstig sind, unter der Nachfrage auf, was an ihm denn das Besondere ist. Aufklärer können hier nur ihr Glück versuchen.

---

44 Durkheim, L'individualisme et les intellectuels, S. 271 f.
45 Joas, Die Sakralität der Person, S. 18, 90–92.
46 Siehe wieder Joas, Die Sakralität der Person, S. 93.

Sicher aber brauchen sie sich nicht von Durkheims Behauptung schrecken zu lassen, dass Gesellschaften nicht bestehen können, ohne sich um ein Heiliges zu sammeln, und zwar jeweils ein einziges. Wir haben heute nur Religionen, aber keine gemeinsame Religion; und so verbreitet die Rede von Menschenrechten ist, sie hat nicht entfernt die umfassende Geltung und Verbindlichkeit, die einmal das Christentum in Europa besaß oder auf kleinerem Raum die Religion einer griechischen Stadt oder die Religion des alten Israel. Selbst wenn Joas' Deutung zutrifft, sind die Menschenrechte nur ein weiteres religiöses Angebot bei uns, nicht: unsere Religion. Und wie die politische Erfahrung der Gegenwart zeigt, bedürfen wir auch nicht so etwas wie unserer Religion. Es lässt sich rein rational, also mit Bezug allein auf den Stand der profanen Dinge und die Interessen der Beteiligten, bestimmen, was die Institutionen, in denen wir zusammenwirken, leisten, was sie leisten sollen, was sie zu leisten verfehlen und warum sie das tun. Heiliges brauchen wir dazu nicht.

V Gerechtigkeit

1 Warum Gerechtigkeit?

Das Grundgesetz erwähnt Gerechtigkeit eher beiläufig, im Zusammenhang mit dem Bekenntnis des deutschen Volkes zu den Menschenrechten in Art. 1 II GG:

> Das Deutsche Volk bekennt sich darum zu unverletzlichen und unveräußerlichen Menschenrechten als Grundlage jeder menschlichen Gemeinschaft, des Friedens und der Gerechtigkeit in der Welt.

Allerdings ist einiges an diesem Satz nicht klar. Man versteht nicht, wie sich der mit „darum" benannte Grund für das Bekenntnis zu den Menschenrechten, nämlich die im vorigen Absatz genannte Würde des Menschen, zu dem anderen Grund verhält, der anscheinend in dem Ausdruck „als Grundlage jeder menschlichen Gemeinschaft, des Friedens und der Gerechtigkeit in der Welt" angegeben wird. Man versteht weiter nicht, was hier „als Grundlage" heißt, da ja Menschenrechte oder die Achtung derselben offensichtlich nicht Bedingung jeder menschlichen Gemeinschaft sind.[1] Manche Banden und auch manche Staaten betreiben ihre Tätigkeit nicht auf dieser Grundlage. Schließlich versteht man nicht, wieso zuvor laut Präambel das deutsche Volk „dem Frieden der Welt zu dienen" gewillt ist, dann aber hier neben Frieden noch Gerechtigkeit in der Welt anzustreben scheint. Doch wie diese Schwierigkeiten auch aufzulösen sind, fest steht, dass nach Art. 1 II GG das deutsche Volk mit der Institution Bundesrepublik Deutschland darauf abzielt, zumindest unter anderem darauf abzielt, Gerechtigkeit in der Welt herzustellen.

Gerechtigkeit in der Welt ist ein Zustand der Dinge, nicht eine Eigenschaft von Menschen oder dessen, was sie tun. Oft nennen wir ja Menschen oder ihr Tun gerecht, und dann nehmen wir Gerechtigkeit als eine Tugend, die diese Menschen haben und die sie vielleicht durch ihr Tun beweisen. Aber nicht von der Gerechtigkeit als Tugend redet das Grundgesetz. Dem deutschen Volk geht es laut Art. 1 II GG um gerechte Zustände, ob die durch das Handeln gerechter Menschen oder auf andere Weise zu Stande kommen. Wie man auch sagen kann, es geht ihm darum, dass Gerechtigkeit herrscht, in dem Sinn, in dem man etwa sagen kann, dass in einer Gruppe von Menschen Unklarheit oder Einigkeit herrscht. Dass aber Gerechtigkeit „in der Welt" herrschen soll, heißt wohl nicht, dass es dem deut-

---

[1] Philip Kunig, Art. 1, in: I.v. Münch, Kunig (Hrsg.), Grundgesetz-Kommentar, Band 1, 5. Auflage, München (Beck) 2000, Rn. 45.

schen Volk darum geht, in der ganzen Welt Gerechtigkeit herzustellen, das wäre eine übermäßige Aufgabe. Doch sicher heißt es, ihm geht es nicht allein darum, dass Gerechtigkeit in Deutschland herrscht.

Wenn es dem deutschen Volk darum geht, dass Gerechtigkeit in der Welt herrscht, möchte man zwei Dinge wissen, zum einen: Wann herrscht irgendwo Gerechtigkeit? Auf diese Frage gibt eine Theorie der Gerechtigkeit Antwort, eine Theorie der Gerechtigkeit, wie etwa John Rawls eine vorgelegt hat[2]. Eine solche Theorie stellt ein Kriterium bereit, mit dem man unter den Zuständen in der Welt die gerechten Zustände heraussuchen kann. Tatsächlich gibt es derzeit keine allgemein anerkannte Theorie der Gerechtigkeit. Wir müssen uns hier mit einem nicht durch Kriterien befestigten Verständnis davon zufriedengeben, wann Zustände gerecht sind, einem Verständnis, wie es so gut wie jeder hat, der hier groß geworden ist; wenn auch die Verständnisse verschiedener Menschen sich nicht genau decken werden. Geben wir uns damit zufrieden, denn im Folgenden geht es um die zweite Frage: Welche Gründe sprechen dafür, Zustände dieser Art anzustreben, wie das deutsche Volk es sich laut Grundgesetz vorgenommen hat? Warum Gerechtigkeit?

Man kann die Frage gerade an Rawls erläutern. Der Haupttext seines Buches beginnt mit dem Satz:

> Justice is the first virtue of social institutions.

Lassen wir „the first" beiseite, da der Gedanke einer solchen Rangordnung schwer zu fassen ist. Sagen wir also nur, Gerechtigkeit sei „a virtue". Nun bezeichnet „virtue", wie das griechische „arete", dessen normale Übersetzung es ist, Vorzüge moralischer und auch anderer Art, während unser Wort „Tugend" sich heute weitgehend auf moralische Vorzüge beschränkt. So kann etwa ein Buch im englischen Sprachgebrauch „virtues" haben, aber im deutschen nicht Tugenden. Dagegen ist „gut" so breit anwendbar wie „virtue". Rawls' Satz enthält somit diese Aussage: Gerechtigkeit ist etwas Gutes an gesellschaftlichen Einrichtungen. Und nun möchte man wissen: Was ist das Gute an gerechten gesellschaftlichen Einrichtungen? Wodurch empfehlen sie sich? Flapsig, was ist so toll an Gerechtigkeit? Rawls hat auf diese Frage nicht geantwortet, kein Wunder, denn in einer Theorie der Gerechtigkeit geht es nicht um diese Frage, sondern um die, wann Zustände gerecht sind. Aber hier soll es um eine Antwort auf diese Frage gehen.

Es ist eine Frage, die spezifisch Gerechtigkeit betrifft und sich bei anderen Vorzügen, von Menschen oder von Institutionen, nicht lohnt. Was gut ist an mu-

---

[2] John Rawls, A theory of justice, Oxford UP 1972.

tigen Leuten, liegt auf der Hand. Wer in Gefahren Stand hält, kommt besser durch und hilft anderen, besser durchzukommen. Ebenso für Großzügigkeit: Es ist ein leichteres und auch ein schöneres Leben mit Menschen, bei denen man nicht dauernd schauen muss, ob man auch im Limit bleibt, von Zeit oder Geld oder etwas anderem dieser Art. Warum wir Effektivität an Institutionen schätzen, ist bei der Knappheit der Ressourcen ebenfalls leicht zu verstehen. Im Fall von Gerechtigkeit dagegen liegt eine Antwort nicht auf der Hand. Das ist klar, wenn Gerechtigkeit herrscht, bekommt jeder, was ihm zusteht, und eine Theorie der Gerechtigkeit sagt uns, wie dazu die Güter verteilt sein müssen. Aber was gut an einer Verteilung ist, bei der jeder bekommt, was ihm zusteht, sieht man darum noch nicht. Daher die Frage.

2 erfüllte Pflicht

Vielleicht liegt es nahe, kurz angebunden zu antworten, Gerechtigkeit sei eben moralisch gefordert, und das Gute an gerechten Zuständen sei demnach, dass wir, indem wir sie herbeiführen, tun, was zu tun unsere Pflicht ist. Aber diese rasche Antwort befriedigt nicht, aus zwei Gründen.

Zum einen, selbst angenommen, wir sind moralisch verpflichtet, gerecht zu handeln, so heißt das doch nicht, dass wir moralisch verpflichtet sind, gerechte Zustände herbeizuführen. Wenn die Gerechtigkeit von Zuständen etwas anderes ist als die Gerechtigkeit von Menschen, dann führt die Gerechtigkeit von Menschen möglicherweise nicht gerechte Zustände herbei. Möglicherweise braucht es Selbstsucht, Kleinlichkeit und Geiz, um es dahin zu bringen, dass Gerechtigkeit herrscht. Bernard Mandeville hat in der „Bienenfabel" so argumentiert, wenn auch nicht speziell auf Gerechtigkeit bezogen. Nach ihm fördert nicht Tugend, sondern Schlechtigkeit der Einzelnen im Gesamteffekt das Gemeinwohl.[3] Mit Gerechtigkeit könnte es ebenso sein, dass sie sich nämlich am ehesten einstellt als das Ergebnis von Handlungen, die nie auf sie gerichtet waren.

Mag das so sein oder nicht, da gerechtes Handeln und gerechte Zustände jedenfalls zweierlei Dinge sind, haben manche Autoren behauptet, wir seien zu beidem verpflichtet, zu gerechtem Handeln und auch dazu, Institutionen zu fördern, die gerechte Zustände herbeiführen.[4] Aber es ist zweifelhaft, ob die letztere Pflicht besteht. Es ist zweifelhaft, ob uns per Moral eine bestimmte Auf-

---

[3] Bernard Mandeville, The grumbling hive (1705), in: Mandeville, The fable of the bees, F.B. Kaye (Hrsg.), Oxford (Clarendon) 1924, Band 1, Nachdruck Indianapolis (Liberty) 1988.
[4] So Rawls, A theory of justice, § 19.

gabe in der Welt zugewiesen ist, statt nur, dass unser Handeln von einer bestimmten Art sein soll. Kants Ablehnung materialer Prinzipien der Sittlichkeit[5] greift auch gegen diejenigen, die uns die Herbeiführung gerechter Zustände in der Welt zur Pflicht machen. Wenn aber gerechte Zustände herbeizuführen nicht Teil unseres moralischen Berufs ist, kann das Gute an diesen Zuständen auch nicht darin liegen, dass wir mit ihrer Herbeiführung unsere Pflicht erfüllen.

Zum anderen, selbst angenommen, wir sind moralisch verpflichtet, gerechte Zustände herbeizuführen, gibt doch der Hinweis auf diese Verpflichtung eine zu magere Antwort auf die Frage, was gut an ihnen ist. Wird mehr nicht gesagt, so bleiben wir gegenüber dem Gerechten in der Position Abrahams, der Isaak opfern soll[6]: dass ihm das von Gott geboten worden ist, weiß er, aber er hat keine Ahnung, was gut daran sein soll, es zu tun. Vielleicht erscheint ein solches Unverständnis gegenüber Gottes Gebot hinnehmbar. Sören Kierkegaard hat die Bereitschaft, es hinzunehmen, ja gerade als Kennzeichen des Glaubens gepriesen.[7] Gegenüber einem moralischen Gebot ist es nicht hinnehmbar. Wenn wir verpflichtet sind, gerechte Zustände herbeizuführen, müssen sich diese Zustände durch mehr empfehlen als nur dadurch, dass wir mit ihrer Herbeiführung unsere Pflicht tun.

3 Frieden

Eine substanzielle Antwort liegt in dem Satz des Propheten Jesaja:

> Und das Werk der Gerechtigkeit wird Friede sein und die Frucht des Rechtes Sicherheit auf ewig.[8]

Angenommen, „Gerechtigkeit" bezeichnet hier das Bestehen gerechter Zustände, wofür auch der Einsatz von „Recht" an der Stelle von „Gerechtigkeit" im zweiten Halbsatz spricht, dann sagt Jesaja: Gerechte Zustände bringen Frieden. Das ist eine Antwort auf die Frage, was gut ist an Gerechtigkeit. Denn Frieden ist etwas Gutes.

Verwandt ist die Antwort, die man einer Stelle bei Augustinus entnehmen kann:

---

5 Kant, Grundlegung, AA IV 441; Kritik der praktischen Vernunft, AA V 39–41.
6 1 Mos 22, 1–10.
7 Sören Kierkegaard, Furcht und Zittern (1843), übersetzt von Günther Jungbluth, H. Diem, W. Rest (Hrsg.), Frankfurt (Fischer) 1959.
8 Jesaja 32, 17 nach der Züricher Übersetzung.

> pax omnium rerum tranquillitas ordinis. Ordo est parium dispariumque rerum sua cuique loca tribuens dispositio.[9]

> Frieden allgemein ist Ungestörtheit der Ordnung. Ordnung besteht darin, dass den Dingen, seien sie gleich oder ungleich, einem jeden der zukommende Ort zugeteilt ist.

Denn sichtlich greift Augustin mit der Formulierung „sua cuique loca tribuens" auf die im römischen Recht geläufige Erklärung von Gerechtigkeit bei Ulpian zurück:

> Iustitia est constans et perpetua voluntas ius suum cuique tribuendi.[10]

> Gerechtigkeit ist der beständige und fortwährende Wille, jedem sein Recht zuzuteilen.

Das heißt, Augustin erklärt Frieden als den Zustand, in dem Gerechtigkeit herrscht. Das deckt sich nicht mit dem Gedanken bei Jesaja, es ist nur verwandt mit ihm. Denn für Augustinus *ist* Frieden das Bestehen von Gerechtigkeit, Jesaja erwartet nur Frieden als Wirkung von gerechten Zuständen.

Tatsächlich scheinen aber beide Sätze falsch. Was Augustin betrifft, so ist er gezwungen zu sagen, dass diejenigen, die mit Recht Krieg führen, und solche gibt es ja nach seiner Lehre,[11] im Frieden leben Damit aber definiert er das Wort „Frieden" um, denn nach unserem normalen Verständnis schließen Krieg und Frieden einander aus. Wohl entgeht Augustinus diesem Einwand, wenn er die Lehre vom gerechten Krieg aufgibt und jeden Krieg für ungerecht erklärt. Aber auch dann bleibt es unplausibel, Gerechtigkeit mit Frieden, gleich Nicht-Krieg, zu identifizieren. Wir halten manche Verteilungen von Gütern für ungerecht, andere für gerecht, auch wenn in keinem der beiden Fälle Krieg zwischen den Beteiligten herrscht.

Was Jesaja sagt, wird dagegen durch die Erfahrung nicht bestätigt. Gerechte Zustände bringen oft nicht Frieden, sei es, weil die Streitenden sie nicht für gerecht halten, sei es, weil sie mehr wollen als gerecht ist. Freilich, unter Streitenden, die so vernünftig sind, dass sie die Gerechtigkeit von Zuständen immer erkennen, und die selbst so gerecht sind, dass sie nicht mehr haben wollen als ihnen zusteht, werden gerechte Zustände wohl Frieden bringen. Aber diese Wahrheit nützt nichts. Es gibt keinen Grund anzunehmen, dass Streitende so vernünftig und gerecht sind; Streitende in dieser Welt, aber diese Ergänzung

---

9 Augustinus, de civitate dei, B. Dombart, A. Kalb (Hrsg.) 5. Auflage, Stuttgart (Teubner) 1929, XIX 13.
10 Dig. 1. 1. 10
11 Augustinus, quaestiones in heptateuchum VI, 10.

versteht sich ja von selbst. Unter den Menschen, wie sie sind, ist das Werk der Gerechtigkeit nur manchmal Frieden, manchmal aber nicht. Vielleicht gebraucht der Prophet eben deshalb die Zukunftsform: Nicht jetzt bringen gerechte Zustände regelmäßig Frieden, sondern erst, wenn die Menschen vernünftig und gerecht geworden sind oder, mit seinem Ausdruck, wenn „über uns ausgegossen wird der Geist aus der Höhe"[12].

Was Jesaja sagt, wird aber auch durch unsere Praxis nicht bestätigt. Wenn Torsten einen seiner Wutanfälle hat, bestehen wir nicht gerade dann darauf, dass er sein Zimmer aufräumt, wie Alina schon ihres aufgeräumt hat. Wir stellen die Forderungen familiärer Gerechtigkeit hintan und versuchen erst einmal, Torsten eine Brücke zurück zum gemeinsamen Leben zu bauen, aus dem er sich herausverirrt hat. Zumindest hilft so zu verfahren oft mehr, vor allem Torsten, aber auch uns. Wir versuchen also in einem solchen Fall Frieden wiederherzustellen, nicht durch Gerechtigkeit, sondern statt Gerechtigkeit, erwarten also entgegen Jesaja von der Gerechtigkeit nicht Frieden.

4 Hilfe für Schwache

Manchmal wird gesagt, das Gute an gerechten Zuständen sei, dass sie denjenigen nützen, die in der einen oder anderen Weise schlechter dastehen. Das gelte in kleinen Dingen: eine korrekt geleitete Diskussion gebe den noch nicht Arrivierten bessere Chancen, dagegen die Diskussion laufen lassen begünstige die großen Tiere. Es gelte bei wichtigen Dingen: ein Zustand globaler Gerechtigkeit wäre einer, in dem niemand mehr Hunger leiden muss. Dies sei es also, was für Gerechtigkeit spricht: Sie komme denen zu Hilfe, die Hilfe brauchen.

Nur, manchmal kommt sie denen zu Hilfe, die keine Hilfe brauchen, weil sie ohnehin genug haben, denen aber ein bestimmtes Gut zusteht.[13] Manchmal umgekehrt kommt sie denen nicht zu Hilfe, die Hilfe brauchen, wenn es nämlich keine Ungerechtigkeit ist, dass sie sich in Not befinden. Zumindest meinen viele Egalitarier, dass jemand dann nicht Anspruch auf Hilfe hat, wenn er sich selbst in eine Notlage gebracht oder durch riskantes Verhalten sich der Gefahr einer solchen ausgesetzt hat.[14] Das heißt, es geht bei Gerechtigkeit gar nicht darum, dass Hilfsbedürftigen geholfen wird. Es geht darum, dass jedem zuteil wird, was ihm

---

12 Jesaja 32, 15 (Züricher Übersetzung).
13 So Hume, Treatise S. 482.
14 Siehe etwa Richard Arneson, Equality and equality of opportunity for welfare, Philosophical Studies 56, 1989, S. 77–93. Kritik an dieser Position übt Elizabeth Anderson, What is the point of equality? Ethics 109, 1999, S. 287–337.

zusteht, und es trifft sich nur so, dass, wenn jedem das ihm Zustehende zuteil wird, oft jemand Hilfe bekommt, der sie braucht. Wer also glaubt, dass Menschen in Not geholfen werden sollte, der sollte Menschen in Not helfen. Den Umweg über die Herstellung gerechter Zustände kann er sich sparen.

Gewiss, die Rede von Gerechtigkeit tut denen oft gute Dienste, die Hilfsbedürftigen helfen wollen. Doch zum einen tut sie auch denen gute Dienste, denen es bestens geht und die nur mehr haben wollen.[15] Die Rede von Gerechtigkeit lässt sich für jeglichen Zweck einspannen, wie von der politischen Diskussion gerade in Deutschland reichlich belegt wird. Zum anderen ist es nicht die Frage, was gut daran ist, von Gerechtigkeit zu reden. Die Frage ist, was gut ist an Gerechtigkeit. Erst wenn man das weiß, versteht man im Übrigen auch, wieso von Gerechtigkeit zu reden oft so großen Eindruck macht.

5 Achtung

Manche Autoren sehen in der Herstellung gerechter Zustände den Ausdruck der Achtung, die wir allen Menschen schulden. Nicht das Gute, das sie bewirken, wie etwa Frieden, mache gerechte Zustände selbst zu etwas Gutem. In gerechten Zuständen werde vielmehr etwas realisiert, um das es uns überall in unserem moralischen Handeln gehen sollte.[16]

Doch auch diese Vorstellung erscheint anfechtbar, aus zwei Gründen. Zum einen ist nicht klar, dass wir allen Menschen Achtung schulden, oder gar gleiche Achtung. Normal ist doch dies: einige Menschen achtet man hoch, andere schätzt man gering, und gegenüber denjenigen, die man nicht kennt, also den allermeisten, hat man keine Einstellung, die sich irgendwo auf der Skala von Achtung und Geringschätzung platzieren lässt. Niemand fühlt sich auch deswegen schuldig. Dass unsere Kapazitäten für persönliche Einstellungen irgendwelcher Art begrenzt sind, weiß man ja.

Dieser Einwand wird regelmäßig mit einer Unterscheidung zweier Arten von Achtung zurückgewiesen[17]: Ja, die Achtung, die wir Menschen auf Grund einer

---

15 Siehe Serge-Christophe Kolm, Distributive justice, in: R. Goodin, P. Pettit (Hrsg.), A companion to contemporary political philosophy, Oxford (Blackwell) 1993, S. 458.
16 Man kann Stefan Gosepath, Gleiche Gerechtigkeit, Frankfurt (Suhrkamp) 2004, besonders Kap. II 5, so lesen.
17 Siehe etwa Stephen Darwall, The second-person standpoint, Cambridge Mass. (Harvard) 2006, Kap. 6, der zwischen „appraisal" und „recognition respect" unterscheidet. Ähnlich schon in Darwall, Two kinds of respect, Ethics 88, 1977, S. 36–49. Ernst Tugendhat unterscheidet in gleicher

Leistung oder auf Grund ihrer besonderen Art entgegenbringen, können wir nicht auf alle Menschen ausdehnen, und wir haben auch keinen Grund, es zu tun. Doch es gebe eine andere Art von Achtung, die sich nicht auf besondere Eigenschaften dessen gründet, den man achtet, und in dieser Weise können und sollen wir alle Menschen achten.

Aber diese andere Art von Achtung gibt es in Wirklichkeit nicht, sie ist für Zwecke der moralischen Theorie nur erfunden worden. Wirklich sind wir in unserer Erfahrung nur mit Achtung der ersten Art vertraut, mit Hochachtung, also mit jenem Aufblicken zu denen, die uns in einer Sache, die uns wichtig ist, weit voraus sind, oder auch mit Missachtung und Verachtung, in denen wir entsprechend auf andere hinabschauen. Ernst Tugendhat erklärt wohl, die Achtung, mit der wir allen Menschen begegnen können und sollen, sei „moralische (im Gegensatz zu affektiver) Liebe" oder sie sei „Nächstenliebe",[18] womit er erkennbar Kant folgt, der im biblischen Gebot der Nächstenliebe „Wohltun aus Pflicht", somit „praktische und nicht pathologische Liebe" geboten fand.[19] Aber Tugendhats Erklärung bestätigt den Verdacht, diese Achtung sei eine fromme Legende, statt ihn zu entkräften. Liebe ist nun einmal affektiv oder mit Kants Ausdruck pathologisch und unterliegt damit der Beschränktheit unserer affektiven Ressourcen. „Seid umschlungen, Millionen"[20], das bringen wir nicht. Eine moralische, solchen Schranken enthobene Liebe ist bloße Konstruktion.

Man mag entgegnen, dass diese Art von Achtung, also die nicht durch Eigenschaften der Geachteten bedingte, doch in aller Munde ist. Wenn bei Sportveranstaltungen, in Schulen und im Fernsehen für Respekt, ohne weitere Ergänzung, geworben wird, könne nur die Einstellung nicht-bedingter, eben allgemeiner Achtung gemeint sein. Aber in Wahrheit ist gar keine Einstellung gemeint. Gemeint ist: Keine Beleidigungen, Schmähungen oder Tätlichkeiten! und diese Aufforderung wird bloß klinisch sauber verpackt unter den Ausdrücken „Achtung" oder „Respekt", vielleicht aus Schamhaftigkeit, also um nicht beim Namen nennen zu müssen, wovon man die Leute abbringen will, vielleicht auch, weil so verpackt die Botschaft besser ankommt. Aber diese Ausdrücke selbst bezeichnen hier nichts.[21]

Weise zwischen zwei Bedeutungen von „Achtung" (Retraktationen, in: Tugendhat, Probleme der Ethik, Stuttgart (Reclam) 1984, S. 135–137).
18 Tugendhat, Retraktationen, S. 135.
19 Kant, Grundledung, AA IV 399.
20 Schiller, An die Freude, Werke I, S. 47.
21 Siehe meinen Aufsatz „Achtung und ihre moralische Bedeutung", Analyse und Kritik 31, 2009, S. 339–350.

Kants eigener Gebrauch von „Achtung", der wohl die Quelle des Redens von einer nicht durch Eigenschaften des Geachteten bedingten Achtung bildet, trägt an dieser Entwicklung nur zum Teil Schuld. Achtung ist bei ihm primär Achtung fürs moralische Gesetz, und da ist sie Achtung in dem genannten ersten Sinne, Aufblicken zum Überlegenen, oder mit Kants Ausdruck „Vorstellung von einem Werte, der meiner Selbstliebe Abbruch tut".[22] Auch wenn später bei Kant „der Mensch als *Person*" Achtung verdient, dann dank der Eigenschaft, einer moralischen Gesetzgebung fähig zu sein, und so erstreckt sich dann die Achtung zwar auf alle Menschen, aber sie bleibt bedingt durch Eigenschaften des Geachteten, und sie bleibt ein Aufblicken, nämlich zu „der Erhabenheit seiner moralischen Anlage".[23] Freilich, die ganze Überlegung geht darin fehl, dem moralischen Gesetz selbst einen Wert oder eine Erhabenheit zuzuschreiben und vor ihm Achtung zu empfinden, da es doch nur dasjenige ist, an dem gemessen ein Handeln sich als recht oder unrecht erweist. Aber in diesem Fehler kehrt nur der platonische Irrtum der Selbst-Prädikation zurück: dass die Idee des Guten, an der gemessen etwas sich als gut erweist, selbst gut, die Idee des Schönen selbst schön ist, und so weiter.[24] Für den Sinn, in dem Kant von Achtung spricht, ist dieser Fehler unerheblich.

Der zweite Grund dagegen, in der Herstellung gerechter Zustände den Ausdruck einer allen Menschen geschuldeten Achtung zu sehen, liegt darin, dass tatsächlich zwischen Achtung für Menschen und Gerechtigkeit keine wesentliche Verbindung besteht, sie treten nur bisweilen zusammen auf. Nicht nur kann ich Menschen, die ich auf keine Weise achte, weder auf Grund ihrer besonderen Qualitäten noch, wenn es das gibt, allgemein als Menschen, gleichwohl tadellos gerecht behandeln, etwa um üble Folgen zu vermeiden, die ihre ungerechte Behandlung für mich selbst bringen mag. Ich kann umgekehrt auch Menschen, die ich in der einen oder anderen Weise achte, gleichwohl ungerecht behandeln. Dass ich jemanden, den ich achte, besser behandeln kann als ihm zusteht, ist offensichtlich. Aber ich kann ihn auch schlechter behandeln. Siehe die Fidelio-Geschichte: Es wird zwar nicht ausdrücklich gesagt, aber man kann durchaus vermuten, dass Pizarro Florestan, den er unrechtmäßig gefangen hält, achtet, sei es einfach als Mensch, sei es wegen seiner Geradlinigkeit, denn er wird uns durchweg als achtunggebietend geschildert. Pizarro hat ihn ja nur verschwinden lassen aus Furcht, dass er seine, Pizarros, Machenschaften aufdeckt, und solche Furcht ist mit Achtung vereinbar. Vielleicht entgegnet jemand, dass die Ungerechtigkeit,

---

22 Kant, Grundlegung, AA IV 400 f. mit Fußnote.
23 Kant, Metaphysische Anfangsgründe der Tugendlehre (1797), AA VI 434–436.
24 Siehe etwa Platon, Protagoras 330c2–e2

die Florestan geschieht, schon selbst ein Ausbleiben der Achtung ist, auf die er Anspruch hat. Aber so entgegnen heißt sich die Begriffe zu Gunsten der Theorie zurechtstutzen. Wohl geschieht Florestan ein Leid, dadurch dass er eingesperrt ist und kaum etwas zu essen und zu trinken bekommt, und es ist ungerecht, dass ihm dies Leid geschieht. Dass darin selbst schon ein Mangel an Achtung liegt, ist, so wie wir die Wörter normal verwenden, eine grundlose Behauptung.

6 Gesetzlichkeit

Bisher ist also nicht zu erkennen, was dafür spricht, gerechte Zustände herbeizuführen. Wohl mögen noch andere Überlegungen auftreten, die etwas Gutes an ihnen zeigen sollen. Aber für jetzt ist das Ergebnis, dass es keinen Grund für Gerechtigkeit gibt, keinen Grund also auch für das deutsche Volk, sich darum zu bemühen, Gerechtigkeit in der Welt herzustellen. Dies Ergebnis wird jedoch so lange unglaubhaft erscheinen, wie nicht erklärt ist, wieso Gerechtigkeit, auch wenn sie es nicht ist, doch weithin als etwas Gutes gilt, also woher der Anschein stammt, Gerechtigkeit sei auf jeden Fall ein anzustrebendes Ziel. Auf diese Frage gibt das Folgende eine Antwort. Sie besagt: Der Begriff der Gerechtigkeit gründet sich auf die Vorstellung eines überpositiven Rechts, und das Gerechte erscheint deshalb als etwas Gutes, weil es diesem Recht entspricht. Um diese Antwort verständlich und überzeugend zu machen, ist allerdings einiges historisches Material nötig.

Aristoteles unterscheidet zu Beginn seiner Abhandlung zur Gerechtigkeit in der „Nikomachischen Ethik" zwei Weisen, in denen man von ungerechten und entsprechend von gerechten Menschen redet:

> Es scheint also, der Ungerechte ist der Widergesetzliche und der, der mehr haben will, der Ungleiche, und so ist klar, dass der Gerechte der Gesetzliche und der Gleiche sein wird.[25]

Der Gebrauch von „gleich" und „ungleich" zur Charakterisierung eines einzelnen Menschen ist uns ungewohnt, doch sieht man, was gemeint ist: Ungerecht ist zum einen jemand, der, mit Aristoteles' Beispielen, sich rüpelhaft aufführt, Schlägereien beginnt oder im Krieg nicht seinen Mann steht,[26] denn das alles ist gegen das Gesetz (das nicht geschrieben sein muss[27]). Ungerecht ist zum andern auch

---

[25] Aristoteles, NE 1129 a 32–34.
[26] NE 1129 b 20–23.
[27] Siehe dazu NE 1180 a 35f. sowie Aristoteles, Politica, W.D. Ross (Hrsg.), Oxford UP 1957, 1319 b 40 – 1320 a 2.

jemand, der sich einen Vorteil zu verschaffen versucht, der ihm nicht zusteht, in diesem Sinne jemand, der „ungleich" ist. So ist gerecht zum einen jemand, der maßvoll und mutig agiert, denn das verlangt das Gesetz, zum anderen aber jemand, der nicht mehr zu bekommen sucht, als ihm zusteht, in diesem Sinne der „Gleiche".

Der Unterschied, den Aristoteles hier zieht, ist in der Tradition als der zwischen allgemeiner und besonderer Gerechtigkeit geläufig geworden.[28] Diese Benennung passt, denn wenn einer versucht, mehr zu bekommen, als ihm zusteht, ist das auch gegen das Gesetz. Wie Aristoteles sagt,

> das Ungleiche ist nämlich immer widergesetzlich, das Widergesetzliche aber ist nicht immer ungleich.[29]

Feigheit in der Schlacht etwa ist ungerecht nur im allgemeinen Sinne, denn sie ist gesetzwidrig, aber sie ist nicht insbesondere ein Fall von mehr haben wollen, als einem zusteht. Raffgier dagegen ist ungerecht im besonderen und dazu im allgemeinen Sinne, denn da will einer mehr, als ihm zusteht, und das ist auch gesetzwidrig.

Heute meinen wir mit „Gerechtigkeit" fast immer besondere Gerechtigkeit, also die Eigenschaft von Menschen, Institutionen oder Verfahren, Güter welcher Art auch immer so zu verteilen, dass jeder erhält, was ihm zusteht. Das allgemeine Verständnis von Gerechtigkeit ist uns aber durchaus noch vertraut, etwa aus Luthers Schriften. Man denke an den zum Sprichwort gewordenen Satz aus den Psalmen „Der Gerechte muss viel leiden"[30] oder an die für Luthers Dogmatik wichtige Formel „simul iustus et peccator", stets übersetzt mit „Gerechter und Sünder zugleich"[31]: Hier zeigt ja die Entgegensetzung zum allgemeinen „Sünder", dass auch mit „Gerechter" nicht ein Mensch mit dem speziellen Vorzug gemeint ist, den einer bei Güterverteilungen beweist. Gerechtigkeit im allgemeinen und im besonderen Sinne sind aber nicht verschiedene Dinge, und es ist verfehlt, hier wie Dirlmeier von den „beiden Grundformen der Gerechtigkeit" zu sprechen.[32] Gerecht im besonderen Sinne sein ist dasselbe wie in solchen Fällen gerecht im allgemeinen Sinne sein, in denen es um die Verteilung von Gütern geht, so wie

---

[28] Siehe etwa Thomas von Aquin, Summa theologiae, II–II, qu. 58, art. 5, 7.
[29] NE 1130 b 12–13.
[30] Psalm 34, 20.
[31] Luther, WA 56, 269, 347.
[32] Aristoteles, Nikomachische Ethik, übersetzt und kommentiert von Franz Dirlmeier, Darmstadt (Wiss. Buchges.) 1991, S. 399.

tapfer sein dasselbe ist wie in der Schlacht oder in anderen Fällen von Gefahr gerecht im allgemeinen Sinne sein.

Aristoteles hält also das, was wir heute meistens als Gerechtigkeit bezeichnen, für eine material, durch die Natur der betreffenden Situationen bestimmte Unterart allgemeiner Gerechtigkeit. Allgemeine Gerechtigkeit aber versteht er zusammen mit vielen seiner Zeitgenossen[33] als Gesetzlichkeit, als die Eigenschaft also, die Gesetze zu achten und sich an sie zu halten, als Gesetzestreue. Die Gesetze, auf die dabei Bezug genommen wird, sind hier die Gesetze der Stadt, wie die Gesetzgeber sie jeweils aufgestellt haben. Die Gefahr des Relativismus macht Aristoteles dabei offenbar wenig Sorgen: Ja, manchmal dienen die Gesetze dem Nutzen aller, manchmal den Interessen der Aristokraten, und manchmal sind sie auch schludrig gemacht, das alles ändert nichts daran, dass durch sie festgelegt wird, was gerecht ist,[34] und das wird somit von Stadt zu Stadt verschieden sein.

Aber manchmal ist nicht nur hier etwas anderes gerecht als da. Manchmal ist das, was hier gesetzlich ist, in Wahrheit nicht gerecht. Das ist der Fall in der „Antigone" des Sophokles. Kreons Verbot, Polyneikes zu begraben, ist Gesetz der Stadt,[35] aber diesem Gesetz zu folgen ist nicht gerecht.[36] Antigone verwirft angesichts dessen nicht den Satz: Das Gerechte ist das Gesetzliche. Sie behauptet, dass die Gesetze, denen zu entsprechen das Gerechte ausmacht, andere Gesetze als die der Stadt sind. Sie beruft sich gegen die Gesetze der Stadt auf unabänderliche Gesetze der Götter.[37]

Gewiss, auch Aristoteles kennt ein Rechtes von Natur[38] und ein Gesetz, das nicht nur hier oder dort, sondern allgemein gemäß der Natur gilt.[39] Aber bei seiner Erklärung von „gerecht" im allgemeinen Sinne als „gesetzlich" muss er darauf nicht zurückgreifen. Antigone dagegen, im Konflikt mit dem Gesetz der Stadt stehend, kann ihr Gerechtes nur mit Bezug auf ein Recht erklären, das nicht durch die Stadt gesetzt ist.

Wenn also nach Aristoteles Gerechtigkeit im allgemeinen Sinne Gesetzlichkeit ist, wenn nach Antigone die betreffenden Gesetze nicht die der Stadt sind, son-

---

33 Platon im „Kriton" (51 b) und Xenophon in den „Memorabilia" (IV 4) schreiben beide Sokrates diese Überzeugung zu, die nach Xenophons Bericht auch Hippias von Elis teilt. Ebenso vertritt sie Platons Glaukon in seiner Herausforderungsrede im zweiten Buch des „Staats", 359 a 4.
34 NE 1129 b 13–17, 25. Dass die Gesetze den Interessen derjenigen dienen, die jeweils die Macht haben, übernimmt Aristoteles wohl vom platonischen Thrasymachos, Staat 338 e 1–6, also aus der Sophistik.
35 Sophokles, Antigone v. 449.
36 Sophokles, Antigone v. 23–30.
37 Sophokles, Antigone v. 454f. Ähnlich Sokrates nach dem Bericht Xenophons (Mem. IV 4).
38 NE 1134 b 18 – 1135 a 5.
39 Rhetorik 1373 b 6.

dern solche, die unabhängig von einer politischen Gesetzgebung bestehen, und wenn Gerechtigkeit, so wie wir heute das Wort gewöhnlich gebrauchen, eine material bestimmte Unterart von allgemeiner Gerechtigkeit bildet, dann ist nach der Auskunft von „Antigone" Gerechtigkeit in unserem normalen Sinne Gesetzlichkeit, aber unter einem Gesetz, das nicht politischer Gesetzgebung entstammt, oder unter einem Recht (im Sinne von „Rechtsordnung", nicht von „Anrecht"), das nicht politisch gesetztes Recht ist.

Dass es sich wirklich so verhält, dafür spricht der enge Zusammenhang zwischen Gerechtigkeit und Recht, den im Deutschen wie in anderen Sprachen schon die Wörter anzeigen. Denn zwar bezeichnen wir als „Recht" einmal die Gesamtheit der irgendwo geltenden Gesetze, die heute ja größtenteils aus staatlicher Gesetzgebung stammen. Aber wir bezeichnen als „Recht" manchmal auch einen Bestand von Normen, die nicht von einem Gesetzgeber erst aufgestellt worden sind. Das BVerfG hat schon 1951 erklärt, es erkenne

> die Existenz überpositiven, auch den Verfassungsgesetzgeber bindenden Rechtes an,

und es sei zuständig, das gesetzte Recht daran zu messen.[40] Entsprechend wird, wenn nach Art. 20 III GG die vollziehende Gewalt und die Rechtsprechung „an Gesetz und Recht gebunden" sind, nach verbreiteter Auffassung mit den Ausdrücken „Gesetz" und „Recht" nicht zweimal das Gleiche gesagt.[41] Exekutive und Judikative werden hier vielmehr gebunden einmal an die Gesetze, die aus staatlicher Gesetzgebung hervorgehen, zum anderen an das Recht, das nicht einer solchen entspringt; wenn man so will, zum einen an die aristotelischen, zum andern an die antigoneischen Gesetze. Mit dem Recht, das Antigone im Auge hat, hängt nun das, was wir gewöhnlich Gerechtigkeit nennen, so zusammen: Das Gerechte ist das auf dieses Recht bezogene Rechtliche, es ist das auf nichtstaatliche Gesetze bezogene Gesetzliche. Nicht ist das Gerechte das Gesetzliche, wenn dabei die aus politischer Gesetzgebung hervorgehenden Gesetze gemeint sind. Denn in jedem einzelnen Fall mögen die ungerecht sein, wie sie es im Fall Antigones sind. Das Gerechte ist das Gesetzliche, bezogen auf die Gesetze, die der politischen Gesetzgebung vorausliegen.

So setzt der Begriff der Gerechtigkeit den des Rechts voraus, gleich ob Recht seinerseits positiv oder überpositiv verstanden wird. Von Recht zu Gerechtigkeit läuft ja auch das sprachliche Gefälle. Zuerst gibt es, griechisch „dike", lateinisch

---

40 BVerfGE 1, 14, Leitsatz 27.
41 So das BVerfG in der Soraya-Entscheidung 34, 269. Zur gegenwärtigen Diskussionslage siehe Huberts-Emmanuel Dieckmann, Überpositives Recht als Prüfungsmaßstab im Geltungsbereich des Grundgesetzes? Berlin (Duncker) 2006, S. 163–186.

„ius", deutsch „Recht", dann gibt es den, der „dikaios", „iustus", „gerecht" ist, also an das Recht sich hält, und davon abgeleitet gibt es dann „dikaiosyne", „iustitia", „Gerechtigkeit", die gemeinsame Eigenschaft derjenigen, die das tun, oder der entsprechenden Handlungen oder Zustände. In einer Reihe von Sprachen wird dieser Zusammenhang verdeckt, weil sie zwar das Wort für „gerecht" aus dem lateinischen „iustus", damit wohl indirekt vom lateinischen Wort für „Recht", eben „ius" ableiten, das Wort für Recht selbst aber aus einer anderen Quelle entnehmen. Romanische Sprachen gehen hier auf das lateinische „directum" zurück, was dann „diritto", „derecho" und „droit" gibt, das Englische benutzt den germanischen Stamm, der in unserem Verb „legen" fortlebt, und kommt zu „law", bei dem die Vorstellung die gleiche ist wie bei unserem „Gesetz", nämlich die des Festgelegten oder Festgesetzten. Gewiss, der sprachliche Befund beweist nicht, dass Gerechtigkeit von Recht her zu verstehen ist, aber er unterstützt den entsprechenden Vorschlag des Aristoteles, der in der Formel liegt: Das Gerechte ist das Gesetzliche.[42]

In der neueren Rechtsphilosophie wird oft gesagt, Recht ziele auf Gerechtigkeit,[43] Gerechtigkeit sei die Idee des Rechts[44] oder dessen Grundlage[45], und ähnliche Dinge. Diese Aussagen passen mit dem aristotelischen Verständnis von Gerechtigkeit zunächst nicht zusammen. Die Gerechtigkeit des Aristoteles braucht schon bestehende Gesetze, seien sie positiv oder nicht, sie braucht ein vorhandenes Recht, dem sie treu sein kann. Wenn die Autoren hier dagegen Recht auf eine vorgängige Idee der Gerechtigkeit beziehen, drehen wir uns im Kreis. Am einfachsten lässt sich die Schwierigkeit wohl so lösen: Die neuere Rechtsphilosophie gebraucht das Wort „Gerechtigkeit" auf zwei Weisen.[46] Gerechtigkeit ist einmal die gemeinsame Eigenschaft der Gerechten, seien das Menschen, Handlungen oder Institutionen, sie ist Gerechtheit. Von dieser Gerechtigkeit gilt der aristotelische Satz, dass sie in Gesetzlichkeit besteht. Denn gerecht sind die Menschen, Handlungen und Institutionen, die den Gesetzen entsprechen, welche das auch seien. Von dieser Gerechtigkeit kann aber nicht gesagt werden, sie sei die Idee des Rechts, oder etwas Derartiges. Zu sagen, dass die Idee des Rechts die Rechtgemäßheit ist, gibt keinen Sinn. „Gerechtigkeit" bezeichnet daher zum an-

---

42 NE 1129 b 11.
43 So Georges Gurvitch, L'idée du droit social, Paris (Sirey) 1932, S. 96.
44 Gustav Radbruch, Rechtsphilosophie, E. Wolf, H.-P. Schneider (Hrsg.), 7. Auflage, Stuttgart (Koehler) 1970, S. 124
45 Heinrich Rommen, Die ewige Wiederkehr des Naturrechts, 2. Aufl., München (Kösel) 1947, S. 262.
46 Einen ähnlichen Unterschied weist Gerhard Robbers am Gebrauch von „Gerechtigkeit" in den Urteilen des BVerfG nach (Gerechtigkeit als Rechtsprinzip, Baden-Baden (Nomos) 1980, S. 25–30).

deren im neueren Sprachgebrauch selbst ein bestehendes Recht, nämlich das antigoneische, das nicht einer politischen Gesetzgebung entstammt. Von dieser Gerechtigkeit kann man sinnvoll sagen, sie sei die Idee des Rechts. Das bedeutet nämlich gemäß dem platonischen Gebrauch von „Idee": Das positive Recht hat sein Richtmaß im überpositiven; oder das überpositive Recht ist das, was das positive Recht sein sollte. Ob das wahr ist, ist damit nicht ausgemacht, doch wenigstens versteht man so, was die neueren Rechtsphilosophen sagen wollen.

Diese Erklärung von „Gerechtigkeit" bewährt sich insbesondere in der Deutung der Radbruch'schen Formel, die vom BVerfG in seine Rechtsprechung aufgenommen wurde[47]:

> Der Konflikt zwischen der Gerechtigkeit und der Rechtssicherheit dürfte dahin zu lösen sein, dass das positive, durch Satzung und Macht gesicherte Recht auch dann den Vorrang hat, wenn es inhaltlich ungerecht und unzweckmäßig ist, es sei denn, dass der Widerspruch des positiven Gesetzes zur Gerechtigkeit ein so unerträgliches Maß erreicht, dass das Gesetz als „unrichtiges Recht" der Gerechtigkeit zu weichen hat.[48]

Gerechtigkeit kann hier nicht die gemeinsame Eigenschaft der Gerechten sein, denn mit einer Eigenschaft kann das Recht, ob es gesetztes Recht ist oder überpositives, nicht im Widerspruch stehen. Was hier Gerechtigkeit heißt, muss selbst in Gesetzen bestehen, damit der Widerspruch möglich wird, denn Gesetze können ja mit einem Recht, also mit anderen Gesetzen, durchaus im Widerspruch stehen. Zudem müssen die Gesetze, in denen Gerechtigkeit besteht, überpositive Gesetze sein, weil sonst der Hinweis darauf, dass es ein positives Gesetz ist, das der Gerechtigkeit widerspricht, funktionslos würde. Somit bezeichnet „Gerechtigkeit" hier überpositives Recht. Tatsächlich ist „Gerechtigkeit" in den Urteilen des BVerfG häufig so zu verstehen, wie Robbers gezeigt hat.[49] Was Autoren wie Radbruch meinen, wird dann besser so ausgedrückt: Gesetztes Recht soll dem überpositiven entsprechen, und wo es ihm in unerträglichem Maß widerspricht, die Rede von einem größeren oder geringeren Maß an Widerspruch einmal hingenommen, da muss es ihm weichen. Kurz, im Extremfall bricht überpositives Recht das positive.[50]

Hieraus erklärt sich nun, wie zu Anfang dieses Abschnitts in Aussicht gestellt, dass Gerechtigkeit als etwas Gutes erscheint. Da gibt es ein Recht, das manchmal

---

47 BVerfGE 3, 58.
48 Radbruch, Gesetzliches Unrecht und übergesetzliches Recht (1946), in: Radbruch, Rechtsphilosophie, S. 353.
49 Robbers, Gerechtigkeit als Rechtsprinzip, S. 73, 78f.
50 Siehe Horst Dreier, Gustav Radbruch und die Mauerschützen, in: Juristen-Zeitung 52, 1997, S. 429.

auch selbst „Gerechtigkeit" genannt wird und das nicht durch politische Instanzen erst aufgestellt worden ist, sondern ihnen voraus an sich selbst besteht. Dieses Recht sagt, wie Dinge sein sollen. Gerecht sind nun die Handlungen, Menschen, Verfahren oder Zustände, die so sind, wie durch jenes Recht festgesetzt ist, dass sie zu sein haben. Die gerechten Dinge entsprechen dem, wie gefordert ist, und nicht von irgendwelchen Menschen nur, sondern einfachhin gefordert ist, dass sie sind. Dass sie dem entsprechen, aber scheint etwas Gutes. Denn wenn sie so sind, ist das von keiner politischen Setzung abhängige, das in der Welt selbst liegende Gesetz erfüllt. Die Dinge sind dann im Lot.

7 Naturrecht

Aber das scheint nur etwas Gutes, und in Wirklichkeit gibt es doch keinen Grund, sich gerechte Zustände zum Ziel zu setzen. Denn in Wirklichkeit gibt es nicht jenes Recht über dem gesetzten Recht, und so kann auch kein Zustand als dessen Erfüllung gelten.

Das Recht über dem gesetzten Recht heißt traditionell Naturrecht. Es hat diesen Namen, weil Chrysippos, wohl der bestimmende Autor dieser Tradition, in der Gesamtheit der Dinge, „physis" im Griechischen, was gewöhnlich mit „Natur" übersetzt wird, ein Gesetz gelegen glaubte, das die Menschen anweist, was sie zu tun und nicht zu tun haben.[51] Aber wo dies Gesetz zu finden ist, ob in der Natur als ganzer oder anderswo, kann hier außer Betracht bleiben, um so mehr, als die Rede von dem Ort eines Gesetzes selbst nicht klar ist. Sprechen wir trotzdem mit der Tradition weiter von „Naturrecht": Was dieses auszeichnet, ist nun nicht, dass es in der Natur liegt oder von Natur aus besteht, sondern, dass es nicht von Menschen gesetzt ist, und dass es höher steht als das von Menschen gesetzte Recht.[52] Es steht höher in dem Sinne, dass das von Menschen gesetzte Recht der Forderung unterliegt, ihm zu entsprechen. Ein Recht, das ihm nicht entspricht, ist mit Radbruchs Ausdruck unrichtiges Recht, also an ihm selbst mangelhaft.[53] Ein

---

51 Siehe die Zeugnisse von Marcianus und Philo von Alexandrien, SVF III 314 und 323, sowie die unter SVF III 315 angeführte Stelle aus Ciceros Schrift „De legibus".
52 Ähnlich drängt Hans Welzel darauf, „Naturrecht" vom Bestandteil „Recht" her, nicht aus dem Bestandteil „Natur" zu verstehen (Welzel, Naturrecht und materiale Gerechtigkeit, 4. Auflage, Göttingen (Vandenhoeck) 1962, S. 237). Nach Peter Kollers Einteilung (Zur Verträglichkeit von Rechtspositivismus und Naturrecht, in: D. Mayer-Maly, P. Simons (Hrsg.), Das Naturrechtsdenken heute und morgen, Berlin (Duncker) 1983, S. 338) handelt es sich also bei dem hier zu Grunde gelegten Verständnis von „Naturrecht" um eine schwache Naturrechts-Konzeption.
53 Ähnlich schon Cicero, De legibus I 16, 44.

solches Recht sagt nicht einfach nur etwas anderes als das höhere Recht, so wie das Recht an einem Ort etwas anderes sagen mag als das an einem anderen Ort. Es ist ein Recht, das nicht so ist, wie von ihm gefordert ist, dass es ist, und zwar selbst wieder durch Recht gefordert ist. Anders als die Rechte hier oder da übergreift das Naturrecht die einzelnen Rechte. Es ist nicht nur wie jedes Recht Regelung des Tuns der Individuen, es ist auch noch Rechte-Recht.

Aber die Frage ist, ob es dies höhere Recht gibt; ob Antigone nicht ins Leere appelliert. Das ist die Frage, während die in der Naturrechtsdiskussion der letzten Jahrzehnte meistens erörterte Frage, in welchem Verhältnis Recht und Moral zueinander stehen, das Problem schief ansetzt.[54] Denn man sollte das nicht Moral nennen, an dem gemessen ein Recht sich als richtiges oder unrichtiges Recht qualifiziert. Moral hat ihren angestammten Platz in der Leitung und Beurteilung des Handelns der Individuen, und es leuchtet nicht ein, sie als Moral für Rechte auftreten zu lassen. Sinnvoll wird vielmehr dasjenige, dem Recht untersteht, wenn es ihm denn untersteht, selbst als Recht, eben höheres Recht begriffen. So drücken sich ja sowohl Antigone wie auch Radbruch aus: sie spricht von ungeschriebenen und unabänderlichen Gesetzen der Götter, die mehr gelten als das, was Kreon verkündet,[55] er fordert anzuerkennen, „dass es ein höheres Recht gebe als das Gesetz", nämlich als das staatliche Gesetz, mag dieses auch korrekt zu Stande gekommen sein.[56]

Für die Behauptung, es gebe ein höheres Recht als das politisch gesetzte, wird manchmal so argumentiert: Wenn es das nicht gibt, haben Menschen nicht Grund, manchen politischen Gesetzen Widerstand zu leisten. Aber Antigone hatte Grund zum Widerstand gegen Kreons Gesetz, und ebenso jene, die den Nazis Widerstand leisteten. Also gibt es ein höheres Recht. Dass dies jedenfalls bei Radbruch das Argument ist, bezeugt ein einziges Wort: „wehrlos", sagt er an zwei Stellen,[57] habe der Rechtspositivismus, also die Leugnung eines Naturrechts, die Juristen in der Nazi-Zeit gemacht. Das kann nicht heißen, dass ans Naturrecht zu glauben selbst „ein gute Wehr und Waffen" in der politischen und juristischen Auseinandersetzung ist. Bloß glauben macht einen nicht stärker. Es muss heißen: Ohne Naturrecht hat einer nichts, worauf er sich in der politischen und juristischen Auseinandersetzung stützen kann, und fände die auch nur in seinem eigenen Denken statt. Er ist ohne Wehr in dem Sinne, dass er keinen Grund hat, sich

---

54 Siehe etwa Norbert Hoersters Bändchen „Recht und Moral", Stuttgart (Reclam) 1990.
55 Sophokles, Antigone v. 454 f.
56 Gustav Radbruch, Die Erneuerung des Rechts (1947), in: Werner Maihofer (Hrsg.), Naturrecht oder Rechtspositivismus? Darmstadt (Wiss. Buchges.) 1962, S. 2.
57 Radbruch, Gesetzliches Unrecht und übergesetzliches Recht, S. 352; Radbruch, Die Erneuerung des Rechts, S. 2.

nicht dem Gesetz zu beugen. So kann er vernünftigerweise, also soweit Gründe ihn leiten, nur mitschwimmen.

Aber das Argument schlägt fehl. Um etwas Vernünftiges zu tun, braucht man keine Rechtsordnung, unter der es einem geboten ist, es zu tun. Man kann es einfach tun. Man tut es dann immer noch mit Grund, denn der liegt in den Umständen des Falles. Dass die Leiche des Polyneikes unbegraben vor der Stadt liegt, ist ein Grund, sie zu bestatten.[58] Aber man tut es, anders als Antigone ihren Fall beschreibt, nicht im Gehorsam gegen eine Rechtsordnung, eben eine höhere. Radbruch, wenn er diejenigen wehrlos nennt, die sich nicht gegen das gesetzte Recht auf ein höheres Recht berufen können, überschätzt Recht: Wir können auch ohne. Versteht sich, hiermit ist nichts darüber gesagt, wann es vernünftig ist, dem gesetzten Recht Widerstand zu leisten. Die Frage ist allein: muss einer, der dem gesetzten Recht Widerstand leistet, es im Namen eines höheren Rechtes tun? Und er muss es nicht.

Entsprechend ist dies das Argument *gegen* die Behauptung eines Rechts, das über dem politisch gesetzten steht: Wir haben von einem solchen keine Kenntnis. Denn das Tun derjenigen, die mit Grund sich gegen gesetztes Recht auflehnen, gibt von ihm nicht Zeugnis. Deren Tun lässt sich verstehen, ohne dass ein höheres Recht in Anspruch genommen werden müsste. Wohl wird viel von einem überpositiven Recht geredet, vor allem in der Rechtsprechung und der Rechtswissenschaft, aber das zeigt nicht, dass es das gibt. Man mag entgegnen, dass dann ebenso gut bezweifelt werden könnte, dass es ein gesetztes Recht gibt. Denn von dem werde auch nur viel geredet. Aber tatsächlich wird vom gesetzten Recht nicht nur geredet, es hat praktische Bedeutung. Menschen setzen, ändern, benutzen und lehren Recht; und was sie da tun, lässt sich nur verstehen als das Umgehen mit etwas Vorliegendem, seien das aufgeschriebene Gesetze, seien es Traditionen der Konfliktlösung. Dagegen lässt sich, was diejenigen tun, die sich mit Grund gegen das gegebene Gesetz auflehnen, ohne Rückgriff auf ein höheres Recht verstehen. Gewiss, Antigone redet von ihm. Aber das kann sie auch lassen, und wir verstehen immer noch, was sie tut und warum sie es tut. Die Anwälte, Richter, Gesetzgeber und Jura-Studenten können das Reden vom Recht, in ihrem Fall gesetztem Recht, nicht lassen, ohne dass sie uns in ihrem Tun unverständlich werden, so wie es die Clowns in der Schlussszene des Films „Blow up" sind, die ohne Ball Tennis spielen.

Nicht ist der Grund, ein höheres Recht zu leugnen, dass es nach Antigone in Gesetzen der Götter, nach christlicher Lehre in Gesetzen des einen Gottes besteht,

---

[58] Dieses Verständnis von Gründen für Handlungen ist ausgeführt in meinem Buch „Aus Gründen handeln", Berlin (de Gruyter) 2005, insbesondere Kap. 4.

und dass diese Gesetzgeber nicht existieren. Man kann, wie Chrysippos nach manchen Berichten es tut, von einem Gesetz der Welt reden, ohne auf eine göttliche Gesetzgebung Bezug zu nehmen.[59] Der Grund, jenes Recht zu leugnen, ist nur, dass es uns nicht begegnet. Es ist so ungeschrieben, dass es nie erscheint. Das reicht aus, es ganz zu bestreiten.

Dann aber sind die Dinge nie im Lot. Es gibt keinen Zustand, von dem man sagen könnte: Es ist jetzt so, wie es sein soll. Es gibt keinen solchen Zustand, nicht weil dies eine unvollkommene Welt ist – verglichen womit denn? Auch nicht, weil die Menschen alles verdorben haben – das kann nur sagen, wer an den Sündenfall glaubt. Vielmehr ist der Gedanke eines Gesetzes, mit dem grundsätzlich die Dinge im Einklang sein könnten, leer. Nietzsche notiert einmal:

> – ein Mensch, wie er sein *soll:* das klingt uns so abgeschmackt wie: „ein Baum, wie er sein soll"[60]

So eben auch „eine Welt, wie sie sein soll". Diese Rede galt einmal etwas, als man glaubte, es gebe ein Gesetz der Welt. Aber da wir von einem solchen keine Kenntnis haben, ist sie kraftlos geworden.

Wohl hat Philippa Foot die „Bäume, wie sie sein sollen" vor einigen Jahren wieder zu beleben versucht. Sie behauptet: Wenn Eichen in der Regel starke Wurzeln haben und ihre starken Wurzeln eine wichtige Rolle in ihrem Lebenszyklus spielen, dann gilt auch, dass eine Eiche ohne starke Wurzeln nicht eine Eiche ist, wie sie sein soll.[61] Aber diese letzte Behauptung ist grundlos. Wahr ist: Die Eiche ohne starke Wurzeln ist eine Eiche mit einer für Eichen ungewöhnlichen Eigenschaft, und es besteht erhöhte Gefahr, dass ein Sturm sie umreißt. Nicht wahr ist, dass Eichen so nicht sein sollen. Eichen sollen überhaupt nicht irgendwie sein.

Noch einmal das Haupt-Argument: Ohne so etwas wie Naturrecht kann von Gerechtigkeit, wie die neuere Rechtsphilosophie, Radbruch etwa und viele andere, das Wort gebrauchen, nicht die Rede sein, und ebenso lässt sich die Gerechtigkeit, die es laut Grundgesetz in der Welt herzustellen gilt, nur über ein Naturrecht fassen. Dabei meint „Naturrecht" nicht speziell ein Recht, das aus der Natur des Menschen oder aus Grundzügen der außermenschlichen Natur gezogen

---

[59] Siehe etwa die Zeugnisse von Marcianus und Diogenes Laertius, SVF III 314 und 4. Anders allerdings das Zeugnis von Plutarch, SVF III 326.
[60] Friedrich Nietzsche, Nachgelassene Fragmente, 1887/88, 11 [132], KSA Band 13, S. 62.
[61] Philippa Foot, Natural goodness, Oxford UP 2001, Kap. 2. Foot stützt sich auf Michael Thompsons Aufsatz „The representation of life" in Rosalind Hursthouse u. a. (Hrsg.), Virtues and reasons, Oxford UP 1995, S. 247–296.

ist, sondern allgemein ein bestehendes und vorgefundenes, aber nicht politisch gesetztes Recht, das über dem politisch gesetzten steht. Ohne ein solches lässt sich Gerechtigkeit nicht begreifen, denn das Gerechte ist das einem Recht Gemäße, und zwar nach Antigone und nach den heutigen Autoren das einem nicht politisch gesetzten Recht Gemäße. Doch ein solches Recht gibt es nicht. Es gibt nicht eine Rechtsordnung vor allen Rechtsordnungen. Es gibt nur das Recht innerhalb der Städte oder Staaten. Wohl sind wir darin geübt, Menschen, Zustände oder Handlungen als gerecht zu beschreiben, und wenn wir eine Theorie der Gerechtigkeit haben, können wir die Beschreibungen auf Kriterien stützen. Aber die Klassifizierung ist fiktiv, so wie eine Klassifizierung von Handlungen in die Gott wohlgefälligen und die, die es nicht sind, fiktiv ist. Nicht dass die klassifizierten Menschen, Zustände oder Handlungen fiktiv wären. Dasjenige, im Hinblick worauf sie so oder so klassifiziert werden, ist es.

Damit verliert die Rede von den gerechten Menschen, Zuständen oder Handlungen ihr Interesse und die frühere Diagnose (V 6) bestätigt sich, dass es keinen Grund gibt, Gerechtigkeit anzustreben. Denn was liegt daran, einem Recht gemäß zu sein oder zu handeln, das nur einige Menschen sich ausgedacht haben? Nicht aus Lust und Laune sich ausgedacht haben, versteht sich. Die Geschichte des Gedankens vom Naturrecht lässt sich begreifen als eine Folge von Überlegungen, mit deren Hilfe Menschen sich unter bestimmten sozialen, religiösen und kulturellen Bedingungen zurechtzufinden suchten. Es gab also wohl Grund dafür, sich ein Naturrecht auszudenken. Das hindert nicht, dass dies die Geschichte einer Fiktion ist. Wenn Naturrecht aber fiktiv ist, ähnelt das Bemühen um gerechte Zustände dem Unternehmen von Schriftstellern, Romane zu schreiben, in denen, sagen wir, der Buchstabe „p" nicht vorkommt. Man kann leicht feststellen, ob einem Autor das gelungen ist, wie man auch feststellen kann, vielleicht mit etwas mehr Schwierigkeiten, ob ein gerechter Zustand erreicht wurde. Aber man sieht nicht, was gut daran ist, wenn einem das eine oder das andere gelingt. Immerhin begreift man, wieso es als etwas Gutes erscheinen kann, dann nämlich, wenn jemand denkt, „p" zu meiden oder gerechte Zustände herbeizuführen sei uns durch die Ordnung der Dinge aufgegeben.

Aber weder dies noch jenes ist uns aufgegeben. Gar nichts ist uns aufgegeben. Mangels Naturrecht ist Gerechtigkeit belanglos, politisch wie auch sonst.

8 Gegenreden

Wie kann das Gerechte politisch belanglos sein, wenn es doch so vielen Menschen in ihren politischen Kämpfen genau darum zu tun war? Gewiss, manchen ging es handfest um die Verbesserung der Lebensbedingungen bestimmter Menschen, und die Rede von Gerechtigkeit war nur ein Spruch, mit dem man Leute auf die eigene Seite ziehen konnte. Doch ist kein Zweifel, dass viele Menschen Gerechtigkeit selbst als Zielpunkt ihrer politischen Bemühungen ansahen. Und nun soll an Gerechtigkeit nichts sein?

Es ist nicht unerhört, dass sich Ziele ernsthafter politischer Bemühung als imaginär erweisen. So haben viele versucht, die Herrschaft Gottes auf Erden herzustellen, und haben darauf wirklich gezielt, nicht nur sich dieser Reden bedient. Wenn nun das deutsche Volk kraft Verfassung sich Gerechtigkeit in der Welt zum Ziel setzt, so zeigt das die ungebrochene Macht der Vorstellung von einem Gesetz der Welt, durch das festgelegt ist, wie die Dinge sein sollen. Denn Gerechtigkeit besteht ja in Gesetzmäßigkeit gegenüber diesem Gesetz. Aber es zeigt nur die Macht der Vorstellung, nicht ihre Wahrheit. Der Kampf für Gerechtigkeit in der Welt mag edel sein, aber nur so, wie es die Kämpfe Don Quijotes waren.

Ähnlich ist geltend gemacht worden, dass schon Kinder für Gerechtigkeit und vor allem eben für Ungerechtigkeit höchst sensibel sind und mit Empörung reagieren, oft weit heftiger, als es der betreffende Schaden selbst rechtfertigt. So eröffnet Amartya Sen sein Buch „The idea of justice" mit einem Zitat aus Charles Dickens' „Great expectations", in dem der Held des Romans das feine Gespür für Ungerechtigkeit bei Kindern hervorhebt.[62] Und es ist richtig, dass Kinder oft auf ihnen angetane Ungerechtigkeiten empfindlich reagieren, aber das zeigt nicht, dass Menschen sozusagen mit eingebauter Gerechtigkeitseinstellung aus der Fabrik kommen.[63] Es zeigt nur, dass Kinder relativ rasch in die gängige Gerechtigkeitspraxis einsteigen, zu der es gehört, sich über bestimmte Vorgänge zu empören und vielleicht vor irgendeiner Art von Gericht deswegen zu klagen; und sie steigen vor allem dann in diese Praxis ein, wenn sie sonst die Schwächeren sind und auf diese Weise Boden gutmachen können. Woran die Praxis aber sich ausrichtet, ob von Kindern oder Erwachsenen geübt, das kann trotzdem noch fiktiv sein.

Weiter wird man entgegnen, dass seit Rawls die Theorie der Gerechtigkeit eine naturrechtliche Fundierung gerade von sich weist und stattdessen konstruktivistisch vorgeht. Das bedeutet, dass hier Grundsätze der Gerechtigkeit sich nicht aus einem vorgefundenen nicht-staatlichen Recht bestimmen, sondern von den Menschen selbst ausgewählt werden, für die sie gelten sollen. Dass es ein Naturrecht nicht gibt, störe also die neuere Gerechtigkeitstheorie nicht. „Machen wir alles selbst!", erkläre sie. Denn wir, freie und rationale Individuen, die sich zusammenfinden in einer Position, in der Gleichheit herrscht, bestimmen gemein-

---

62 Amartya Sen, The idea of justice, S. vii.
63 Davon war Rousseau überzeugt, Emile, S. 47.

sam Grundsätze der Gerechtigkeit, an denen sich alle weiteren Vereinbarungen und Institutionen auszurichten haben. Wir finden diese Grundsätze nicht, wie die Naturrechts-Tradition dachte, als etwas uns Gegebenes vor, wir setzen sie selbst in gemeinsamer Wahl fest.[64]

Nur finden sich diese Freien und Vernünftigen ja tatsächlich nicht zusammen:

> This original position is not, of course, thought of as an actual historical state of affairs, much less as a primitive condition of culture. It is understood as a purely hypothetical situation characterized so as to lead to a certain conception of justice.[65]

Das heißt, wirklich gibt es keine Menschen, die Grundsätze der Gerechtigkeit auswählen. Man kennt ja auch niemanden, einen selbst eingeschlossen, der so etwas einmal getan hätte. Wohl kennt man Menschen, die Rechtsordnungen aufstellen, auch internationale Rechtsordnungen. Aber das ist etwas anderes als Grundsätze der Gerechtigkeit auszuwählen. Denn an diesen sollen sich Rechtsordnungen ja erst noch messen lassen. Tatsächlich wird hier nur eine Geschichte von Menschen erzählt, die Grundsätze der Gerechtigkeit auswählen, eine erklärtermaßen unwahre Geschichte. Die Geschichte hat so den gleichen Wert wie die Geschichten, die uns als Kindern zum Beispiel von der Entstehung Helgolands erzählt wurden: Einmal hatte der Teufel eine solche Wut, ich weiß nicht mehr warum, da nahm er den Felsbrocken und warf ihn weit hinaus ins Meer. Und das ist wahr, so könnte Helgoland entstanden sein. Aber es ist so nicht entstanden, und so ist die Geschichte davon bloß ein Märlein.

Der Konstruktivismus der neueren Gerechtigkeitstheorie, bei Rawls und seinen Schülern, ist also Schein, denn eine Konstruktion findet nicht statt. Wenn sich aber die Grundsätze der Gerechtigkeit, die in diesen Theorien verkündet werden, tatsächlich nicht einer Wahl durch die Freien und Vernünftigen verdanken, dann können sie, sollen sie von den Autoren nicht einfach ins Blaue behauptet werden, nur naturrechtlich begründet sein. Aber eine naturrechtliche Begründung begründet nicht.

Einen Begriff von Gerechtigkeit, der nicht einer naturrechtlichen Fundierung bedarf, haben andere mit Hilfe einer Unterscheidung innerhalb des Rechtes selbst gewinnen wollen, nämlich der zwischen Regeln und Prinzipien. Regeln gebieten für Fälle einer bestimmten Art Folgen einer bestimmten Art. So stand früher auf den Geldscheinen „Wer Banknoten nachmacht oder verfälscht, wird mit Zucht-

---

[64] Rawls, Theory of justice, S. 11, 13. Ähnlich spricht Rawls in „Kantian Constructivism in moral theory", Journal of Philosophy 77, 1980, S. 516.
[65] Rawls, Theory of justice, S. 12. Ebenso Rawls, Justice as fairness, S. 236.

haus nicht unter zwei Jahren bestraft". Aber das Recht enthalte nicht allein Regeln, sondern auch Prinzipien. Sie stellen Erwägungen vor, die bei der Entscheidung von Fällen in Betracht gezogen werden müssen. Ronald Dworkin, derzeit wohl der Hauptvertreter dieses Vorschlags[66], nennt als Beispiel eines Prinzips, das in einem Rechtsstreit zum Tragen kam, den Satz „No man may profit from his own wrong".[67] Dieser Satz ist nach Dworkin auch noch Prinzip in einem engeren Sinne, nämlich, mit ihm werde eine Forderung der Gerechtigkeit ausgesprochen.[68] Somit brauche es nicht den Rückgriff auf ein anderes, höheres Recht, um das gegebene Recht einer Forderung der Gerechtigkeit zu unterstellen. Prinzipien seien ja Bestandteil dieses Rechts selbst, Forderungen der Gerechtigkeit wohnen ihm also schon inne.[69] Belanglos werden solche Forderungen somit auch dann nicht, wenn ihre naturrechtliche Begründung scheitert.

Allerdings braucht man jetzt Gründe für die Behauptung, ein Prinzip wie das von Dworkin genannte sei Bestandteil des Rechts. Sicher, Sätze der Art „No man may profit from his own wrong" kommen in Urteilsbegründungen vor. Aber das entscheidet nicht. In Urteilsbegründungen kommen alle möglichen Sätze vor, historische, philosophische, naturwissenschaftliche, was auch immer, wenn sie nur die im Urteil ausgesprochene Entscheidung direkt oder indirekt zu stützen geeignet erscheinen. Also, warum ist „No man may profit from his own wrong" ein Rechtssatz und nicht ein woher auch immer, vielleicht ja gerade aus den traditionellen Vorstellungen vom Naturrecht bezogener Satz, der einem Gericht als Argument für seine Entscheidung dient? Bei Dworkin und denen, die sich ihm angeschlossen haben,[70] lassen sich keine Gründe für den Rechtscharakter solcher Sätze finden. Und ein starker Grund spricht dagegen, sie als Rechtssätze zu betrachten: das steht nirgends. Nicht nur, dass es nicht in den Gesetzbüchern steht. Das macht wenig Eindruck auf jemanden in der Tradition des Common Law. Aber Dworkin, in der Besprechung eines anderen Falls, räumt ein, der Kläger habe weder ein Gesetz noch „eine etablierte Rechtsregel" zu seinen Gunsten anführen

---

66 Siehe aber schon Josef Esser, Grundsatz und Norm in der richterlichen Fortbildung des Privatrechts (1956), 2. Auflage, Tübingen (Mohr) 1964, wo der Unterschied eingehend dargelegt wird.
67 Ronald Dworkin, Taking rights seriously, Cambridge Mass. (Harvard) 1977, S. 22–26.
68 Dworkin, Taking rights seriously, S. 22.
69 Die Auffassung von Dworkins Position als einer Kritik am Positivismus, die dennoch nicht auf das Naturrecht rekurrieren will, folgt Thomas Osterkamp, Juristische Gerechtigkeit, Tübingen (Mohr) 2004, Kap. VI, gegen Ota Weinberger, der Dworkin eine Naturrechts-Konzeption zuschreibt (Weinberger, Die Naturrechtskonzeption von Ronald Dworkin, in: D. Mayer-Maly, P. Simons (Hrsg.), Das Naturrechtsdenken heute und morgen, Berlin (Duncker) 1983, S. 503.)
70 Etwa Robert Alexy, Begriff und Geltung des Rechts, 2. Auflage, Freiburg (Alber) 1994, S. 119–129; Osterkamp, Juristische Gerechtigkeit, Kap. VI.

können.[71] Also steht das Prinzip, auf Grund dessen dennoch für ihn entschieden wurde, nicht nur nicht im Gesetzbuch, es ist auch nicht Teil des durch Traditionen der Rechtsprechung gebildeten Bestandes an Recht. Daraus kann man aber schließen, es ist überhaupt nicht Recht. Dworkins Richter greifen vielmehr mit Schiller „getrosten Mutes in den Himmel" (siehe oben IV 2), also über das gegebene Recht hinaus, weil sie mit diesem nicht zufrieden sind. Doch wer in den Himmel greift, gerät in den Verdacht, ins Leere zu greifen.

Zugegeben, man muss mit dem Kriterium dessen, „was dasteht", großzügig umgehen. Das BVerfG hat etwa im Soraya-Urteil von 1973 eine weiche Lesart angeboten:

> Gegenüber den positiven Satzungen der Staatsgewalt kann unter Umständen ein Mehr an Recht bestehen, das seine Quelle in der verfassungsmäßigen Rechtsordnung als einem Sinnganzen besitzt und dem geschriebenen Gesetz gegenüber als Korrektiv zu wirken vermag.[72]

Denn das heißt: Es mag etwas buchstäblich nicht dastehen und doch für den, der die verfassungsmäßige Rechtsordnung als ein Sinnganzes betrachtet, erkennbar Teil von ihr sein. Man denke an Textkritik: Es mag etwas buchstäblich nicht dastehen, doch nach dem Gesamtsinn des Textes unabweisbar zu ihm gehören, so dass die Herausgeber mit Recht es einfügen. Aber das ist nicht der Fall von Dworkins Prinzipien. Sie werden nicht aus dem Gesetzes- oder Traditionsbestand einer Rechtsordnung herausgelesen als aus ihm selbst erkennbare Ergänzungen, sondern sie treten zu ihm hinzu. Doch dann sind wir wieder bei der Annahme eines anderen, höheren Rechts und bei den Zweifeln daran, dass es das gibt. Auch das BVerfG hat in anderen Entscheidungen eine deutlich stärkere Lesart gewählt, markant etwa im Gleichberechtigungs-Urteil von 1953[73], nämlich eine Lesart, nach der jenes „Mehr an Recht" nicht im vorhandenen Recht enthalten liegt, sondern wie bei Radbruch und bei Antigone als anderes Recht ihm kritisch entgegentritt. Nur haben wir eben keinen Grund zu denken, dass da noch ein solches anderes Recht besteht. Nach dem hier geführten Argument haben wir damit auch keinen Grund anzunehmen, dass Gerechtigkeit als Rechtgemäßheit gegenüber dem anderen Recht irgendeine, etwa eine politische Bedeutung hat.

---

71 Dworkin, Taking rights seriously, S. 23.
72 BVerfGE 34, 269
73 BVerfGE 3, 225

VI Demokratie

Nach Auskunft von Art. 20 I GG ist die Bundesrepublik ein demokratischer Staat, kurz eine Demokratie, und für das herrschende politische Selbstverständnis hat dieser Satz grundlegende Bedeutung. Was er sagt, ist freilich nicht offensichtlich, und so empfiehlt es sich, gleich beim Grundgesetz nachzufragen, was es mit „Demokratie" meint. Da aber dieses Wort schon immer eine Option bezeichnet hat, also etwas, zu dem es Alternativen gibt, möchte man weiter wissen, welche Gründe für diese Option sprechen. Also, was ist Demokratie im Sinne des Grundgesetzes, und was ist gut an ihr?

1 „Alle Staatsgewalt geht vom Volke aus"

Tatsächlich gibt das Grundgesetz selbst eine Erklärung für „Demokratie", gleich im folgenden Absatz:

> Alle Staatsgewalt geht vom Volke aus. Sie wird vom Volke in Wahlen und Abstimmungen und durch besondere Organe der Gesetzgebung, der vollziehenden Gewalt und der Rechtsprechung ausgeübt. (Art. 20 II GG)

Wohl gehört nicht alles, was in diesen beiden Sätzen gesagt wird, zur Erklärung von „Demokratie". Übte etwa das Volk die Staatsgewalt allein in Abstimmungen, nicht in Wahlen aus, also rein plebiszitär, und umgekehrt, übte es die Staatsgewalt allein in Wahlen, nicht in Abstimmungen aus, so dass Volksentscheide grundsätzlich unzulässig wären, nähme das der Bundesrepublik nicht den demokratischen Charakter, es änderte nur die Art, in der Demokratie hier betrieben wird. Gleiches gilt von der Aufteilung in Gesetzgebung, vollziehende Gewalt und Rechtsprechung. Die Verfassung des alten Athen kannte eine solche Teilung der Gewalten nicht und war dennoch demokratisch. Nimmt man diese speziellen Bestimmungen heraus, bleibt als Erklärung des Grundgesetzes von „Demokratie" demnach der Satz übrig: Alle Staatsgewalt geht vom Volke aus und wird von ihm ausgeübt. Das als Erklärung von „Demokratie" zu nehmen erscheint auch nach dem wörtlichen Sinn dieses Ausdrucks, nämlich „Volksherrschaft", plausibel. Nur bedarf die Erklärung selbst wieder einer Erklärung: Was heißt es, dass alle Staatsgewalt vom Volk ausgeht und von ihm ausgeübt wird?

„Volk" sollte keine grundsätzlichen Probleme bereiten. Gemeint ist hier sichtlich das deutsche Volk, und das besteht aus allen deutschen Staatsangehörigen.¹ Wohl wird manchmal eine anspruchsvollere Erklärung vorgeschlagen. Ernst-Wolfgang Böckenförde etwa fasst das Volk als

> die (politisch sich zusammenfindende und abgrenzende) Gruppe von Menschen, die sich ihrer selbst als politische Größe bewusst ist und als solche handelnd in die Geschichte eintritt.²

Aber damit ist der Begriff „Volk" so anspruchsvoll erklärt, dass er keine Beispielfälle mehr hat: Eine Gruppe von Menschen, die sich ihrer selbst als politischer Größe bewusst ist, wohlgemerkt: die Gruppe, und die als selbstbewusste handelnd in die Geschichte eintritt, gibt es nicht. Ihrer selbst bewusst sind sich nur Individuen. Wir verzichten besser auf derlei Anleihen bei Hegel und definieren ein Volk einfach als die Menge von Menschen, die in einem Staat Bürger sind.³ Das heißt freilich ein vor-staatliches Verständnis von „Volk" aufgeben, wie es in der klassischen Erklärung von „Staat" mit Hilfe von Staats-Territorium, Staats-Volk und Staats-Gewalt unterstellt scheint.⁴ Tatsächlich wird in dieser Erklärung aber ein vor-staatliches Verständnis von „Volk" nicht unterstellt. Um „Staat" zu erklären, muss man nur auf eine Menge von Menschen Bezug nehmen, die in ihm Mitglieder sind, und die werden, sofern sie das sind, insgesamt „Volk" genannt.

Die Rede von Staatsgewalt ist schwieriger. Natürlich ist nicht bloß, wie man heute sagt, der Einsatz von Gewalt gemeint. Aber im älteren Sprachgebrauch bedeutet „Gewalt" häufig soviel wie „Macht" („mir ist gegeben alle Gewalt im Himel und Erden" heißt es in Mt 28, 18 bei Luther, während neuere Übersetzungen hier „Macht" vorziehen), doch auch so lässt sich „Gewalt" hier nicht lesen. Denn von Macht kann man nicht sagen, dass sie von jemandem ausgeht. Macht ist etwas, das jemand hat. Was von jemandem ausgeht, ist der Gebrauch oder die Ausübung von Macht. Also wird man „Staatsgewalt" in Art. 20 II GG entsprechend verstehen, nicht als Staatsmacht, sondern als staatliche Ausübung von Macht. Das passt dann auch etymologisch zusammen: „Staatsgewalt" bezeichnet das staatliche Walten. So wird auch in der Rechtsprechung und in der Literatur „alle

---

1 So BVerfGE 83, 37.
2 Ernst-Wolfgang Böckenförde, Die verfassunggebende Gewalt des Volkes – Ein Grenzbegriff des Verfassungsrechts (1991), in: Ulrich Preuß (Hrsg.), Zum Begriff der Verfassung, Frankfurt (Fischer) 1994, S. 63.
3 Siehe Art. 7 der französischen Verfassung von 1793 (die nicht in Kraft trat): „Le peuple souverain est l'universalité des citoyens français."
4 Siehe etwa Georg Jellinek, Allgemeine Staatslehre, 3. Auflage 1913, 7. Neudruck, Darmstadt (Wiss. Buchges.) 1960, Kap. 13.

Staatsgewalt" verstanden als die Gesamtheit staatlichen Tuns.[5] Dass die Staatsgewalt von Art. 20 II GG in Tun besteht, nicht in Macht zu einem Tun, schließt sogleich eine Konstruktion wie die Horst Dreiers aus, nach der die „Innehabung der Staatsgewalt (durch das Volk) und ihre Ausübung (durch besondere Organe) auseinanderfallen", eine Kluft, die durch einen besonderen Legitimationszusammenhang zwischen Volk und Staatsorganen überbrückt werden müsse.[6] Denn man kann zwar Macht innehaben, ohne sie auszuüben, aber von einem Tun zu sagen, dass jemand es innehat, gibt entweder gar keinen Sinn, oder, wenn das doch ein sinnvoller Ausdruck sein soll, das Innehaben des Tuns ist dasselbe wie seine Ausübung. Somit fällt hier nichts auseinander.

Schließlich „ausgehen": dass von jemandem ein Tun ausgeht, heißt, dass er der Tuende ist, der Täter. So kann jemand sagen, die Einladung oder die Anregung gehe von ihm aus, und das heißt, er ist der Einladende oder derjenige, der das Betreffende angeregt hat. „Alle Staatsgewalt geht vom Volke aus", der erste Satz von Art. 20 II GG, bedeutet demnach: von allem staatlichen Tun ist das Volk der Tuende, es ist der Walter alles staatlichen Waltens. Die Formulierung, die im zweiten Satz von Art. 20 II GG enthalten ist, die Staatsgewalt werde vom Volk ausgeübt, sagt dann dasselbe wie der erste Satz. Das spricht nicht gegen diese Erklärung, weil der zweite Satz ja auch noch auf die Verfahren Bezug nimmt, in denen die Staatsgewalt ausgeübt wird, und damit vor Tautologie bewahrt bleibt. Das Ausgehen der Staatsgewalt vom Volk ist hiernach dasselbe wie ihre Ausübung durch das Volk.[7] Das Verständnis des Grundgesetzes von „Demokratie" ist also: Ein demokratischer Staat ist derjenige, in dem alles staatliche Tun Tun des Volkes ist.

2 Repräsentation

Damit ist aber auch das sachliche Problem offenbar. Von staatlichem Tun sind ja wirklich nur einige Menschen die Tuenden. Im zentralen Fall staatlichen Tuns, der Gesetzgebung, ist es der Bundestag, der Gesetze beschließt, also eine Versamm-

---

[5] Siehe etwa BVerfGE 47, 253 und Veith Mehde, Neues Steuerungsmodell und Demokratieprinzip, Berlin (Duncker) 2000, S. 178.
[6] Horst Dreier, Art. 20, Demokratie, in: Dreier (Hrsg.), Grundgesetz-Kommentar, Band 2, 2. Auflage, Tübingen (Mohr) 2006, Rn. 113.
[7] Mit Ekkehart Stein, Art. 20 Abs.1–3 II, in: E. Denninger u. a. (Hrsg.), Kommentar zum Grundgesetz für die Bundesrepublik Deutschland, 2. Auflage, Neuwied (Luchterhand) 1989, Rn. 13; und gegen Böckenförde, Demokratie als Verfassungsprinzip, in: J. Isensee, P. Kirchhof, Handbuch des Staatsrechts der Bundesrepublik Deutschland, 3. Auflage, Heidelberg (Müller) 2004, Rn. 8.

lung von ein paar hundert Menschen. Was kann es heißen, dass dieses Tun gleichwohl Tun des deutschen Volkes ist?

Dreier erklärt so. „Alle Staatsgewalt geht vom Volke aus", damit sei gesagt,

> dass demokratische Herrschaft sich [...] allein auf den Willen der zum Staatsvolk zusammengefassten Individuen zu stützen vermag.[8]

Also, der Beschluss des Bundestags ist wohl sein Tun, aber in diesem Tun stützt er sich auf den Willen des deutschen Volkes. Dreier meint damit wohl nicht, dass das Volk speziell das Gesetz will, das der Bundestag gerade beschließt, sondern dass es will, dass der Bundestag diese Arbeit tut, geeignete Gesetze zu beschließen, worunter man annehmen kann, dass auch das jeweils vorliegende Gesetz fällt.

Doch diese Erklärung befriedigt nicht, aus zwei Gründen. Einmal ist sie zu schwach. Dass staatliches Tun vom Volk ausgeht, bedeutet Täterschaft des Volkes, und dafür reicht es nicht aus, dass sich das Tun auf den Willen des Volkes stützen kann. Einverstanden sein damit, dass etwas getan wird, auch positiv wollen, dass es getan wird, macht einen noch nicht zum Täter eines Tuns. Zum andern ist die Erklärung aber auch zu anspruchsvoll. Denn das Volk ist ja die Gesamtheit der Staatsbürger. Also müsste sich nach dieser Erklärung staatliches Tun auf den Willen aller Bürger stützen können. Das aber wird nie der Fall sein, es wird immer jemanden geben, der nicht nur dieses Gesetz, sondern die gesetzgebende Tätigkeit des Bundestags insgesamt ablehnt. Staatsgewalt wird somit nie vom Volk ausgehen und Demokratie also nicht stattfinden, wenn dazu erforderlich ist, dass staatliches Tun dem Willen der gesamten Staatsbürgerschaft entspricht.

An diesem Punkt liegt es nahe, Jean-Jacques Rousseau zu Hilfe zu rufen, nämlich dessen Unterscheidung zwischen der „volonté générale", dem allgemeinen Willen, und der „volonté de tous", dem Willen eines jeden.[9] Denn wenn das verschiedene Dinge sind, kann von staatlichem Tun, das nicht dem Willen eines jeden Bürgers entspricht, gleichwohl gesagt werden, es entspreche dem Willen aller, nämlich ihrem allgemeinen Willen. Aber Rousseaus Unterscheidung ist selbst zweifelhaft. Was ein allgemeiner Wille sein soll, der sich nicht dadurch als allgemein erweist, dass der Wille jedes Einzelnen sich mit ihm deckt, nicht dadurch also, dass er wirklich allen gemein ist, bleibt unerfindlich. Viele Interpreten versuchten die Schwierigkeit mit einem Vorgriff auf Kants Theorie zu lösen: der allgemeine Wille beweise seine Allgemeinheit durch seine Vernünftigkeit,[10] und so sei leicht begreiflich, dass das Wollen der Einzelnen nicht immer mit ihm

---

8 Dreier, Demokratie, Rn. 87.
9 Jean-Jacques Rousseau, Du contrat social (1762), I 7, II 3.
10 Siehe etwa Timothy O'Hagan, Rousseau, London (Routledge) 1999, S. 116, 118.

sich decke. Aber es ist nicht wahr, dass ein vernünftiges Wollen eben damit ein Wollen aller ist. Wie vorhin mit Bezug auf Kants Gedanken der Autonomie argumentiert (II 13), wir *sind* nicht Vernunft, und so kann die Vernünftigkeit eines Tuns nicht als Ausweis dafür gelten, dass es entgegen dem Anschein doch von allen getragen wird. Wie aber anders als auf diese Weise, also mit Hilfe von Kants Annahmen, die Allgemeinheit eines allgemeinen Willens gefasst werden kann, der sich nicht mit dem Willen aller deckt, ist nicht zu erkennen. Der allgemeine Wille ist wohl am Ende eine bloße Fiktion, von Rousseau aufgebracht, um den Anschein zu erwecken, die Bürger seines Staats seien nicht einem fremden Willen unterworfen. Die Demokratietheorie kann sich auf ihn nicht stützen.

Nach der Erklärung, die Böckenförde von dem Verhältnis zwischen Tun des Bundestags und Tun des deutschen Volkes gibt, kann sich der Bundestag bei seinem Tun nicht nur auf den Willen des Volkes stützen, mit dem zweiten Satz von Art. 20 II GG werde vielmehr festgelegt,

> dass und wie das Volk die von ihm ausgehende Staatsgewalt auch selbst ausübt; er bringt die Entscheidung für die Demokratie als Staats- und Regierungsform.[11]

Wie das Volk die Staatsgewalt ausübt, etwa durch Wahlen und durch Abstimmungen oder nur durch eins von beiden, ist hier nicht von Belang, das betrifft, wie eben erklärt, nur die Art der hiesigen Demokratie. *Dass* aber das Volk die Staatsgewalt selbst ausübt, ihre Ausübung sich also nicht nur auf seinen Willen stützen kann, daran hängt nach Böckenförde der demokratische Charakter des Staatswesens. Irreführend ist seine Formulierung nur durch das „auch". Dass die Staatsgewalt vom Volk ausgeht und dass sie von ihm ausgeübt wird, sind nicht zweierlei Dinge. Bloß das Wort „Staatsgewalt" wird auf zwei Arten gebraucht, nämlich wenn gesagt wird, dass sie vom Volk ausgeht, als Tun, und wenn gesagt wird, dass sie vom Volk ausgeübt wird, als Macht zu einem Tun. Die Festlegung des Grundgesetzes, dass die Bundesrepublik eine Demokratie ist, bedeutet also nach Böckenförde, dass das Volk in der Bundesrepublik die Staatsgewalt ausübt und dass es darum ein Tun des Volkes ist, wenn der Bundestag ein Gesetz beschließt. Damit kehrt aber die Schwierigkeit zurück, die zu überwinden die Kommentatoren gerade herbeigerufen wurden: Es fällt schwer, die Aussage für wahr zu halten, dass ein Beschluss des Bundestags Tun des deutschen Volkes ist. Der Augenschein spricht dafür, nur dem Bundestag, nicht dem deutschen Volk dies Tun zuzuschreiben.

Wie ein solches Verhältnis zu verstehen ist: das Volk übt die Staatsgewalt aus, aber augenscheinlich beschließt der Bundestag die Gesetze, dazu hat Thomas

---

11 Böckenförde, Demokratie als Verfassungsprinzip, Rn. 8.

Hobbes den wichtigsten Vorschlag gemacht. Sein Vorschlag hat selbst wieder eine weit zurück reichende Vorgeschichte,[12] und er wächst aus der politischen Diskussion der englischen Revolution hervor.[13] Aber es war Hobbes, der ihm die schärfste und auch einflussreichste Fassung gegeben hat. Der Vorschlag lautet in einem Wort: Repräsentation; und auf die Bundesrepublik angewandt besagt er: Wenn der Bundestag das deutsche Volk repräsentiert, dann ist sein Beschließen eines Gesetzes ein Tun des deutschen Volkes.

Nun bedeutet „repräsentieren" bei verschiedenen Gelegenheiten verschiedene Dinge,[14] und für manche Bedeutungen trifft es nicht zu, dass das Tun des Repräsentanten auch Tun des Repräsentierten ist. Es trifft etwa nicht zu, wenn „repräsentieren" so viel wie „darstellen" bedeutet. Was die Schauspielerin tut, die in einer Aufführung von Schillers Stück Maria Stuart repräsentiert, ist nicht selbst ein Tun der schottischen Königin, auch wenn diese einmal das Gleiche getan haben sollte. Die Schauspielerin bietet ein Bild der Königin, ein lebendiges Bild, doch was mit dem Bild vorgeht, ist etwas anderes als das, was einmal mit der Königin vorging, so getreu das Bild auch sein mag. Entsprechendes gilt für „repräsentieren" im Sinne von „repräsentativ sein". Eine Versammlung mag in dieser oder jener Hinsicht, also etwa in der Verteilung ihrer Mitglieder nach Geschlecht, Religion oder Einkommen, die entsprechenden Verteilungen in einer großen Gruppe von Menschen, etwa in einem Volk, angemessen wiedergeben. Oder sie mag mit den politischen Wünschen und Interessen, die in ihr geäußert werden, ein getreues Abbild der wichtigsten politischen Wünsche und Interessen in der großen Gruppe bieten. Sie mag so in dem einen oder dem anderen Sinne die große Gruppe repräsentieren, also für sie repräsentativ sein, das macht das Tun dieser Versammlung noch nicht zum Tun der großen Gruppe.

Hobbes braucht für seinen Vorschlag vielmehr den speziellen Sinn von „repräsentieren", bei dem gilt, dass die Repräsentanten

> have their words and actions *Owned* by those whom they represent.[15]

Was die Repräsentanten sagen und tun, ist bei dieser Art Repräsentation den Repräsentierten zu eigen, und das bedeutet offenbar: was die Repräsentanten

---

12 Siehe Hasso Hofmann, Repräsentation. Studien zur Wort- und Begriffsgeschichte von der Antike bis ins 19. Jahrhundert, Berlin (Duncker) 1974
13 Siehe Quentin Skinner, Hobbes on representation, in: European Journal of Philosophy 13, 2005, S. 155–184.
14 Die verschiedenen Bedeutungen werden ausführlich dargestellt bei Hanna Fenichel Pitkin, The concept of representation, Berkeley (University of California Press) 1967.
15 Hobbes, Leviathan, Kap. 16, Abs. 4.

sagen und tun, ist von den Repräsentierten gesagt und getan. Hobbes versteht also unter „repräsentieren" in diesem speziellen Sinne: für einen anderen sprechen und handeln. Tatsächlich kann man ja für einen anderen Erklärungen abgeben und gültige Transaktionen vornehmen, wenn dieser einem eine entsprechende Vollmacht erteilt hat. Man kann zum Beispiel als Agent eines anderen bei einer Versteigerung etwas an seiner Stelle kaufen. Man kauft es dann nicht selbst und verkauft es dem Auftraggeber weiter, sondern es findet nur ein Kauf statt, und bei dem ist der Auftraggeber der Käufer. Tatsächlich sprechen wir im Deutschen in einem solchen Fall gewöhnlich nicht von Repräsentation, sondern von Vertretung. Aber das ist eine Zufälligkeit des Sprachgebrauchs, dass „Repräsentation" bei uns meist nicht dort verwendet wird, wo einer im Auftrag eines anderen handelt, sondern dort, wo einer dies oder jenes Interesse zur Geltung bringt oder als Sprecher einer Organisation oder eines Verbandes auftritt, und dass wir weiterhin „repräsentativ" Dinge nennen, die, wie gerade angesprochen, die Verhältnisse anderswo getreu abbilden. Was Hobbes meint, ist jedenfalls klar. Er überträgt das Muster des bevollmächtigten Vertreters, wie wir statt „Repräsentant" sagen, aus dem Privatrecht ins politische Feld. Auf den Bundestag angewandt heißt das: Wenn das deutsche Volk den Bundestag zur Gesetzgebung ermächtigt hat, dann ist dessen Beschließen dieses oder jenes Gesetzes Tun des deutschen Volkes, so wie der Kauf eines Bildes durch meinen dazu bevollmächtigten Agenten mein Kauf dieses Bildes ist.

Auf diese Weise kann der Satz „Alle Staatsgewalt geht vom Volke aus" wahr sein. Und er kann es nur auf diese Weise. Es ist nicht zu sehen, wie anders als nach dem Muster des bevollmächtigten Vertreters es verstanden werden kann, dass der Bundestag mit seiner Gesetzgebung nicht dem Volk die Ausübung staatlicher Gewalt wegnimmt. Nur wenn sein Tun durch eine Vollmacht gedeckt ist, die das Volk erteilt hat, ist sein Tun dennoch Tun des Volkes. Etwa reicht auch ein Treuhandverhältnis nicht aus,[16] um die vom Bundestag ausgeübte Staatsgewalt vom Volk ausgehen zu lassen. Denn Treuhänder sind zwar angewiesen, im Interesse des Treugebers zu handeln, aber was sie tun, hat gleichwohl nicht er getan, sondern nur sie selbst.

Tatsächlich wird staatliches Tun in den meisten Fällen, so in den Bereichen von Regierung, Verwaltung, Polizei und Justiz, bestenfalls mittelbar von einer Vollmacht des Volkes gedeckt sein, nämlich durch Unter-Vollmachten, die von den primär, oder Unter-Unter-Vollmachten, die von den sekundär Bevollmäch-

---

[16] John Stuart Mill sieht in einem frühen Artikel das Parlamentsmitglied als Treuhänder, „trustee", des Volkes (Mill, Pledges (1832), in: A. und J. Robson (Hrsg.), Newspaper writings by John Stuart Mill, 2. Band, University of Toronto Press 1986, S. 493.)

tigten erteilt werden, und so weiter. Aber solange die sich jeweils im Rahmen einer ihnen erteilten Vollmacht halten, bleibt das Volk der Täter all dieses Tuns.

Damit wird auch die Aussage in Art. 20 II GG verständlich, das Volk übe die Staatsgewalt „durch besondere Organe" aus. Diese Organe sind nicht, gemäß dem ursprünglichen Sinn von „organon" im Griechischen, Werkzeuge. Es sind Menschen, die ein Amt innehaben. Dass das Volk aber durch sie etwas tut, ist derselbe Sachverhalt wie der, dass sie für das Volk etwas tun – „für das Volk" nicht im Sinne von „zum Nutzen des Volkes", sondern von „an Stelle des Volkes", oder wie man auch sagt, „im Namen des Volkes". Ebenso kann man ja auch von dem Agenten, den ich zu einer Versteigerung geschickt habe, beides sagen, sowohl dass ich durch ihn ein Bild kaufe, wie auch, dass er es an meiner Stelle oder in meinem Namen kauft. In demselben Sinn nennt man die Mitglieder des Bundestags Volksvertreter. Sie sind nicht Stellvertreter des Volkes, als Einspringer, wie der Vize-Präsident eines Vereins, der bei Abwesenheit des Präsidenten die Geschäfte führt, oder als bestellter Nachrücker, wie der Vize-Präsident der USA, der eine Art gewählter Kronprinz ist. Der Bundestag ist nicht das Vize-Volk. Er vertritt das Volk vielmehr so, wie ein Anwalt mich vor Gericht vertritt, dem ich die Führung meiner Sache übergeben habe.

Man könnte einwenden, Hobbes' „Repräsentation" in dem speziellen Sinn, in dem das Tun der Repräsentanten Tun der Repräsentierten ist, werde unnötig eng verstanden als bevollmächtigte Vertretung. Schließlich kennen wir auch Vertretungen ohne Vollmacht, von Unmündigen etwa, oder die Vertretung in einem Strafprozess durch einen vom Gericht bestellten Pflichtverteidiger. Warum nicht „Repräsentation" nur als Vertretung verstehen, mit oder ohne Vollmacht? Weil Vertretungen ohne Vollmacht entweder gesetzlich bestimmt sind, Eltern sind gesetzliche Vertreter ihrer Kinder, oder jedenfalls auf gesetzlicher Grundlage von einer Behörde oder einem Gericht zugewiesen werden. Im Fall von Bundestag und Volk aber gibt es keine gesetzliche Grundlage für eine Vertretung ohne Vollmacht, weil umgekehrt die Befugnis zur Gesetzgebung erst begründet werden soll. Vorgesetzlich aber ist Vertretung nur auf Grund einer erteilten Vollmacht begreiflich. Vorgesetzlich kann niemand für mich handeln, dem ich nicht den Auftrag dazu gegeben habe.

3 Legitime Herrschaft

Wenn also nach dem Verständnis des Grundgesetzes in einer Demokratie alles staatliche Tun Tun des Volkes ist, und wenn nach Hobbes diese Bedingung erfüllt sein kann dank Repräsentation im Sinne von ermächtigter Vertretung, dann gibt das auch eine Antwort auf die Frage, wodurch so verstandene Demokratie sich empfiehlt, nämlich: In einer solchen Demokratie ist staatliches Tun legitim. Denn legitim ist ein staatliches Tun, zu dem die Tuenden berechtigt sind.[17] So hat schon Théodore de Bèze formuliert:

> ceux-là ne sont Rois legitimes qui par force ou par fraude usurpent une puissance qui ne leur appartient de droit.[18]
>
> diejenigen sind nicht legitime Könige, die mit Gewalt oder Betrug eine Macht usurpieren, die nach Recht nicht die ihre ist.

Aber eben nicht nur Könige, sondern irgendwer, der eine staatliche Macht ausübt, die nach Recht nicht die seine ist, handelt nicht legitim.

Legitimität wird hier also zum einen objektiv verstanden, als die Eigenschaft eines Menschen oder eines Tuns selbst, nämlich dass der Täter zu dem Tun berechtigt ist, und nicht, wie in der Soziologie im Anschluss an Max Weber[19] gebräuchlich, als der in einer Gruppe von Menschen verbreitete Glaube, dass ein Tun legitim im objektiven Sinne ist.[20] Legitimität wird hier zum anderen eng verstanden. Ein weites Verständnis liegt einmal dort vor, wo nicht nur politisches Tun und politisch Tätige, sondern auch Dinge wie Fragen oder Bemerkungen legitim genannt werden, was aber wohl einfach ein metaphorisch erweiterter Wortgebrauch ist. Ein weites Verständnis liegt zudem dort vor, wo zwar im Einklang mit dem traditionellen Verständnis allein staatliches Tun oder die Ausübenden staatlichen Tuns als legitim bezeichnet werden, das Prädikat aber einen breiteren Sinn erhält. So versteht Jürgen Habermas unter Legitimität „die Anerkennungswürdigkeit einer politischen Ordnung",[21] und es ist klar, dass eine politische Ordnung, je nach Umständen, aus vielerlei Gründen anerkennungswürdig sein kann, und nicht allein abhängig davon, ob die Herrschenden mit Recht herrschen. Tatsächlich kann eine in Habermas' weitem Sinne legitime Ordnung durchaus im engen Sinne illegitim sein. Sie mag etwa anerkennungswürdig sein, weil es unter den Umständen keine bessere gibt, ohne dass doch die Herr-

---

17 Ähnlich Allan Buchanan, Political legitimacy and democracy, in: Ethics 112, 2002, S. 689. Zahlreiche Belege aus der staatstheoretischen Tradition für diesen Wortgebrauch gibt Thomas Würtenberger jun., Die Legitimität staatlicher Herrschaft, Berlin (Duncker) 1973.
18 Théodore de Bèze, Du droit des Magistrats sur leurs subiets (1574), Robert Kingdon (Hrsg.), Genf (Droz) 1970, S.11. Siehe auch Würtenberger, Legitimität, Legalität, in: Geschichtliche Grundbegriffe, O. Brunner et al. (Hrsg.), Band 3, Stuttgart (Klett) 1982, S. 677–740.
19 Max Weber, Wirtschaft und Gesellschaft, S. 16–20, 122–124.
20 So etwa Niklas Luhmann, Legitimation durch Verfahren (1969), Frankfurt (Suhrkamp) 1983, S. 27.
21 Jürgen Habermas, Legitimationsprobleme im modernen Staat, in: Peter Graf Kielmannsegg (Hrsg.), Legitimationsprobleme politischer Systeme, Opladen (Westdeutscher) 1976, S. 42.

schenden ein Recht hätten zu herrschen. Umgekehrt ist legitimes staatliches Tun eng verstanden darum nicht schon lobenswert,[22] so wenig wie der legitime König ein weiser oder geschickter Herrscher sein muss. Er muss nur derjenige sein, dem zu herrschen zusteht. Wohl tadeln wir die Ausübenden der Staatsgewalt, wenn sie in der gegebenen Lage unklug entscheiden, sie machen dann ihre Arbeit schlecht. Aber illegitim handeln sie nur, wenn sie zu dem, was sie tun, nicht befugt sind, wenn sie, wie die Juristen sagen, „ultra vires" handeln.

In einer Demokratie nun ist das staatliche Tun legitim im engen Sinne, denn es ist nach dem zuvor Gesagten durch eine vom Volk direkt oder indirekt erteilte Vollmacht gedeckt. Durch eine solche Vollmacht gedeckt zu sein macht aber das Tun legitim, denn die von ihm Betroffenen haben selbst als Angehörige des Volks den staatlichen Amtsträgern das Recht erteilt, dies oder jenes festzusetzen und gegebenenfalls auch gegen ihre Wünsche oder Interessen festzusetzen. „Patere legem quam ipse tulisti", kann der Staat in einer Demokratie zu denen sagen, denen seine Regelungen in der einen oder anderen Weise das Leben schwer machen, „Dulde das Gesetz, das du selbst gegeben hast." Ein demokratischer Staat nimmt sich somit gegen seine Bürger nichts heraus, wozu er nicht von ihnen das Recht erteilt bekommen hat. Das ist ein Vorzug von Demokratie. Es wird einem von Staats wegen nichts bloß angetan. Was einem geschieht, davon ist man selbst zusammen mit anderen der Urheber. Nicht dass man deshalb unbedingt Macht darüber hat. Was mein Bevollmächtigter innerhalb des in der Vollmacht abgesteckten Rahmens tut, habe ich nicht mehr in der Hand. Das mag ja der Witz der Konstruktion sein: Um das Geschäft in besser geeignete Hände zu geben, habe ich ihm vielleicht die Vollmacht gerade erteilt. Trotzdem, mir bleibt die Gewissheit, bei dem Vorgang nicht bloß Patient, also einer, mit dem etwas getan wird, zu sein, sondern Täter.

Dieser Begriff von Demokratie ist strenger als der, den wir normalerweise gebrauchen, denn wir sehen gewöhnlich auch einen Staat noch als Demokratie an, in dem die Amtsträger in wenigen und weniger bedeutsamen Einzelfällen die ihnen erteilte Vollmacht überschreiten. Nach dem strengen Sinn ist ein solcher Staat keine Demokratie, weil hier eben nicht alle Staatsgewalt vom Volke ausgeht. Aber diese Diskrepanz ist harmlos. Oft haben ja in der Praxis unsere Begriffe mehr Spiel als in der Theorie.

Problematisch mag an dieser Konstruktion zudem erscheinen, dass hiernach ein Staat kein Recht hat zu einem Tun, sofern davon andere als seine Bürger betroffen sind, während doch tatsächlich Staaten laufend auf Nicht-Bürger ein-

---

[22] – wie auch noch der spätere Habermas annimmt, Faktizität und Geltung, Frankfurt (Suhrkamp) 1992, S. 552, 563.

wirken, ob diese innerhalb der Grenzen des betreffenden Staates leben oder nicht. Demokratische Legitimität bleibt Bürgerschaft-intern. Aber diese Folge muss man hinnehmen. Staat und Nicht-Bürger begegnen einander außerhalb einer Rechtsordnung, in freier Wildbahn, und da es ein Naturrecht nicht gibt (IV 2), versteht sich, dass sie nicht berechtigt sind zu dem, was sie einander tun. Man kann die Folge auch hinnehmen. Ein Tun außerhalb einer Rechtsordnung muss darum nicht tadelhaft sein.

4 Problem

Schwerer wiegt dies Problem: Der Bundestag ist wirklich nicht vom Volk zur Gesetzgebung ermächtigt worden, und ebenso wenig daher die vom Bundestag bestellten weiteren Amtsträger zu ihren Funktionen. Der Agent, der für mich an einer Versteigerung teilnimmt, hat von mir einen Auftrag bekommen. Dem Anwalt, den ich gebeten habe, meine Sache zu führen, habe ich ein Mandat erteilt. Nichts Derartiges hat sich zwischen deutschem Volk und Bundestag zugetragen. Darum ist der Bundestag nicht, in dem von Hobbes markierten Sinne, Repräsentant des Volkes. Die Aussage von Art. 20 II GG, dass das Volk durch die Organe der Gesetzgebung und weitere Organe die Staatsgewalt ausübt, ist somit falsch. Denn das Volk wirkt nur durch Organe, wenn es durch sie im Hobbes'schen Sinne repräsentiert wird. Offensichtlich aber übt das Volk auch nicht auf andere Weise als durch die Organe der Gesetzgebung und die weiteren Organe die Staatsgewalt aus. Das heißt, es übt sie gar nicht aus. Ausübung der Staatsgewalt durch das Volk ist aber das, was nach dem Verständnis des Grundgesetzes Demokratie ausmacht. Also ist die Bundesrepublik entgegen der Aussage von Art. 20 I GG kein demokratischer Staat.

5 Ermächtigung

Dem könnte man so entgegnen: Das deutsche Volk hat sehr wohl den Bundestag zur Gesetzgebung ermächtigt und damit indirekt auch die vom Bundestag bestellten weiteren Amtsträger. Denn laut Präambel des Grundgesetzes hat sich das deutsche Volk kraft seiner verfassunggebenden Gewalt das Grundgesetz gegeben. Das Grundgesetz aber bestimmt den Bundestag zum Gesetzgeber. Somit hat das deutsche Volk indirekt, indem es sich das Grundgesetz gab, auch dem Bundestag die Gesetzgebung anvertraut. Wohl hat es nicht namentlich benannte Individuen zur Gesetzgebung berufen, und das unterscheidet diese Ermächtigung von der Erteilung des Mandats an einen Anwalt. Es hat diejenigen Individuen mit ihr betraut, welche immer das dann sind, die durch die Wahlen zum Bundestag als dessen Mitglieder bestimmt werden. Aber für die Ermächtigung macht es keinen Unterschied, ob die Ermächtigten namentlich benannt oder mit einer Beschreibung wie „die in einer regulären Wahl gesiegt haben" kenntlich gemacht werden.

Ja, das macht keinen Unterschied. Nur kann man nicht darauf vertrauen, dass das Grundgesetz die Wahrheit spricht, wenn es sagt, das deutsche Volk habe sich das Grundgesetz gegeben. Zweifel an dieser Aussage sind zunächst dadurch begründet, dass das Grundgesetz nie dem deutschen Volk zur Abstimmung vorlag, sondern nur von Parlamenten der Länder gebilligt wurde. Deren Zustimmung aber bedeutet nicht, dass das deutsche Volk sich das Grundgesetz gegeben hat. Denn die Parlamente der Länder waren nur das, Parlamente dieses oder jenes Landes, hatten aber keinen Auftrag, eine Bundesverfassung zu geben oder zu ratifizieren. Dreier wehrt diesen Einwand mit dem Hinweis ab, dass auch die sich zur Nationalversammlung erklärenden französischen Generalstände 1789 und der Konvent von Philadelphia 1787 kein ausdrückliches Mandat zur Verfassunggebung hatten.[23] Aber das macht die Sache nicht besser. Es zeigt nur, dass die Geschichte von dem Volk, das sich eine Verfassung gibt, auch noch in anderen Fällen eine Legende ist. Zudem bestünden die Zweifel auch dann fort, wenn es im Mai 1949 im damaligen Bundesgebiet eine Volksabstimmung gegeben hätte, in der das Grundgesetz eine große Mehrheit fand. Denn das Volk sind alle Staatsangehörigen, doch sicher hätten nicht alle Staatsangehörigen bei jener Abstimmung für das Grundgesetz gestimmt. Also hätte auch in dem Fall nicht das Volk das Grundgesetz gegeben, sondern nur ein Teil des Volkes, wenn auch eine Mehrheit. Diese Schwierigkeit kehrt beim wirklichen Ablauf wieder, denn die Länderparlamente waren wieder nur mehrheitlich gewählt und haben ihrerseits nur mehrheitlich das Grundgesetz gebilligt. Das Volk, gleich alle Staatsangehörigen, tritt somit niemals auf, weder im fiktiven noch im realen Ablauf. Das Volk hat somit nicht das Grundgesetz gegeben, entgegen der Behauptung der Präambel.[24] Es hat darum auch nicht den Bundestag zur Gesetzgebung ermächtigt. Wie Böckenförde aber sagt, „die verfassunggebende Gewalt des Volkes ist ein politischer Legitimationsbegriff"[25]: Wenn das Volk die Verfassung nicht gegeben hat, ist der Bundestag nicht legitimer Gesetzgeber.

---

23 Dreier, Präambel, in: Dreier (Hrsg.), Grundgesetz-Kommentar, 3. Auflage, Rn. 77.
24 Siehe Dietrich Murswiek, Die verfassunggebende Gewalt nach dem Grundgesetz für die Bundesrepublik Deutschland, Berlin (Duncker) 1978, S. 88.
25 Böckenförde, Demokratie als Verfassungsprinzip, Rn. 7.

Oft wird gesagt, der Bundestag werde durch die Wahlen legitimiert, aus denen er hervorgeht,[26] aber wer so redet, verwechselt zweierlei Dinge. Wahlen sind Auswahlen, also in diesem Fall Verfahren zur Bestimmung derjenigen, die Mitglieder des Bundestags werden, aus der Menge aller Wählbaren. Sie sind nicht Entscheidungen darüber, ob grundsätzlich die Mitglieder des Bundestags, ungeachtet dessen wer das dann ist, das Recht haben, Gesetze zu geben. Wird jemand in einer ordnungsgemäßen Wahl zum Abgeordneten bestimmt, dann übt er, aber nicht ein anderer, der nicht gewählt wurde, legitim diese Funktion aus, vorausgesetzt jedoch, dass überhaupt irgendwer legitim diese Funktion ausübt. Ob aber irgendwer legitim diese Funktion ausübt. diese Frage steht nicht auf dem Stimmzettel. Ob irgendwer legitim diese Funktion ausübt, hängt davon ab, ob die ganze Institution Bundestag ein Mandat vom Volk erhalten hat. Wähler setzen nur diesen oder jenen Menschen auf einen Stuhl. Welche Rechte aber an dem Stuhl hängen, bestimmen nicht die Wähler, die jemanden auf den Stuhl setzen, sondern das müsste dem zuvor das verfassunggebende Volk bestimmt haben, dem zuvor, weil sonst, wer auch immer auf dem Stuhl sitzt, keine Legitimität hat. Aber das verfassunggebende Volk ist nie erschienen und in Aktion getreten.

Auch als Deutung des Wähler-Handelns ist es nicht gerechtfertigt, in der Teilnahme an Wahlen eine Zustimmung zur Verfassung bekundet zu sehen. Wähler mögen der Verfassung feindlich gegenüberstehen oder auch weder ablehnend noch zustimmend ihr Bestehen nur zur Kenntnis nehmen, aber unter den gegebenen Umständen Grund sehen, ihre Stimme für diesen statt für jenen Kandidaten einzusetzen. Wer mitmacht, weil er dies als kleineres Übel ansieht, hat darum nicht das Spiel gebilligt.

Umgekehrt zeigen deshalb die sinkenden Wahlbeteiligungen in einigen westlichen Ländern nicht, wie oft gesagt wird, einen Legitimitätsverlust der politischen Institutionen an. Wahlen legitimieren überhaupt nicht, verschaffen also auch nicht bei niedriger Beteiligung nur geringe Legitimation. Sinkende Wahlbeteiligungen müssen politisch, nicht rechtlich verstanden werden. Sie zeigen an, dass die Menschen, aus welchen Gründen auch immer, die Chancen, die sich ihnen in politischer Mitwirkung bieten, niedriger einschätzen.

Die Schwierigkeit der fehlenden Legitimation durch das Volk ist ja seit langem bekannt. Die klassischen Staatstheorien der Neuzeit sahen, dass nie das ganze Volk die Staatsgründung trägt und die Ausübenden der Staatsgewalt sich also nicht auf seine Ermächtigung berufen können. Sie sahen die Schwierigkeit, aber sie haben sie nicht bewältigt. So schreibt Hobbes:

---

26 Siehe BVerfGE 5, 85 (KPD-Urteil) und Horst Dreier, Demokratische Repräsentation und vernünftiger Allgemeinwille, in: Archiv des öffentlichen Rechts 113, 1988, S. 457.

> A *Common-wealth* is said to be *Instituted*, when a *Multitude* of men do Agree, and *Covenant*, *every one, with every one*, that to whatsoever *Man*, or *Assembly of Men*, shall be given by the major part, the *Right* to *Present* the Person of them all, (that is to say, to be their *Representative;*) every one, as well he that *Voted for it*, as he that *Voted against it*, shall *Authorise* all the Actions and Judgments, of that Man, or Assembly of men, in the same manner, as if they were his own, to the end, to live peaceably amongst themselves, and be protected against other men.[27]

Hier entscheidet die verfassunggebende Versammlung nach Mehrheit, in welche Hände die Staatsgewalt gelegt wird, aber die verfassunggebende Versammlung selbst wird eingerichtet und auf Mehrheitsbeschlüsse festgelegt durch einstimmigen Beschluss, „every one with every one". Doch diese Bedingung ist unrealistisch. Das Volk wird nie „wie ein Mann" auch nur hinter den Verfahren stehen, mit denen Institutionen zur Verhinderung oder Beseitigung von Konflikten errichtet werden sollen. Es wird immer manche geben, die bei den Mehrheitsbeschlüssen der verfassunggebenden Versammlung schlecht wegzukommen fürchten und deshalb ihre Zustimmung verweigern. Wenn Hobbes Recht hat, sind sie unvernünftig, sie ziehen das größere Übel, fortdauernden Krieg, dem kleineren, den von ihnen befürchteten Nachteilen, vor. Doch unvernünftig oder nicht, ihre Weigerung lässt einen einstimmigen Beschluss und damit einen in diesem Volk legitim wirkenden Staat nicht zu Stande kommen. Ebenso haben die Nachgeborenen, die jetzt zum Volk gehören, bei der Einrichtung der verfassunggebenden Versammlung nicht mitgewirkt, haben also den von ihr errichteten Institutionen keine Ermächtigung gegeben.[28]

Vielleicht wird man einwenden, es sei zu viel gefordert, dass wirklich das ganze Volk die Gesetzgeber ermächtigt, es reiche aus, wenn viele das tun. James Madison etwa verlangt von einer Republik, was sein Ausdruck für moderne, also repräsentative Demokratien ist, nicht mehr, als dass die Regierungsgewalt

> be derived from the great body of the society, not from an inconsiderable proportion or a favoured class of it.[29]

Er verlangt also nicht wie Hobbes Einstimmigkeit bei der Staatsgründung, nur eine große Mehrheit. Nun wird für die Stabilität eines Staatswesens eine große Mehrheit bei seiner Gründung in der Regel ausreichen. Für seine Legitimität reicht

---

27 Hobbes, Leviathan, Kap. 18, Abs. 1.
28 Zu dem letzten Punkt siehe die Diskussion bei Gregory Kavka, Hobbesian moral and political theory, Princeton UP 1986, Abschnitt 10.2.
29 Alexander Hamilton, James Madison, John Jay, The federalist papers (1787/88), C. Rossiter (Hrsg.), New York (Mentor) 1961, Nr. 39.

sie nicht aus. Seinen Regelungen sollen schließlich alle unterworfen sein, aber nicht alle haben ihm das Recht erteilt, Regelungen für sie festzusetzen. Damit herrscht es über die, die das nicht getan haben, ohne Recht, nur mit Gewalt. Madisons Pathos im selben Stück der Federalist Papers, die Berufung auf

> that honourable determination which animates every votary of freedom to rest all our political experiments on the capacity of mankind for self-government,

erscheint angesichts dessen unglaubwürdig. Tatsächlich wird in Madisons Republik manchen Menschen ein „self-government" nicht zugestanden.

John Locke lässt wie Hobbes in dem einmal eingerichteten Staat Entscheidungen mit Mehrheit treffen, doch er besteht wie Hobbes auf Einstimmigkeit bei seiner Einrichtung („by the consent of every individual").[30] Die Folge, dass dann kein Staat zu Stande kommt, vermeidet er dadurch, dass er von den Einzelnen nur „tacit consent", stillschweigende Zustimmung dazu verlangt, unter der Herrschaft des betreffenden Staats zu leben, und stillschweigend stimme man schon damit zu, dass man in einem Staat Land besitzt oder dort wohnt.[31] Praktisch gibt Locke sich also mit Nicht-Auswanderung als Zustimmung zur Herrschaft des Staates, in dem man lebt, zufrieden. Aber David Hume hat mit Recht entgegnet, dass nur das Tun als Zustimmung gelten kann, zu dem jemand eine einigermaßen realistische Alternative hat, und für die meisten Bewohner eines Landes ist Auswanderung, wenn sie ihnen auch rechtlich freisteht, praktisch keine Option.[32] Also ist ihr Wohnen in dem betreffenden Staat keine Zustimmung zu dessen Herrschaft,[33] und also gelingt es auch Locke nicht, die Ausübung der Staatsgewalt auf eine Ermächtigung durch das Volk zu gründen.

Immanuel Kant erwartet wie seine Vorgänger, dass die politischen Entscheidungen in einem Staat nur mit Mehrheit getroffen werden können, doch werde

> der Grundsatz, sich diese Mehrheit genügen zu lassen, als mit allgemeiner Zusammenstimmung, also durch einen Kontrakt angenommen, der oberste Grund der Errichtung einer bürgerlichen Verfassung sein müssen.[34]

---

30 John Locke, Two treatises of government (1689), II 96.
31 Locke, Two treatises, II 119.
32 David Hume, Of the original contract, in: Hume, Essays moral, political, and literary, Eugene Miller (Hrsg.), Indianapolis (Liberty) 1985, S. 475.
33 Zu Lockes Zustimmungs-Theorie, insbesondere zur stillschweigenden Zustimmung, siehe die Diskussion bei John Simmons, On the edge of anarchy, Princeton UP 1993, Kap. 3, 4 und 7.
34 Immanuel Kant, Über den Gemeinspruch: Das mag in der Theorie richtig sein, taugt aber nicht für die Praxis, AA VIII 296.

„Allgemeine Zusammenstimmung" muss hier wieder „Zustimmung aller" bedeuten, denn sonst fehlt der Gegensatz zu den auf diesem Wege eingeführten bloßen Mehrheitsentscheidungen. Wenn aber, wie zu erwarten ist, eine Zustimmung aller nicht zu Stande kommt? Kein Problem, meint Kant. Der Kontrakt muss nicht wirklich zwischen allen geschlossen werden. Es reicht aus, wenn Gesetze, also auch der Kontrakt über die Einführung des Mehrheitsprinzips, derart beschaffen sind, dass sie

> aus dem vereinigten Willen eines ganzen Volkes haben entspringen *können*.[35]

Doch dieser Rückgang auf eine bloß mögliche Zustimmung aller leistet nicht, was er leisten soll, aus zwei Gründen nicht. Einmal ist nicht klar, ob dies Kriterium noch etwas ausschließt, also ob nicht jedes Gesetz aus dem vereinigten Willen eines ganzen Volkes hätte entspringen können. Kant behauptet zwar, ein Volk könne beispielsweise seine Einstimmung unmöglich dazu geben,

> dass eine gewisse Klasse von *Untertanen* erblich den Vorzug des *Herrenstandes* haben sollten,[36]

aber Gründe für diese Behauptung sind nicht zu erkennen. Vermutlich ist es dumm von einem Volk, eine erbliche Herrenklasse, also einen Adelsstand einzuführen, darum ist es doch nicht unmöglich, dass ein Volk das beschließt. Aber mag dieser Punkt auch beiseite bleiben, denn die alte Diskussion darüber, ob das Kriterium der allgemeinen Zustimmungsfähigkeit irgendetwas ausschließt, eine Diskussion, die vor allem den kategorischen Imperativ aus der Grundlegungsschrift[37] betraf, hat sich festgefahren und wird schwerlich an dieser Stelle wieder in Bewegung zu setzen sein. Wichtiger ist, dass die Erfüllung von Kants Forderung, Gesetze müssen aus dem vereinigten Willen eines ganzen Volkes entspringen *können*, sichtlich zu schwach ist, um die Gesetzgeber zu bevollmächtigten Vertretern des Volks zu machen. Ein Gesetz, das meinem Willen nur entsprungen sein könnte, ist darum nicht ein von mir oder in meinem Auftrag gegebenes Gesetz. Auch wenn Gesetzgeber also nur Gesetze erlassen, die aus dem vereinigten Willen eines ganzen Volkes entspringen können, handelt durch sie nicht das Volk. Von einem Volk, das durch gesetzgebende Organe die Staatsgewalt selbst ausübt, kann somit auch nach Kants Konzeption nicht die Rede sein.

---

[35] Kant, Gemeinspruch, AA VIII 297.
[36] Kant, Gemeinspruch, AA VIII 297.
[37] Kant, Grundlegung, AA IV 421.

Hierauf wird gern entgegnet, die Ausübung der Staatsgewalt durch das Volk sei ein Ideal, dessen Bedeutung nicht dadurch gemindert werde, dass es derlei nicht wirklich gibt.[38] Aber zum einen, beim Grundgesetz kommen wir mit einer solchen Aufweichung nicht durch. Die Bundesrepublik *ist* nach Art. 20 I GG ein demokratischer Staat, das Volk übt nach Art. 20 II GG durch die verschiedenen Organe die Staatsgewalt aus – nach dem Grundgesetz ist das so, und nicht ist es bloß Ziel unseres Strebens, dass es so ist. Zum anderen, was ist ein Ideal? Entweder die Wunschvorstellung von einigen unter uns, und dann ist die Bedeutung von Idealen sehr wohl gemindert. Was wir politisch sind, hängt nicht an dem, was der eine oder andere von uns sich politisch erträumt. Oder mit einem Ideal ist etwas gemeint, wonach wir im Grunde alle streben. Aber so reden heißt wieder Märchen erzählen: Es gibt nichts, wonach wir alle streben. Das vorige Argument kehrt zurück: So wenig das ganze deutsche Volk den Bundestag zur Gesetzgebung ermächtigt hat, so wenig ist es sich einig darüber, die Ausübung aller Staatsgewalt durch das Volk anzustreben. Tatsächlich liegt es nahe, angesichts dessen, dass die Ausübung aller Staatsgewalt durch das Volk allem Anschein nach ein unrealistisches Ziel ist, genau nicht danach zu streben, sondern nach Dingen, die sich erreichen lassen.

Somit gibt es in der Verfassungsordnung der Bundesrepublik keine Repräsentation in Hobbes' Sinne[39], denn eine Ermächtigung derjenigen, die Gesetze geben, durch das Volk hat nicht stattgefunden und findet nicht statt. Ohne eine solche Repräsentation aber ist es eine leere Rede, wenn das Grundgesetz davon spricht, dass das Volk unter anderem durch Organe der Gesetzgebung die Staatsgewalt ausübt. Ebenso ist Abraham Lincolns Formel vom „government of the people, by the people, for the people"[40] leeres Reden[41], mag auch weithin noch an sie geglaubt werden.[42] „Of" und „for" in dieser Formel sind auf verschiedene Weisen zweideutig, so dass sich über ihre Tragfähigkeit insoweit nicht entscheiden lässt. Aber „by" ist nicht zweideutig. Mit „government by the people"

---

38 So schon Giovanni Sartori, Democratic theory (1962), New York (Praeger) 1965, Abschnitt IV 1–2.
39 Ähnlich ist für Hans Kelsen die Repräsentation des Volkes durch das Parlament eine Fiktion, Allgemeine Staatslehre, Berlin (Springer) 1925, § 43.
40 Abraham Lincoln, Gettysburg address, in: American historical documents, New York (Collier) 1910, S. 441.
41 So schon vor bald siebzig Jahren Maurice Duverger, Les régimes politiques, Paris (PUF) 1948, S. 6.
42 So erklärt die französische Verfassung von 1958 in Art. 2 „gouvernement du peuple, par le peuple et pour le peuple" zum Prinzip der französischen Republik. Anhänger von Lincolns Formel in der zeitgenössischen Diskussion sind etwa Henry Richardson, Democratic autonomy, Oxford UP 2002, S. 72 und Stefan Gosepath, Gleiche Gerechtigkeit, S. 317.

ist gesagt: das Volk übt die Staatsgewalt aus. Das tut es aber nicht, weder in den Vereinigten Staaten noch in der Bundesrepublik.

Wenn nun das Volk nicht durch Organe der Gesetzgebung die Staatsgewalt ausübt, sind diejenigen, die tatsächlich die Gesetze geben, die so genannten Organe, zu ihrem Tun nicht legitimiert. Mit Théodore de Bèze gesprochen, sie üben eine Macht aus, die nach Recht nicht die ihre ist.

6 Gerechtigkeit, Diskurs

Es hat verschiedene Versuche gegeben, demokratische Legitimität auf andere Weise zu sichern als durch Repräsentation, anders also als dadurch, dass das Volk die Gesetzgeber zu ihrem Tun ermächtigt.

John Rawls glaubt, dass es die gerechte Grundstruktur einer Gesellschaft ist, die auch politische Herrschaft legitim macht, jedenfalls so weit, wie politische Herrschaft überhaupt legitim sein kann. Er sieht nämlich keine Chance für die Behauptung, dass die Angehörigen eines Staates willentlich die Verpflichtungen übernommen haben, die durch die staatlichen Organe ihnen auferlegt werden, und so sind sie nach seiner Ansicht nicht selbst, auch nicht indirekt, also über eine Ermächtigung der Gesetzgeber, Urheber dieser Verpflichtungen. Dennoch,

> a society satisfying the principles of justice as fairness comes as close as a society can to being a voluntary scheme, for it meets the principles which free and equal persons would assent to under circumstances that are fair. In this sense its members are autonomous and the obligations they recognize self-imposed.[43]

In einem Sinne, so Rawls, haben sie also doch sich selbst diese Verpflichtungen auferlegt, in dem Sinne nämlich, dass die Verpflichtungen Prinzipien entsprechen, die von freien und gleichen Menschen in einer fairen Wahlsituation gebilligt würden.

Aber die Tatsache, dass die Verpflichtungen Prinzipien entsprechen, die von freien und gleichen Menschen in einer fairen Wahlsituation gebilligt würden, macht sie in keinem Sinne zu selbst auferlegten Verpflichtungen. Wir sind ja nicht die genannten Freien und Gleichen, und wir befinden uns nicht und befanden uns nie in einer fairen Wahlsituation (V 8). Für uns, wie wir gehen und stehen, bleiben die Verpflichtungen äußerlich auferlegt, und die Geschichte von den Freien und Gleichen, die mit ihnen einverstanden wären, ändert an dieser Äußerlichkeit nichts. Mag somit Rawls' Theorie der Gerechtigkeit, also die Erklärung von Ge-

---

[43] John Rawls, A theory of justice, S. 13.

rechtigkeit über die Zustimmung Freier und Gleicher in einer fairen Wahlsituation, tragen oder nicht, für die Frage der Legitimität politischer Herrschaft gibt sie nichts her. Eine Gesellschaftsordnung mag nach Rawls'schen Kriterien untadelig gerecht sein, darum ist die in ihr geübte Herrschaft doch nicht legitim.

Vertreter des Konzepts einer deliberativen Demokratie glauben dagegen, die Legitimität staatlichen Tuns werde durch den vorangehenden Austausch von Argumenten unter den Bürgern gewährleistet, durch Diskurse, wie der gängige Ausdruck lautet. Allerdings treten verschiedene Überlegungen unter dem Titel „Deliberative Demokratie" auf, und nicht alle sind im gegenwärtigen Zusammenhang von Belang. So können praktische Vorschläge zur Stärkung argumentativer Anteile in den gegenwärtig geübten politischen Verfahren hier beiseite bleiben,[44] da sie die Frage der Legitimität politischer Entscheidungen nicht berühren. Amy Gutmann und Dennis Thompson auf der anderen Seite sehen zwar den ersten Zweck deliberativer Demokratie in der Förderung der Legitimität kollektiver Entscheidungen, aber wenn sie das so erläutern:

> The hard choices that public officials have to make should be more acceptable, even to those who receive less than they deserve, if everyone's claims have been considered on the merits, rather than on the basis of the party's bargaining power,[45]

dann wird deutlich, dass sie Legitimität subjektiv, als Legitimitätsglauben (VI 3) verstehen, und dies Verständnis ist hier nicht relevant. Hier geht es ja darum, ob die Amtsträger wirklich legitimiert sind, über Angelegenheiten ihrer Mitbürger zu entscheiden, nicht um den Glauben der Mitbürger, dass sie es sind, ein Glaube, der die Bürger vielleicht auch unwillkommene Entscheidungen der Amtsträger leichter hinnehmen lässt. Ähnlich versichert uns Joshua Cohen, dass die Bürger seiner idealisierten deliberativen Demokratie überzeugt sind, die Legitimität politischer Entscheidungen beruhe auf einer freien Diskussion unter Gleichen,[46] aber das ist es nicht, was wir wissen wollen. Interessant wäre es zu erfahren, nicht ob die genannte Überzeugung von den fiktiven Bürgern jenes Landes gehegt wird, sondern ob sie in einem Land, das wir kennen, etwa in der Bundesrepublik, zutrifft.

Bernard Manin hat dagegen selbst eine solche Überzeugung vertreten:

---

44 Siehe etwa James Fishkin, Democracy and deliberation, New Haven (Yale UP) 1991.
45 Amy Gutmann, Dennis Thompson, Why deliberative democracy?, Princeton UP 2004, S. 10.
46 Joshua Cohen, Deliberation and democratic legitimacy (1989), in: J. Cohen, Philosophy, politics, democracy, Cambridge Mass. (Harvard) 2009, S. 22.

la source de la légitimité n'est pas la volonté déjà déterminée de l'individu mais son processus de formation, la délibération.

Die Quelle der Legitimität ist nicht der schon bestimmte Wille der Einzelnen, sondern der Vorgang der Willensbildung, die Überlegung

– und zwar die Überlegung aller, oder jedenfalls die Überlegung, an der teilzunehmen allen offensteht.[47] Aber es ist nicht klar, worauf sich diese Aussage gründet. Kein Zweifel, manchmal bilden die Einzelnen erst in der gemeinsamen Überlegung einen bestimmten Willen aus. Manchmal ist es auch nicht so, und die gemeinsame Überlegung richtet bei ihnen nichts aus, sei es, dass sie so entschieden oder dass sie so unentschieden bleiben wie zuvor. Doch was auch der Ablauf sein mag, wieso macht der Durchgang durch ein gemeinsames Überlegen, zu dem alle Zutritt haben, die schließlich erreichte Entscheidung legitim? Ich trage meine Argumente vor, ihr hört aufmerksam und ernsthaft zu, am Ende überstimmt ihr mich – und dann ist eure Entscheidung gegen mich legitim, also ihr habt das Recht, so zu entscheiden und die Entscheidung gegen mich durchzusetzen? Diese Folge erscheint wie ein Wunder. Wir haben doch nur für eine Zeit miteinander geredet. Wieso hat sich dadurch unsere Rechtslage geändert? Wieso seid ihr auf Grund dessen, dass wir miteinander geredet haben, in dieser Sache zur Herrschaft befugt? Heimlich kehren bei Manin die Philosophen-Könige zurück: Vernünftige Überlegung und nur sie mache Herrschaft legitim. Aber das ist Phantasie. Vernünftige Überlegung bringt, wenn es gut geht, Einsicht, sonst aber bringt sie nichts. Was jemandem zusteht zu tun, darauf hat sie keine Wirkung.

7 Herrschen ohne das Recht dazu

Unter dem in Art. 20 II GG umrissenen Verständnis von Demokratie lässt sich die Behauptung von Art. 20 I GG, die Bundesrepublik sei ein demokratischer Staat, nicht aufrechterhalten. Wenn wir gleichwohl die Bundesrepublik als eine Demokratie bezeichnen, irren wir uns also – oder wir verstehen „Demokratie" weniger anspruchsvoll als von Art. 20 II GG vorgegeben. Der wegweisende Vorschlag zu einem solchen bescheideneren Verständnis von „Demokratie" stammt von Richard Thoma, für den dieser Begriff

---

47 Bernard Manin, Volonté générale ou délibération? in: Le débat Nr. 33, 1985, S. 83.

allein darauf abstellt, ob in einem Staat alle Inhaber staatlicher Herrschaftsgewalt unmittelbar oder mittelbar aus Volkswahlen hervorgehen und diese Wahlen nach einem wirklich allgemeinen und gleichen Wahlrecht erfolgen.[48]

Joseph Schumpeter, damals Thomas Kollege in Bonn, trieb einige Jahre später diesen Gedanken weiter:

> the democratic method is that institutional arrangement for arriving at political decisions in which individuals acquire the power to decide by means of a competitive struggle for the people's vote.[49]

Und Demokratien sind Staatswesen, so darf man ergänzen, die politische Entscheidungen auf diesem Wege produzieren. Dabei gibt Schumpeter Demokratien einen größeren Spielraum als Thoma, was das Ausmaß und die Form angeht, in denen sie Wahlen einsetzen. Das Ausmaß: Thoma verlangt, dass alle politischen Positionen direkt oder indirekt über Wahlen vergeben werden, Schumpeter mag die Besetzung von einigen Positionen mit geringem Gewicht durch Geburt zulassen. Die Form: Thoma besteht auf allgemeinen und gleichen Wahlen, für Schumpeter scheint Gleichheit der Wahl für Demokratien nicht erforderlich. Aber das sind Unterschiede im Detail, der wesentliche Gedanke ist beiden Autoren gemeinsam: Demokratien unterscheiden sich dadurch von Nicht-Demokratien, dass sie die wichtigen politischen Entscheidungspositionen vom Volk in Wahlen besetzen lassen.

Ein solches Verständnis von „Demokratie" hat den Vorteil, dass es hiernach Demokratien wirklich gibt, und ebenso Nicht-Demokratien. Die Bundesrepublik ist in diesem Sinne eine Demokratie, das Vereinigte Königreich ist ein Grenzfall, nach Schumpeter ist es trotz seinem Namen eine Demokratie, nach Thoma nicht, und Saudi-Arabien ist eindeutig keine Demokratie. Dass nach diesem Verständnis das klassische Athen nicht eine Demokratie war, weil dort wichtige Positionen durch Los besetzt wurden, ist kein schlimmer Fehler. Man kann ihn beheben, indem man die Formel auf moderne Demokratien einschränkt. Manin zufolge ist das auch historisch berechtigt. Das klassische demokratische Verfahren zur Besetzung politischer Ämter ist nach ihm tatsächlich das Los, und erst die modernen Demokratien, die ursprünglich demokratie-fremde Tradition der Repräsentation

---

48 Richard Thoma, Das Reich als Demokratie (1930), in: Thoma, Rechtsstaat – Demokratie – Grundrechte, H. Dreier (Hrsg.), Tübingen (Mohr) 2008, S. 285.
49 Joseph Schumpeter, Capitalism, Socialism, and Democracy (1942), 3. Auflage, New York (Harper) 1950, S. 269.

aufnehmend, setzen die Wahl der Amtsträger an dessen Stelle.[50] „Demokratie" dagegen so zu verstehen wie das Grundgesetz hat den Nachteil, dass es dann keine Demokratien gibt, und das nicht nur aus dem genannten schwachen Grund, dass es immer einzelne Überschreitungen der Legitimationsbasis geben wird (VI 3), sondern grundsätzlich, weil nie das Volk, entweder selbst oder durch von ihm ermächtigte Vertreter, die Staatsgewalt ausübt. Allerdings, bei einem Verständnis von „Demokratie" nach Art von Thoma und Schumpeter führt dieses Wort selbst irre. Es kann keine Rede davon sein, dass das Volk herrscht, wenn es durch Wahlen die wichtigen Entscheidungspositionen besetzt. Es herrscht nicht, es bestellt nur diejenigen, die herrschen.[51] „Demokratie" wird so ein Ausdruck wie „westindische Inseln": in seiner Herkunft erklärbar, sachlich verfehlt, aber, weil einmal eingebürgert, weiter im Gebrauch.

Vor allem bringt ein solches Verständnis von „Demokratie" es mit sich, dass die in einer Demokratie ausgeübte Staatsgewalt damit nicht auch legitim ist. Das Volk wählt nur diejenigen aus, die Staatsgewalt ausüben, es ermächtigt sie nicht zu dieser Ausübung, was wie vorhin (VI 5) dargelegt zweierlei Dinge sind: Wahlen sind nur Auswahlen. Auch wenn man die Anforderungen an Demokratie verschärft, etwa mit Thoma verlangt, dass bei den Wahlen jede Stimme gleich wiegt,[52] so dass ein Zensuswahlrecht mit Demokratie nicht vereinbar ist, oder durch die Bedingung, dass die Wahlen geheim sind,[53] verschafft das den Gewählten keine Legitimität. Demokratien wenden nur diese oder jene Verfahren an, um zu bestimmten, wer Staatsgewalt ausübt. Aber was die so bestimmten Menschen dann tun, das tun sie, ohne das Recht dazu zu haben, da sie es unermächtigt tun. Das lässt offen, ob es gerecht und klug ist oder mit Habermas „anerkennungswürdig", was sie tun, oder das Gegenteil (VI 3). Legitimität im hier gebrauchten engen Verstand betrifft nur die Eingabe-Seite des politischen Prozesses, nicht die Qualität seiner Produkte.

Dagegen ist nach dem Verständnis des Grundgesetzes Staatsgewalt, wenn demokratisch, dann auch legitim. Da hier ja alle Staatsgewalt vom Volk ausgeht, überschreitet sie nie die Grenzen dessen, was zu regeln ihr zukommt. Aber dass man dies unter dem bescheidenen Verständnis von „Demokratie" nicht mehr

---

50 Siehe Bernard Manin, Principes du gouvernement représentatif (1995), Paris (Flammarion) 1996.
51 Siehe hierzu wieder Thoma, Das Reich als Demokratie, S. 287.
52 In der gegenwärtigen Diskussion hält Thomas Christiano das gleiche Wahlrecht für ein Erfordernis schon von Demokratie (Thomas Christiano, An argument for democratic equality (1996), in: T. Christiano (Hrsg.), Philosophy and democracy, Oxford UP 2003, S. 39).
53 Art. 38 I GG setzt fest, dass die Abgeordneten des Bundestags „in allgemeiner, unmittelbarer, freier, gleicher und geheimer Wahl gewählt" werden.

sagen kann, ist in Wahrheit kein Nachteil. Es nützt ja nichts, wenn sich demokratische Legitimität allein unter fiktiven Bedingungen festmachen lässt.

Demokratien, mit Thoma und Schumpeter bescheiden verstanden, unterscheiden sich von Nicht-Demokratien also nicht dadurch, dass ihre Herrschenden das Recht haben zu herrschen, während nicht-demokratische Herrscher nur Macht besitzen. Was ihr Recht zu herrschen angeht, liegen die Regierenden einer Demokratie mit irgendwelchen Autokraten, die Mitglieder des Bundestags mit König Salman von Saudi-Arabien gleichauf. Wenn also etwas für Demokratien gegenüber Nicht-Demokratien spricht, dann nicht die Legitimität demokratischer Herrschaft, sondern allein die Vorteile, welche die in Demokratien zur Bestimmung der Herrschenden gebrauchten Verfahren bieten, etwa dass mit diesen Verfahren sachgerechte Entscheidungen der Herrschenden wahrscheinlicher werden oder dass die Verfahren indirekt, über die Erwartungen und Einstellungen, die sie im Volk fördern, zu einem besseren Zusammenleben führen. Es gilt also Instrumentalismus in politischen Dingen:[54] Für demokratische Herrschaft spricht nicht, dass sie legitim ist, das ist sie nicht. Für sie spricht, wenn irgendetwas, dann, dass sie für diesen oder jenen Zweck nützlich ist. Welches die Zwecke sind, im Hinblick auf die eine demokratische Herrschaft als mehr oder weniger nützlich einzuschätzen und demnach zu bewerten ist, wird freilich selbst wieder politisch umstritten sein. Demokratische Herrschaft ist so nur ein politisches Verfahren, mit dem wir, verschiedene Zwecke verfolgend und die Nützlichkeit von Einrichtungen verschieden beurteilend, unter den gegebenen Umständen Grund haben, uns zu arrangieren.

Der Unterschied zwischen Demokratien und Nicht-Demokratien verliert damit seine überragende, prinzipielle Bedeutung. Wohl kann man Thomas Kriterium noch weiter verschärfen und alles, woran einem politisch liegt, Rechtsstaatlichkeit, Sozialstaatlichkeit, Verfassungsbindung, was auch immer, in die Definition von „Demokratie" aufnehmen, so dass man dann mit „Demokratie" praktisch meint: ein politisches System wie unseres. Dann bekommt „Demokratie" freilich herausragende Bedeutung, weil sich so in diesem Begriff ein ganzes politisches Selbstbewusstsein sammelt. So aufgeladen ist er allerdings für Erkenntnis wenig brauchbar, er dient mehr zur Selbstbestätigung. Denn man weiß nicht, an welchem Stück in dem Paket es liegt, dass eine Demokratie funktioniert oder in dieser oder jener Hinsicht nicht funktioniert. Als Instrumentalist wird man lieber bei einem mageren Verständnis von „Demokratie" bleiben, nämlich: Demokratien besetzen Entscheidungspositionen direkt oder indirekt durch Wahlen, und man

---

54 Siehe Richard Arneson, The supposed right to a democratic say, in: T. Christiano, J. Christman (Hrsg.), Contemporary debates in political philosophy, Chichester (Wiley) 2009, S. 197.

wird Rechtsstaatlichkeit, Sozialstaatlichkeit usw. als getrennte Dinge ansehen, die mit Demokratie kombiniert sein können, aber nicht müssen. Denn auf diese Weise lässt sich prüfen, was speziell Demokratie einbringt und was nicht, woran sie möglicherweise hakt und wie sie produktiver arbeiten kann.

Demokratie ist auf diese Weise nicht ein Glaubensbekenntnis, sondern eine politische Technik, und Demokrat ist man, weil und solange man von ihren Vorteilen überzeugt ist. Vorteile aber hat eine politische Technik unter bestimmten Umständen, und unter anderen Umständen hat sie sie nicht. Demokrat ist man deshalb vernünftigerweise nicht ein für allemal, sondern je nach dem, wie die Dinge liegen und welche Chancen sie für ein förderliches Zusammenwirken bieten.

VII Abschied vom alten Selbstverständnis

Ergebnisse: Die Bundesrepublik ist ein freies Land nur in dem trivialen Sinn, in dem jedes Land ein freies Land ist, nämlich den Bürgern diese oder jene Sammlung durchschnittlicher Freiheiten und Unfreiheiten bietet. Eine Würde des Menschen gibt es nicht, und ebenso wenig haben Menschen als Menschen schon Rechte. Die Bundesrepublik ist eine Demokratie nur in dem technischen Sinne, dass sie Herrschende durch Wahlen bestimmen lässt, doch diese herrschen nicht legitim. Gerechtigkeit herzustellen ist kein vernünftiges politisches Vorhaben. Jeder dieser Sätze widerstreitet dem gegenwärtigen politischen Selbstverständnis der Bundesrepublik. Aber wie viel geht mit ihnen verloren? Wie tief greifen die Änderungen in unserem politischen Selbstverständnis, die sie erzwingen?

1 Freiheit

Im Fall von Freiheit nicht sehr tief. Die Rede von „unserer Freiheit" mag in den bei uns üblichen politischen Selbstbelobigungen immer wieder angestimmt werden, sie aufzugeben kostet am Ende nicht viel. Ja, Freiheit ist nicht bei uns zu Hause, Freiheit gibt es überall, nur wird sie in verschiedenen Kombinationen angeboten, wie Eisbecher. Wer nun nicht mehr sagen kann, er lebe in der Freiheit, sondern nur noch, er ziehe Coupe Deutschland vor, und das mit Gründen, nicht in der Art einer bloßen Vorliebe wie bei Eis, dem ist nur ein Stück plakative Rhetorik genommen. Sein politisches Selbstverständnis ändert sich nicht eingreifend.

Immerhin, dies mag sich ändern: Wer nicht mehr an den freien Westen glaubt, wird für Aufteilungen der politischen Welt, wie sie seit dem zweiten Weltkrieg das Denken beherrscht haben, weniger empfänglich sein. Freiheit hier, irgendetwas anderes, aber weniger Gutes oder definitiv Schlechtes dort, das war lange das Selbstbewusstsein. Wenn es nach dem gegebenen Argument damit vorbei ist, weil nur verschiedene Freiheitsbecher nebeneinander stehen, um so besser. In Lagern und Blöcken zu denken engt das politische Selbstverständnis, damit auch die politische Praxis ein.

Ebenso fallen die zwei Klassen politisch erstrebter Dinge, etwa bei Rawls, damit fort. Rawls trennt die Grundfreiheiten, die Menschen in einer Gesellschaft genießen, von den Gütern, die sie erlangen können, und behauptet, dass, wenn einmal ein gewisses Niveau von Reichtum in einer Gesellschaft erreicht ist, größere Körbe von Gütern Mängel in der Freiheits-Ausstattung nicht wettmachen.[1]

---

1 Rawls, A theory of justice, S. 61, 63.

Das Argument, das er später für diesen Vorrang der Freiheit anbietet,[2] wiederholt allerdings nur die These, die er beweisen will, nämlich dass vernünftige Menschen von einem bestimmten Punkt der wirtschaftlichen Entwicklung an größeren Wert auf ein ungeschmälertes Paket von Freiheiten als auf die weitere Verbesserung ihrer materiellen Bedingungen legen. Tatsächlich ist das zweifelhaft, gerade angesichts des gegenwärtigen Erstarkens autokratischer Tendenzen, in Deutschland und anderswo, die unter dem Beifall von großen Teilen relativ gut situierter Bevölkerungen darauf drängen, bürgerliche Freiheiten zurückzuschneiden. Versteht man sich dagegen nicht mehr als Bannerträger der Freiheit, kann man auf die Vorrangthese verzichten und grundsätzlich jede politische Verbesserung als aufrechenbar mit jeder anderen ansetzen[3], also bereit sein, für Gewinne an Wohlstand unter Umständen mit Verlusten an Freiheit zu zahlen. Ob in einem gegebenen Fall die Gewinne tatsächlich die Verluste überwiegen, muss dann freilich politisch, also in der Auseinandersetzung zwischen den Meinungen und betroffenen Interessen entschieden werden, und nicht etwa wird dieser Frage wegen jener Zweiteilung des politisch Erstrebten ein Platz auf der Tagesordnung verwehrt.

2 Menschenwürde

Die Würde des Menschen aufzugeben greift stärker in das Selbstverständnis der Bundesrepublik ein, vor allem ins rechtliche, aber auch ins historische und moralische Selbstverständnis.

a. Rechtsordnung

Es ist weithin geteilte Überzeugung, jedenfalls bei den Auslegern des Grundgesetzes, dass die Würde des Menschen Fundament unserer Verfassung und damit unserer gesamten Rechtsordnung ist. So bezeichnet das BVerfG 1957 im Elfes-Urteil Menschenwürde als den obersten Wert und Art. 1 als ein tragendes Konstitutionsprinzip des Grundgesetzes.[4] Ein Jahr später im Lüth-Urteil gilt ihm die innerhalb der sozialen Gemeinschaft sich frei entfaltende Persönlichkeit und ihre Würde als Mittelpunkt der im Grundrechtsteil des Grundgesetzes aufgerichteten

---

2 Rawls, A theory of justice, § 82.
3 Siehe Thomas Pogge, John Rawls, München (Beck) 1994, S. 126.
4 BVerfGE 6, 32.

objektiven Wertordnung.⁵ Solche Aussagen lassen denken, dass, wenn Menschen nicht als solche schon Würde haben, auch die Rechtsordnung hinfällig wird, unter der wir einander begegnen.

Doch zunächst, selbst wenn es zutrifft, dass ohne Menschenwürde unsere Rechtsordnung dahinfällt, zeigt das nicht, dass der Mensch am Ende doch Würde hat. Was der Fall ist, hängt nicht davon ab, welche Sätze wir in unserem Meinungshaushalt brauchen oder zu brauchen meinen. Ja, das versteht sich von selbst, aber die Rechtsprechung des BVerfG hat hier Verwirrung gestiftet. Wenn es im Lüth-Urteil heißt, das Grundgesetz habe mit den Grundrechten nicht nur den Bürgern Abwehrrechte gegen den Staat eingeräumt, es habe

> in seinem Grundrechtsabschnitt auch eine objektive Wertordnung aufgerichtet. [...] Dieses Wertsystem, das seinen Mittelpunkt in der innerhalb der sozialen Gemeinschaft sich frei entfaltenden menschlichen Persönlichkeit und ihrer Würde findet, muß als verfassungsrechtliche Grundentscheidung für alle Bereiche des Rechts gelten⁶

so erweckt das den Eindruck, es liege in der Hand des Grundgesetzes, durch Entscheidung die Würde des Menschen zum Mittelpunkt seines Wertsystems zu machen, und Zweifel, ob es diese Würde gibt, können ihm gleichgültig sein.⁷ Doch wenn der Mensch nicht Würde hat, kann das Grundgesetz die Würde des Menschen auch nicht zum Mittelpunkt seines Wertsystems machen. Wohl kann es sagen, dass es das tut, und das BVerfG kann das auch sagen, aber diese Aussagen sind dann falsch, und es tut das trotzdem nicht. Welche Stelle der Satz von der Menschenwürde in der Verfassungsordnung der Bundesrepublik also auch einnehmen soll, der Hinweis darauf, dass er sie einnehmen soll, erledigt nicht die Zweifel daran, dass es eine Würde des Menschen gibt.

Die juristische Literatur hat hier die Verwirrung befördert durch die Art, in der sie den Gedanken der Menschenwürde auf die geistesgeschichtliche, also insbesondere philosophische Tradition zurückbezogen hat. Wohl stammt er aus dieser Tradition, und seine Herkunft von dort zu erhellen ist klärend auch für das heutige Denken. Doch die geistesgeschichtliche Kommentierung des Grundgesetzes erweckt den Eindruck, wir haben, was Wahrheit angeht, ausgesorgt, wenn einmal

---

5 BVerfGE 7, 198
6 BVerfGE 7, 28.
7 Das meint offenbar Christoph Enders, „Die Würde des Menschen ist unantastbar", in: J. Masing, J. Wieland (Hrsg.), Menschenwürde – Demokratie – christliche Gerechtigkeit, Berlin (Duncker) 2011, S. 13.

die Verbindung etwa zu den Stoikern oder zur hebräischen Bibel gezogen ist,[8] und dem ist nicht so. Die geistesgeschichtliche und gerade die philosophische Tradition ist nicht wie der Fundus im Theater: „So viele schöne Kleider aus vielen Zeiten, und man kann sie alle noch anziehen!" Sie ist ein großes Hickhack, und einen Gedanken in ihr lokalisieren heißt, ihn der Kritik aussetzen, aus der er in aller Regel nicht heil herauskommt. Auch dadurch also, dass das Grundgesetz auf der geistigen Tradition Europas fußt, ist es nicht gegen Irrtum gefeit, sondern steht mitten in der Geschichte von mannigfachem Wahren und Falschen. Nicht dass es deshalb besser wäre, getrennt von aller Tradition zu reden und insbesondere Gesetze zu geben und zu verstehen, wie sollte das auch gehen? Ratsam ist vielmehr, den Streit über das, was wahr ist, in dem wir durch unsere Tradition schon stehen, jetzt wie ehedem auszufechten und dann entsprechend der erreichten, freilich immer von Täuschung bedrohten Einsicht zu reden und insbesondere Gesetze zu geben und zu verstehen.

Statt also die Menschenwürde einfach einzustecken, weil wir sie angeblich für unsere Rechtsordnung brauchen, empfiehlt es sich vielmehr zu prüfen, ob sie denn wirklich, wie die Ausleger des GG meinen, Fundament unserer Rechtsordnung ist. Tatsächlich sind hier zwei Vorstellungen von ihrer fundierenden Funktion im Spiel. Nach der einen wird die im Grundrechtsteil errichtete objektive Wertordnung hinfällig, wenn es eine Würde des Menschen nicht gibt. Das ist die Vorstellung, die das Lüth-Urteil leitet. Nach der anderen fehlt der Grund dafür, den Einzelnen Grundrechte zuzusichern, wenn sie keine Würde haben. Das scheint in Art. 1 II GG angedeutet, wenn gesagt wird, das deutsche Volk bekenne sich „darum", nämlich um der Würde des Menschen oder ihrer Unantastbarkeit willen, zu unverletzlichen und unveräußerlichen Menschenrechten.

Die erste dieser Vorstellungen ist jedoch unhaltbar. Nicht nur, dass die Behauptung des Lüth-Urteils, die Grundrechte seien nicht bloß Abwehrrechte des Bürgers gegen den Staat, sondern mit ihnen sei eine objektive Wertordnung aufgerichtet worden, im Text des GG keine Stütze hat. Die Standard-Formulierung der Grundrechte ist ja „Jeder hat das Recht, [...]", so Art. 2 I, 2 II, 5 I, oder „Alle Deutschen haben das Recht, [...]", so Art. 8 I, 9 I, 12 I. Hier werden offensichtlich den Menschen Rechte zugesprochen, die von staatlicher Seite nicht geschmälert werden dürfen, also Abwehrrechte. Vor allen Dingen ist nicht klar, was es überhaupt heißen soll, eine objektive Wertordnung aufzurichten. Werte im Sinne der Wertphilosophie, und auf der fußen sichtlich das Lüth-Urteil und andere Urteile

---

[8] Diese Positivität ist deutlich bei Christoph Enders, Die Menschenwürde in der Verfassungsordnung, Tübingen (Mohr) 1997, S. 176–219, und bei Christian Starck, Artikel 1, in: v.Mangoldt, Klein, Starck, Kommentar zum Grundgesetz, 5. Auflage, München (Vahlen) 2005, Rn. 3 ff.

jener Zeit, sind ideale Gegenstände. (Im gängigen Sprachgebrauch werden auch materielle Gegenstände manchmal als Werte bezeichnet.) Solche Werte sind Dinge wie Freiheit, Gerechtigkeit, Schönheit, Treue. Sie stehen zueinander in Beziehungen des Rangs oder, redundant, in objektiven Beziehungen des Rangs. Das heißt, ein Wert steht höher oder niedriger als ein anderer, sie mögen wohl auch gleichen Ranges sein.[9] Eine Wertordnung wird demnach ein Satz von Werten sein, die durch die Beziehungen von Höher- und Gleichrangigkeit geordnet sind. Aber dann kann man eine objektive Wertordnung nicht aufrichten, auch nicht per Gesetz. Sie besteht einfach. Man kann ja auch eine Zahlenordnung nicht aufrichten. 4 ist größer als 3, ob man das oder das Gegenteil gesetzlich festlegt. Wohl kann das Grundgesetz wie jeder andere Sprecher behaupten: die Ordnung der Werte ist die und die. Aber die Ordnung der Werte *ist* nicht darum die und die. Behauptungen, wer immer sie aufstellt, können falsch sein. Oder das Grundgesetz kann, erneut wie jeder andere Sprecher, so und so selbst werten, also etwa Freiheit hochschätzen. Aber auch damit errichtet es keine objektive Wertordnung: wie der eine wertet, und sei es das Grundgesetz, das lässt offen, wie der andere wertet. Gewiss sind die Wertungen des Grundgesetzes meist bedeutsamer als die Wertungen eines Einzelnen, weil sie weitere staatliche Entscheidungen bestimmen oder jedenfalls mitbestimmen. Aber das macht die Wertungen nicht objektiv, also für alle verbindlich. Der Punkt ist nicht: das Grundgesetz sollte mit seinen Festlegungen nicht das Werten der Einzelnen vorwegnehmen. Der Punkt ist: das kann es nicht. Werten können die nur selbst.[10] (Wobei unbenommen bleibt, dass man durch Änderung der Umstände es dahin bringen kann, dass sie wahrscheinlich so und nicht so werten.) Das Lüth-Urteil geht an der eben zitierten Stelle so weit, das von ihm behauptete Wertsystem geradewegs mit einer verfassungsrechtlichen Grundentscheidung zu identifizieren, und dieser begriffliche Schnitzer markiert die Bruchstelle des Gedankens. Ein Wertsystem ist eben nicht eine Entscheidung und verdankt sich auch keiner. Wenn aber der Grundrechtsteil des GG keine objektive Wertordnung aufgerichtet hat, braucht es auch keine Fundierung dieser Ordnung in der Menschenwürde. Diese kann somit, jedenfalls was die erste Fundierungs-Vorstellung angeht, ohne Schwierigkeiten aufgegeben werden.

---

9 So das Verständnis von Werten bei Max Scheler, Der Formalismus in der Ethik und die materiale Wertethik (1913/16), in: Max Scheler, Gesammelte Werke, Maria Scheler (Hrsg.), Band 2, Bern (Francke) 1966, Kap. I und II; und bei Nicolai Hartmann, Ethik (1925), Berlin (de Gruyter) 1962, Kap. 14–16, 28.
10 Gegen Enders, Die Menschenwürde in der Verfassungsordnung, S. 36 f., der dem Grundgesetzgeber die Fähigkeit zuschreibt, für alle zu werten.

Man mag entgegnen, es sei zwar richtig, die Verfassungsrechtsprechung der 50er Jahre mit Hilfe der Wertphilosophie zu lesen, aber heute habe diese keine Bedeutung mehr, und so sei die gerade geführte Kritik belanglos. Niemand spreche noch so wie damals das Lüth-Urteil. Doch zum einen, die Sprechweisen mögen sich nur oberflächlich verändert haben. „Werte" sind wohl außer Mode, aber etwa die „Prinzipien", an die Dworkin und Alexy das Recht gebunden sehen (V 8), sind in der Sache nichts anderes. Vor allem aber, der Einwand verkennt das Bewahrende der Rechtsprechung. Was die Richter sich einmal gegriffen haben, hier die vom Grundgesetz errichtete objektive Wertordnung, das geben sie nicht leicht wieder heraus,[11] unabhängig davon, ob sie es einmal mit guten Gründen in Besitz genommen haben. Ein solches Stück wird dann Teil des Rechtsbestandes, es wird, mit dem geläufigen Ausdruck, „ständige Rechtsprechung" und bestimmt damit weiteres Handeln und Urteilen, mag es auch, wie wir jetzt erkennen, selbst schlecht begründet sein. Wer dagegen solchen Gründen Gehör schenken und wissen will, was sie tragen und was nicht, der tut gut daran, auf den Beginn der betreffenden Traditionen zurückzugehen und nachzuprüfen, auf welchem Wege sie einmal Eingang in die Rechtsprechung fanden.

Gegenüber der zweiten Fundierungs-Vorstellung, nach der das Grundgesetz den Einzelnen deshalb Grundrechte gewährt, weil sie als Menschen schon Würde besitzen, ist zunächst daran zu erinnern, dass, selbst wenn das deutsche Volk laut Art. 1 II GG sich um der Menschenwürde oder ihrer Unantastbarkeit willen zu Menschenrechten bekennt (IV 1), damit über die Gewährung von Grundrechten nichts gesagt ist. Denn Menschenrechte und Grundrechte sind zweierlei, mögen sie sich inhaltlich auch zum Teil decken, mag also jemand auf manche Dinge einen Anspruch haben sowohl kraft Grund- wie auch kraft Menschenrechten. Sie sind zweierlei, denn Menschenrechte bestehen, wenn sie denn bestehen, dem Grundgesetz vorausgehend, Grundrechte bestehen dank dem Grundgesetz. Daher auch die Formulierung, das deutsche Volk „bekenne sich" zu den Menschenrechten: wozu man sich bekennt, das ist schon da. Zu den Grundrechten bekennt sich das deutsche Volk nicht, es gewährt sie; hier einmal angenommen, das deutsche Volk ist, wie die Präambel des Grundgesetzes sagt, Grundgesetzgeber (VI 5). Auch wenn also das deutsche Volk sich laut Art. 1 II GG um der Menschenwürde willen zu Menschenrechten bekennt, sagt das nichts über seine Gründe dafür, den hier lebenden Menschen Grundrechte einzuräumen.

Indessen, wenn das Grundgesetz mit dem „darum" von Art. 1 II nicht selbst sagt, dass ein Fundierungsverhältnis zwischen Menschenwürde und Grundrech-

---

[11] Das wird bestätigt von der Darstellung bei Enders, Menschenwürde Kap. 2, II 3, der aber keine Bedenken gegen dieses Stück Rechtsprechungs-Tradition erhebt.

ten besteht, kann ein solches ja gleichwohl bestehen. Das BVerfG weist in jüngeren Urteilen in diese Richtung, so wenn es die Menschenwürde als „Wurzel aller Grundrechte" und umgekehrt die Grundrechte als „Konkretisierungen des Prinzips der Menschenwürde" bezeichnet.[12] Ähnlich wird in der Literatur argumentiert.[13]

Nun sind an dieser Stelle wiederum zwei Arten von Fundierung vorstellbar. Nach der einen hat der Grundgesetzgeber, wenn es Menschenwürde nicht gibt, keinen Grund mehr für die Gewährung von Grundrechten. Wesen ohne Würde, so wäre der Gedanke, verdienen keine Grundrechte. Nach der anderen Art ist die Fundierung objektiv. Was mit den Grundrechten geschützt wird, sei immer die Würde des Menschen, nur jeweils in bestimmten Beziehungen. Garantiert man etwa die freie Entfaltung der Persönlichkeit, so schütze man die Würde des Menschen als eines Wesens, das sich in seinem Leben erst entfaltet, garantiert man Glaubensfreiheit, so schütze man die Würde des Menschen als eines Wesens, das sich auf Transzendenz bezieht oder das eben nicht tut, und so weiter. Wenn das BVerfG davon spricht, dass die Grundrechte das Prinzip der Menschenwürde konkretisieren, legt das die Annahme eines Fundierungsverhältnisses im Sinne der zweiten, objektiven Lesart nahe.

Aber die These, die Menschenwürde sei der Grund für die Gewährung von Grundrechten, überzeugt in keiner der beiden Versionen. Was die erste betrifft, so hat der Grundgesetzgeber auch ohne Würde des Menschen starke Gründe, den Rechtsgenossen Grundrechte zu garantieren. Denn bestimmte Lebensbereiche sind „nach den geschichtlichen Erfahrungen dem Zugriff der öffentlichen Gewalt besonders ausgesetzt", wie das BVerfG selbst ausführt[14], und das Leid, das durch öffentliche Gewalten den Menschen angetan wurde und wird, ist ein ausgezeichneter Grund, rechtliche Dämme gegen sie zu errichten und damit den Menschen einigen Schutz vor ihnen zu gewähren. Dieser Grund aber besteht unabhängig davon, ob die Menschen Würde besitzen. Schließlich hat sich die Bundesrepublik in Art. 20 a GG auch dazu verpflichtet, die Tiere zu schützen, die doch keine Würde haben.

Was die zweite Lesart angeht, so wirkt es bei mehreren Grundrechten forciert und bei manchen geradezu abwegig, sie als Garantien zum Schutz der Menschenwürde zu verstehen. Die Menschenwürde leidet nicht, wenn das Petitionsrecht von Art. 17 GG oder das Erbrecht von Art. 14 GG beschränkt oder auch ganz

---

12 BVerfGE 93, 266.
13 Siehe etwa Martin Morlok, Selbstverständnis als Rechtskriterium, Tübingen (Mohr) 1993, S. 69.
14 BVerfGE 6, 32.

beseitigt werden;[15] und dass es ohne die Garantie des Privateigentums in Art. 14 GG mit der Menschenwürde vorbei ist, lässt sich angesichts der Tatsache schwer glaubhaft machen, dass die Menschen den bei weitem größeren Teil der Zeit, in der es sie gibt, kein Privateigentum kannten.[16] Wohl kann man behaupten, dass in dieser langen Zeit ohne Privateigentum auch ihre Würde nicht respektiert wurde, aber es riecht nach historischem Chauvinismus, allein der herrschenden Vermögensverteilung unserer Epoche die Achtung einer solchen Würde zuzugestehen. Mit den Grundrechten wird also wirklich nicht, wie das BVerfG anscheinend will, der Menschenwürde-Schutz bloß im Hinblick auf eine Eigenschaft oder einen Lebensbereich von Menschen konkretisiert, und der Grundrechtsteil des Grundgesetzes bildet nicht eine bloße Explikation von Art. 1 GG. Die Grundrechte sind vielmehr eigenständige Garantien, die nur eine Reihe oder einen Katalog bilden, nicht aber aus einer gemeinsamen Quelle entspringen. Dann aber haben sie, wenn es eine Würde des Menschen nicht gibt, trotzdem Bestand.

Neben den Vorstellungen von Menschenwürde zum einen als Fundament der objektiven Wertordnung des GG, zum anderen als Grund der Gewährung von Grundrechten, ist noch der Vorschlag von Hasso Hofmann zu erwähnen, nach dem der Satz von der Unantastbarkeit der Würde des Menschen in der Weise konstitutiv für unsere Rechtsordnung ist, dass er als Staatsfundamentierungsnorm dient, in welcher als dem Prinzip der Verfassung die Rechtsgenossen diesen Staat begründen und so zur Einigung ihres Willens gelangen.[17] Doch wirklich ist dieser Vorschlag wohl nur die Verkündung eines Mythos im Geiste Rousseaus. Der Satz von der Menschenwürde ist ein Satz neben anderen Sätzen in einem größeren Gesetzeswerk, und seine Anfangsstellung rechtfertigt nicht die Annahme, er stelle das fundierende Dokument der Institution dar, deren Verfahren dann in den übrigen Sätzen geregelt werden. Ohnehin ist dunkel, was es heißen soll, dass die Rechtsgenossen „in" diesem Satz die Bundesrepublik begründen. Die Vorstellung scheint zu sein, dass die bloße Berufung auf die Menschenwürde uns, im Sinne von Rousseaus „sehr bemerkenswerter Veränderung" beim Übertritt in den bürgerlichen Zustand (II 14)[18], aus verstreuten Einzelnen zu Bürgern macht, deren Wille in diesem Bekenntnis zu einem geworden ist. Es besteht kein Grund, das für wahr zu halten.

---

15 Siehe Horst Dreier, Art. 1 I, in: Dreier (Hrsg.), Grundgesetz-Kommentar, Tübingen (Mohr) 1996, Rn. 97.
16 Siehe Brian Hayden, Richman, poorman, beggarman, chief: The dynamics of social inequality, in: G. Feinman, T.D. Price (Hrsg.), Archeology at the millennium, New York (Springer) 2007, S. 231 f.
17 Hasso Hofmann, Die versprochene Menschenwürde (1993), in: Hofmann, Verfassungsrechtliche Perspektiven, Tübingen (Mohr) 1995, S. 104–126, hier S. 119, 117.
18 Rousseau, Du contrat social I 8.

b. Moral

Ähnlich wie für das Recht könnte man im Namen der Moral protestieren: Wer die Würde des Menschen leugnet, untergrabe die Stellung derjenigen, die sich gegen Folter, Diskriminierung, Ausbeutung, Entwürdigung und ähnliche Dinge einsetzen. Wohl könne man, anders als beim Recht, nicht sagen, dass unsere gesamte Moral in der Würde des Menschen ihren Mittelpunkt hat. Es sei ein Teilbereich der Moral, der an ihr hängt, aber einer, der wichtig geworden ist. Denn wir stehen heute mehr als je zuvor in Handlungsfeldern, in die nicht durch Nahbeziehungen wie Familie, Freundschaft oder gemeinsame Arbeit schon Wege gelegt sind, sondern in denen uns erst einmal, gleichsam formlos, nur Menschen begegnen. In einem solchen Feld aber gebe die Würde der Menschen, mit denen wir zusammentreffen, eine Linie des Handelns vor. Martina Herrmann ist sogar bereit, auf eine inhaltliche Bestimmung von Menschenwürde zu verzichten, weil darüber ohnehin derzeit keine Einigkeit zu erzielen sei. Der Begriff wird so bei ihr zu einer Art Fahne, hinter der man sich sammelt, wenn sich auch jeder etwas anderes dabei denkt. Doch er werde gebraucht, um die Koalition derjenigen zusammenzuhalten, die dafür kämpfen, dass Menschen nicht Folter, Diskriminierung und ähnliche Dinge erleiden müssen.[19]

Aber auch hier: Wer dem Begriff der Menschenwürde eine bedeutsame Stelle in unserem moralischen Denken einräumen will, hat damit noch nicht auf den Zweifel geantwortet, ob Menschen wirklich als Menschen Würde besitzen. So wenig wie das Grundgesetz ist das moralische Bewusstsein, gleichsam kraft Amtes, dagegen gesichert, von etwas zu reden, was nicht existiert; auch das moralische Bewusstsein ist gehalten, die Charakterisierungen von Menschen und gegebenenfalls von anderen Wesen auszuweisen, auf die es seine Forderungen stützt. Der gerade angeführte moralische Protest lässt sich auf diese Aufgabe aber nicht ein. So erklärt er im besten Fall nur, wieso es schön wäre, wenn wir unterstellen könnten, dass der Mensch Würde hat, und wieso es uns hart ankommt, von diesem Gedanken abzulassen. Doch von ihm ablassen sollten wir, wenn es Gründe gibt zu denken, dass der Mensch nicht Würde hat.

Wirklich haben wir aber auch in Sachen der Moral keinen Grund, den Abschied von der Menschenwürde schwer zu nehmen. Denn wenn wir sagen, dass jemand gegen Folter, Diskriminierung, Ausbeutung oder Ähnliches kämpft, so fehlt uns nichts, wenn wir nicht dazu noch sagen können, er kämpfe gegen Verletzungen der Menschenwürde der Betroffenen. Es fehlt uns nichts, weder beim

---

[19] Martina Herrmann, Pragmatische Rechtfertigungen für einen unscharfen Begriff von Menschenwürde, in: R. Stoecker (Hrsg.), Menschenwürde, Wien (öbv) o. J., S. 70 f.

Was noch beim Warum. Was Folter, Diskriminierung und Ausbeutung sind und wofür einer sich einsetzt, der sie abstellen will, das wissen wir hinreichend genau, und stattdessen von Verletzungen der Menschenwürde zu reden, die es abzustellen gilt, ergibt ein verschwommeneres, nicht ein schärferes Bild. Ebenso sind die Gründe, gegen Folter, Diskriminierung oder Ausbeutung zu kämpfen, für sich stark genug und werden um nichts stärker, wenn sie als Gründe für die Verteidigung der Menschenwürde der Betroffenen ausgegeben werden. Die Gefolterten und so weiter müssen nicht erst gleichsam ihren Würde-Ausweis zeigen, damit einer Grund hat, sich den Folterern entgegenzustellen.

Was den Gebrauch des Menschenwürde-Begriffs als Fahne betrifft, so gibt es die Koalition wirklich nicht, die Herrmann hinter ihr versammelt sieht. Manche Menschen kämpfen gegen Diskriminierungen an, manche gegen das Foltern, manche gegen die Ausbeutung von Menschen, manche, doch wohl eher wenige, gegen mehrere dieser Dinge zugleich. Aber einen sachlichen Zusammenhang zwischen diesen Bemühungen gibt es nicht, und eben der Verzicht auf eine inhaltliche Bestimmung von „Menschenwürde" bestätigt das. Von einer in all dem verteidigten Menschenwürde zu reden gibt zwar den wohltuenden Eindruck, dass alle Guten am selben Strang ziehen. Aber wenn dieser Satz nicht eine Tautologie ist (gut ist, wer mit mir am selben Strang zieht), so ist er falsch und auch gefährlich. Wir Guten haben verschiedene Dinge im Sinn, müssen uns also, so gut wir sind, erst noch zusammenraufen; und dies Erfordernis zu verkennen ist gefährlich, weil es unduldsam, zumindest ungeduldig macht. Von Menschenwürde als einem Ziel, in dem wir uns, diesem Streit voraus, moralisch schon einig sind, können wir also ohne Bedauern ablassen, ja, wir fahren besser ohne sie.

Die gleiche Einrede trifft die Versuche, unserer Existenz als Bürger der Bundesrepublik in dem gemeinsamen Bekenntnis zur Menschenwürde ein moralisches Fundament zu geben. Der Eröffnungssatz in Dürigs Artikel von 1956 ist aufschlussreich: Nachdem „ein Hinweis auf Gott als den Urgrund alles Geschaffenen" im Grundgesetz selbst nicht durchzusetzen war, nahm man mit dem Satz von der Menschenwürde vorlieb.[20] Es wurde also etwas Höheres gebraucht, vor dem wir uns alle beugen, denn eben indem wir uns davor beugen, fällt umgekehrt von ihm her Bestätigung auf uns zurück, dass wir grundsätzlich als Bürger dieses Staates auf dem rechten Wege sind. Gott wäre für diese Aufgabe ideal gewesen, aber da wir nicht mehr alle vor ihm uns beugen, brauchte es Ersatz. Also beugen wir uns vor uns selbst. Wir selbst sind das Hohe, zu dem gemeinsam aufblickend wir uns dessen versichern, dass dies eine gute politische Ordnung ist. Das Muster des Gedankens ist das von Kants Autonomie: Weil nichts im Himmel und auf

---

20 Dürig, Der Grundrechtssatz von der Menschenwürde, S. 117.

Erden uns moralische Gesetze zu geben die Autorität hat, sind wir selbst unsere moralischen Gesetzgeber.[21] Wohl sind wir, hier so wenig wie bei Kant, schon, wie wir gehen und stehen, dies Hohe. Wir sind es nur, wie wir eigentlich sind, wie immer das genauer bestimmt wird. Aber diese Einschränkung schadet nichts, solange wir nur in irgendeiner Weise auf einen solchen Vorrang Anspruch machen können.

Gewiss liegt hierin eine Attraktion des Gedankens der Menschenwürde. Der Nachteil ist das gespaltene Bewusstsein, das wir davontragen. Denn draußen vor den Hallen des Grundgesetzes ist nichts Hohes mehr zu sehen, vor dem wir Grund hätten, uns zu beugen, auch nicht wir selbst. Wir sehen nur hunderterlei politischen Streit um dieses oder jenes, und müssen uns erst aufplustern, um uns als diejenigen wiederzuerkennen, von deren Würde das Grundgesetz redet. Mit einem gespaltenen Bewusstsein aber ist schlecht leben, und so scheint es besser, wir gewöhnen uns an den Gedanken, dass wir nichts haben, worin wir allem Streit voraus uns einig sind, und dass es mit jederlei Höherem vorbei ist, auch mit unserer Würde.

c. Geschichte

Es ist auch geltend gemacht worden, der Begriff der Menschenwürde sei unentbehrlich für unser historisches Selbstverständnis. Die Bundesrepublik komme her aus einer Geschichte grauenhafter Untaten, und wenn sie ihre fundierende Urkunde mit der Rede von der Würde des Menschen eröffnet, treffe sie nicht bloß eine rechtliche Festlegung, sie setze auch ein Signal, gleichsam einen historischen Grenzpfosten: Deutschland hat Menschenwürde nicht geachtet, und damit soll es nun ein Ende haben. Einen Begriff, in dem sich ein solches geschichtliches Selbstbewusstsein ausspricht, könne man nicht einfach als philosophisch verfehlt beiseite legen.[22]

Doch, kann man; und soll man auch, wenn er, wie gezeigt (III), wirklich verfehlt ist. Historische Bedeutung schützt nicht vor Kritik in der Sache. Es ist richtig, die Rede von Menschenwürde war ein Signal, sie sollte eine historische Wendung markieren, und man kann wohl heute sagen, eine Wendung ist eingetreten, wenn auch sicher nicht genau die, die einmal intendiert wurde. Aber seine Funktion als Signal hindert nicht, dass der als Signal gebrauchte Begriff leer ist,

---

21 Kant, Grundlegung, AA IV 432f., 425f.
22 Siehe Ralf Stoecker, Of ducks and men, in: M. Iorio, R. Stoecker (Hrsg.), Actions, reasons, and reason, Berlin (de Gruyter) 2015, S. 106.

nichts bezeichnet. Wir sind, einen Irrtum als Banner schwenkend, in die Bundesrepublik eingezogen. Wohl ist es wichtig, für unser historisches Selbstverständnis wichtig, dass wir unter diesem Banner begonnen haben, aber davon wird seine Inschrift nicht wahrer. Umgekehrt tut daher die Kritik an der Inschrift unserem historischen Selbstverständnis auch keinen Abbruch.

Wie Freiheit ist also auch Menschenwürde am Ende leicht aufzugeben. Entgegen dem Anschein hat ihr Verlust weder für unser politisches noch für unser rechtliches noch für unser historisches Selbstverständnis bedeutende Folgen.

3 Menschenrechte

Wie schwer fällt der Abschied von Menschenrechten? Die Vorstellung ist weit verbreitet, dass Staaten den Menschen, ob sie innerhalb oder außerhalb ihres Territoriums leben, nicht alles antun, nicht alles vorenthalten dürfen, weil die Menschen schon Rechte besitzen, bevor die Staaten ihnen solche einräumen oder es auch nicht tun. Wenn es uns hart ankommt, von dieser Vorstellung abzulassen, so vielleicht, weil es scheint, als sei dann kein Halten mehr, als gebe es nichts mehr, was einfach nicht getan werden darf. Gerade in Deutschland haben wir ja Erfahrung, was für furchtbare Dinge Menschen anderen Menschen antun können, und dem, so mag es scheinen, öffnet einer das Tor, der bestreitet, dass Menschen unabhängig von Staaten Rechte besitzen. „Dann kannst du ja gleich wieder Konzentrationslager bauen!", mag jemand sagen.

Aber das kann ich auch, wenn Menschen als Menschen schon Rechte besitzen. Die Rechte, die Menschen als Menschen haben, wenn sie denn solche haben, sind kein Bollwerk, auch wenn oft so gesprochen wird. Sie ändern nichts an dem, was andere Menschen ihnen antun können. Sie ändern nur etwas an dem, was andere ihnen tun sollen. Aber dazu, dass jemand einem anderen etwas tun soll, ist umgekehrt nicht ein Recht auf der Seite dessen erforderlich, dem es getan werden soll; wenn nämlich, wie vorhin argumentiert (IV 3), nicht jedes Handeln, das unrecht ist, die Rechte anderer verletzt. Dass jemand einem anderen etwas tun soll, kann auch so, also ohne entsprechendes Recht eines anderen, der Fall sein. Menschen brauchen nicht ein Recht darauf zu haben, nicht ins KZ geschickt zu werden. Einfach so sollen Menschen das anderen Menschen nicht tun.

Einfach so – man wird sagen, das sei zu einfach. Menschen anständig zu behandeln, was immer das in einem gegebenen Fall heißt, sei ja nicht bloß eine gute Idee, also etwas, wovon einer nach Betrachtung der Sachlage finden mag, dass er das tun sollte. Es sei von einem gefordert, das zu tun. Nicht, dass der oder der es gefordert *hat* – das ließe noch offen, ob es in dem hier gemeinten Sinne gefordert *ist*. Vielmehr bestehe an sich eine Forderung, mag sie ausdrücklich erhoben worden sein oder nicht, und das Recht, das Menschen haben, anständig behandelt zu werden, sei dasselbe wie diese Forderung, nur von der anderen, der Empfängerseite des Tuns aus betrachtet. Sie dürfe nicht damit unterschlagen werden, dass man nur sagt: Einfach so sollten Menschen das und das anderen Menschen nicht antun.

Aber nach allem, was man erkennen kann, ist diese Forderung erdichtet. Nicht dass so zu reden sinnlos ist. Dass wir einer Forderung unterstehen, mag sie auch niemand ausdrücklich erhoben haben, ist allem Anschein nach eine verständliche Rede, auch wenn manche behaupten, sie unverständlich zu finden.[23] Es ist nur nicht der Fall, dass wir einer solchen Forderung unterstehen. Einen Anspruch an Handelnde, der das Gegenstück der Rechte bildet, die angeblich Menschen als Menschen besitzen, gibt es nicht. Denn in dieser Welt sind keine Spuren davon zu entdecken. Es steht nicht am Himmel geschrieben, weder wörtlich noch in irgendeiner übertragenen Weise, dass es uns obliegt, Menschen das und das zu tun oder nicht zu tun. Die Welt enthält entgegen den Stoikern kein Gesetz, das uns anweist, was wir zu tun haben (IV 2). Sie bezeugt keine Forderung, sie läuft nur so und so. Ihr Zeugnis entscheidet aber, denn worauf außerhalb von ihr sollte sich einer noch berufen?

Unterstehen wir aber nicht einer Forderung, das und das Menschen zu tun oder nicht zu tun, so haben auch Menschen als Menschen keine Rechte. Sie sind rechtlos dem Handeln anderer Menschen ausgeliefert, Dinge in der Welt wie andere Dinge, mit denen man das oder das machen kann. Was dann zwischen einem Handelnden und solchen Untaten steht, wie sie gerade durch Deutsche sich dem Gedächtnis eingeprägt haben, ist nicht mehr etwas wie ein Gesetz, das solche Dinge zu unterlassen gebietet. Es ist, außer vielleicht fehlender Macht, allein dies, dass der Handelnde findet, ob auf Grund von Überlegung oder nicht, es wäre besser, das nicht zu tun. Er gehorcht damit keiner Forderung, sei sie ausdrücklich erhoben worden oder nicht. Er tut nur, was unter den Umständen das Beste scheint. Menschen nicht umzubringen, zu foltern oder zu unterdrücken ist so wirklich nichts weiter als eine gute Idee. Klar, eine überaus gute Idee; aber von dem, was man alltäglich eine gute Idee nennt, nur graduell, nicht der Art nach unterschieden.

Ja, das ist ein erheblicher Einschnitt. Wir sind es lang gewöhnt, in unserem Handeln, auch und gerade in unserem politischen Handeln, uns einer höheren Ordnung unterstellt zu denken, Naturrecht, Gottes Gesetz, Menschenrechte, wie eine solche Ordnung auch gefasst werden mag; und die Einsicht, dass da in Wirklichkeit nichts ist, kann verstörend erscheinen. Sie muss es aber nicht. Wir

---

23 So Tugendhat, Wie sollen wir Moral verstehen?, S. 164.

finden uns alltäglich ja einigermaßen zurecht. Oft wissen wir, welche Route zu nehmen günstiger ist, welches Werkzeug sich für diese Arbeit eignet und welche witzige Bemerkung wir uns an dieser Stelle besser verkneifen. Fallen Menschenrechte und ähnliche Dinge weg, so sind wir eben durchweg und nicht nur in Alltagsangelegenheiten auf diese Fähigkeit angewiesen, gute Wege zu finden, dann treffen wir in allen Dingen das Rechte nur dank ihr. Da wir aber in der Ausübung dieser Fähigkeit zu Hause sind, muss uns der Verlust einer Forderung, der wir unterstehen, nicht verstören. Das Feld der Fähigkeit, gute Wege zu finden, weitet sich nur aus, es wird das gesamte Feld unseres Handelns.

Jemand könnte einwenden, es sei ja selbst wieder gefordert, nämlich rationalerweise gefordert, das, was einem ein guter Weg zu sein scheint, auch einzuschlagen. Als Gegenstück dieser Forderung an Handelnde kehren dann auch die Rechte der von einem Handeln Betroffenen zurück, so dass sich am Ende wenig ändert. Aber wirklich ist nicht rationalerweise gefordert, das zu tun, was einem als gut erscheint. Die Rationalität, oder die Vernunft, fordert gar nichts. Sie lässt uns nur erkennen, dass eine Handlungsweise vorteilhaft oder unnütz, großzügig oder schäbig oder sonst etwas dieser Art wäre. Sie beleuchtet die Sachlage und was in dieser Lage getan werden kann, aber sie gebietet nicht, weder hypothetisch noch kategorisch.[24]

Gewiss, das Gegenteil ist herrschende Lehre in der Philosophie, der traditionellen wie der zeitgenössischen. Aber um nur zwei Beispiele herzunehmen, es ist nicht zu sehen, warum bei Kant die Handlungsweisen, welche die Vernunft „als gut erkennt", dann zu gebotenen werden, wenn es sich um die Vernunft eines Wesens handelt, das den Gründen der Vernunft „seiner Natur nach nicht notwendig folgsam ist".[25] Da sieht jemand ein: Das und das wäre gut zu tun, und er ist einer, der es dann manchmal tut und manchmal nicht, wieso folgt daraus, dass ihm geboten ist, es zu tun, und nicht bloß, dass er ein unverlässlicher Gutestuer ist? Wieso bleibt das erkannte Gute nicht auch bei unsicheren Kantonisten wie uns gerade nur dies, eine gute Sache, wieso setzt es sich auf das hohe Ross des Gebotes? Im Grunde die gleiche Kritik trifft in der zeitgenössischen Philosophie John Broome. Nach ihm ist es eine Verfehlung („failure"), zwar nicht unbedingt eine moralische, doch eine Verfehlung immerhin, wenn einer meint, er solle etwas tun, und es dann zu tun nicht wenigstens vorhat.[26] Ein solcher Mensch sei „nicht gänzlich so, wie er sein soll"[27]. Aber auf Grund wovon gilt, dass einer so nicht sein

---

24 Siehe dazu meinen Aufsatz „A desirer's reason" in: M. Iorio, R. Stoecker (Hrsg.), Action, reasons, and reason, Berlin (de Gruyter) 2015, Abschnitt 11.
25 Kant, Grundlegung, AA IV 412f.
26 John Broome, Rationality through reasoning, Malden (Wiley) 2013, Abschnitt 9.5.
27 John Broome, Normative requirements, in: Ratio 12, 1999, Abschnitt 6.

soll? Gewiss, man kann einen solchen Menschen irrational nennen, aber das heißt nur, ihn in die eine Gruppe von Menschen einordnen statt in die andere. Wer hat darüber hinaus uns geboten, rational zu sein?

Auf die Praxis des Ratgebens bezogen heißt das: Wenn du im Begriff bist, eine Dummheit oder eine Schändlichkeit zu tun, kann ich dir nur vor Augen führen, dass es dumm oder schändlich ist, was du vorhast. Ich kann nicht hinzufügen, dass von dir gefordert ist, das nicht zu tun. Ich habe keinen Grund für die Annahme, dass du einer Forderung unterstehst, keine dummen oder schändlichen Dinge zu tun. Du schuldest da niemandem etwas. In diesem Sinne bist du auf dich gestellt. Da sind keine Anweisungen, an denen du deine Schritte ausrichten kannst, sondern du entscheidest angesichts dessen, wie die Dinge liegen, darin eingeschlossen die Dummheit oder Schändlichkeit dieses oder jenes Tuns. Wohl werde ich den Ausdruck gebrauchen: Du solltest das nicht tun. Aber der Gebrauch von „sollen" zeigt nicht immer ein Erfordernis an,[28] auch wenn manche Autoren diesen Anschein erwecken.[29] „Sollen wir ins Kino gehen?" heißt nicht: „Unterliegen wir einer Forderung, ins Kino zu gehen?" Es heißt: „Ist das ein guter Plan?" Und von der Dummheit oder Schändlichkeit, die du vorhast, werde ich genau das sagen, es ist kein guter Plan, was du da im Sinne hast.

Gegeben eine in dieser Weise forderungsfreie Welt kann man auch von Menschenrechten ablassen. Menschen kommen uns nicht als Träger von Ansprüchen entgegen. Wir begegnen ihnen als Gefährten, darin eingeschlossen als Gegnern, in irgendetwas, was wir treiben, also als Kollegen, Verkäufern, Mitspielern, Ehepartnern und so weiter. Je nach dem, wie wir zusammenkommen, in welchen Funktionen allgemein und mit welcher Vorgeschichte insbesondere, gibt es gute und schlechte Arten miteinander umzugehen, worunter auch die ist, die jeweilige Art des Umgangs ganz zu beenden. Was aber eine gute und was eine schlechte Art ist, das wissen wir, soweit wir es wissen, aus Erfahrung, und mit Hilfe dessen, was wir da wissen, können wir vernünftig unsere Schritte bestimmen. Gewiss, die Welt ist nicht forderungsfrei in dem Sinne, dass Menschen nicht das oder jenes von uns fordern, worauf man dann auf die eine oder andere Weise reagiert. Sie ist forderungsfrei in dem Sinne, dass es keine Forderungen gibt, die den Forderungen von Menschen vorausliegen und ihnen zur Stütze dienen können. Bevor der oder der etwas von uns fordert, *ist* nichts von uns gefordert, schulden wir nichts und hat also niemand einen Anspruch. Aber darum gibt es nicht weniger die passenden Worte, die einer findet, die Hilfe, die gelegen kommt, das Vertrauen, das einen stärkt, oder auch die verletzende Bemerkung und das

---

28 Siehe hierzu Marco Iorio, Regel und Grund, Berlin (de Gruyter) 2011, Kap. 8.
29 Siehe etwa R. M. Hare, The language of morals, Oxford UP 1952, Abschnitt 10.3.

Bein, das jemand einem stellt. Es sind Dinge dieser Art, in Anbetracht deren wir, gestützt auf die mitgebrachte Erfahrung mit eben solchen Dingen, dies oder jenes tun. Nicht Ansprüche erfüllen wir oder erfüllen sie nicht, sondern wir finden gute Wege oder verfehlen sie. – „Aber woran, wenn nicht an solchen Ansprüchen, denen wir unterstehen, bemisst sich, ob ein Weg ein guter Weg ist?" – Es bemisst sich daran, was einer über gute Wege bisher in seinem Leben schon herausgekriegt hat. Mehr Urteil darüber, wie man „es" macht, was immer „es" sein mag, auch überhaupt „leben", hat einer nicht. Aber mehr braucht er auch nicht. Mit dem, was wir gelernt haben, helfen wir uns weiter.

Ungewohnt mag die Vorstellung einer Welt immer noch sein, die keine Vorgaben darüber enthält, wie wir zu gehen haben. Auch mag es enttäuschen, dass man nicht für alle Fälle einen Trumpf in der Hinterhand hat von der Art: Ich bin ein Mensch, das darf man mit mir nicht machen – wobei wir natürlich alle wissen, dass auch ein solcher Trumpf oft nicht honoriert wird. Doch mag sie enttäuschen oder nicht, entmutigen muss die Einsicht nicht, dass wir so ohne alle Anweisungen dastehen. Ist auch nichts gefordert, gibt es doch gute Dinge zu tun.

4 Gerechtigkeit

Die Vorstellung aufzugeben, dass wir als Mitglieder der Bundesrepublik der Gerechtigkeit in der Welt dienen, mag in unser politisches Selbstverständnis wiederum tief einschneiden, weil es uns die politische Orientierung zu rauben scheint. Wohl spricht das Grundgesetz von Gerechtigkeit nur beiläufig, und die meisten anderen Gesetze tun es überhaupt nicht. Das hindert nicht, Gerechtigkeit als das Ziel all dieser einzelnen Regelungen anzusehen, als den Witz des Ganzen. Wird dies Ziel hinfällig, so wissen wir nicht mehr, worauf das ganze Gebilde ausgerichtet ist. Es steht dann nur noch in der Landschaft herum.

Aber es steht wirklich nur in der Landschaft herum, wie die Kirchen, nämlich die Gebäude. Sie hatten einmal einen Sinn, und sie hatten Einen Sinn. Welchen, das war zu verschiedenen Zeiten und in verschiedenen christlichen Gruppen verschieden, es bewegte sich zwischen Haus Gottes und Versammlungsort seiner Gemeinde. Aber welcher es auch genau war, mit einem solchen Verständnis wurden diese Bauten auf die Marktplätze, in die Klosteranlagen, aber auch noch in die neuen Siedlungen der 50er Jahre des letzten Jahrhunderts gestellt. Da stehen sie nun, aber haben ihren Sinn verloren. Wohl betrachten manche sie nach wie vor als Gotteshaus oder als Versammlungsort, aber das ist nicht mehr die gegebene Art sie zu betrachten, sondern eine unter anderen. Sie können ebenso als Orte der Ruhe und nicht religiös gebundenen Besinnung, als historische Denkmäler oder als Kunstwerke betrachtet und genutzt werden. So sind sie bloße

Kreuzungspunkte von Ansichten und Gebräuchen geworden und sind nicht mehr das und das, also etwa Gotteshaus. Wohl kann ich auch das Messer in der Besteck-Schublade zur Not zum Festdrehen einer Schraube benutzen. Trotzdem ist es in meinem Leben Messer und nicht Auch-Schraubenzieher. Hingegen die Kirchen sind in unserem Leben nicht mehr Gotteshäuser, sondern dies und jenes, Kunstgegenstände, Wahrzeichen, Zufluchtsorte, was auch immer.

So aber auch die Staaten. Bleibe dahingestellt, ob sie je einen einheitlichen Sinn hatten, heute haben sie keinen. Die Bundesrepublik ist nicht um eines bestimmten Werkes willen da, das sie mehr oder weniger gut verrichtet. Sie ist nur da, und eine Vielzahl von Ansichten und Gebräuchen haben sich an sie geheftet. Dass sie sich an sie geheftet haben, lässt sich jeweils historisch erklären, es ist in diesem Sinne nicht Zufall. Aber es ist Zufall in dem Sinne, dass die Bundesrepublik nicht damit, dass sie so angesehen und gebraucht wird, ihre eigene Bestimmung erfüllt. Sie hat keine. Sie ist wie die Kirchen nur einmal das und einmal das. Wie Nietzsche von der Praxis des Strafens behauptete:

> Es ist heute unmöglich, bestimmt zu sagen, *warum* eigentlich gestraft wird,[30]

so ist es heute unmöglich, bestimmt zu sagen, warum eigentlich Staat betrieben wird. Nietzsche wird nicht leugnen, dass dieser Mensch diese Strafmaßnahme aus einem bestimmten Grund ergreifen mag und ihn vielleicht auch nennen kann. Aber quer durch die Individuen und die Strafmaßnahmen lässt sich für die Praxis des Strafens kein einheitlicher Grund angeben. So für die Bundesrepublik: der und der mag für das und das, was er innerhalb dieser Institution tut, einen Grund haben und ihn angeben können. Quer durch die Individuen und durch ihr Tun lässt sich kein einheitlicher Grund dafür angeben, Bundesrepublik zu betreiben.

Dann aber lässt sich ohne Sorge der Gedanke preisgeben, dass die Bundesrepublik der Gerechtigkeit in der Welt dient. Wenn sich das Ziel der Gerechtigkeit als fiktiv herausstellt, fällt nur eines der Dinge weg, die anzustreben man diesem Apparat zugewiesen hat. Es bleibt genug übrig, wozu man die Bundesrepublik sonst gebrauchen kann, Gutes wie Schlechtes.

Vielleicht wird man sagen: Wenn Gerechtigkeit belanglos wird, politisch wie auch sonst, gibt es nichts mehr, was Handeln leiten könnte, und auch die Rede von Gutem und Schlechtem wird hinfällig. Gerechtigkeit gilt traditionell als die zentrale Tugend. Wer ihren Anspruch leugnet, hat nichts mehr in der Hand, womit er Handelnden raten oder sie kritisieren könnte. Aber so können wir uns nicht verstehen. Ständig und in vielerlei Zusammenhängen wägen wir ab, ziehen etwas

---

[30] Nietzsche, Zur Genealogie der Moral (1887), II 13, KSA Bd. 5, S. 317.

vor, drängen andere mehr oder weniger direkt zu diesem statt zu jenem Weg, bedauern oder begrüßen, was einer getan hat – davon können wir nicht ablassen.

Müssen wir ja auch nicht. Es ist nicht zu sehen, wieso die Rede vom Guten und Schlechten, oder auch speziell von klugem, mutigem, hilfreichem oder auch ungeschicktem, kleinlichem und boshaftem Tun und so weiter dem verlorengehen sollte, der den Anspruch der Gerechtigkeit bestreitet. Aristoteles fasste zwar alle Tugenden unter Gerechtigkeit im allgemeinen Sinne,[31] und diese Subsumtion fällt dahin, weil es die Rechtsordnung nicht gibt, in Beziehung auf die sich alle einzelnen Tugenden als Rechtlichkeiten ausweisen ließen – die positiven Rechtsordnungen sind dafür zu schmal, wie Antigones Fall zeigt, und die überpositive ist fiktiv. Aber wenn die Subsumtion fällt, bleiben doch die subsumierten Dinge. Wohl können Mutige, Hilfsbereite und so weiter dann nicht mehr gerecht heißen. Mutig und hilfsbereit und so weiter zu sein bleibt darum doch etwas Gutes. Gerechtigkeit ist nicht etwas wie die Über-Tugend, die den Tugend-Charakter der einzelnen Tugenden begründet. Tugenden sind einzelne, von anderen Tugenden unabhängige Züge von Menschen – was nicht ausschließt, dass sie manchmal zusammen mit anderen Tugenden besonders gut gedeihen.

Die Rede von Gutem und Schlechtem ist dabei weit zu verstehen, ebenso die von Tugenden, nämlich entgegen dem jetzigen Sinn des Wortes „Tugend" (V 1) nicht auf moralische Vorzüge eingeschränkt. Menschen tun in hundert Zusammenhängen gelungene oder verfehlte Dinge, und unser Raten und Kritisieren bezieht sich unter diesen Dingen nicht allein auf die, die speziell moralisch bedeutsam sind. Quer durch alles menschliche Tun, vom Ansetzen eines Hefeteigs bis zur Fürsorge für einen alten Menschen, von der Beachtung der Grammatik bis zum Ton, den man im Umgang mit anderen anschlägt, haben wir zum einen einzelne Fälle von Gelingen und Fehlgehen, zum anderen relativ stabile Züge von Menschen, eine besondere Meisterschaft in dieser Sache, eine markante Schwäche in jener. Auf die einzelnen Fälle wie auf die stabilen Züge verweisend können wir anderen bei ihrem Tun raten oder, was sie getan haben, kritisieren. Wir können jemandem sagen: Mach es so wie in diesem Beispiel oder wie der und der mit solchen Lagen umgeht; und wir können das sagen, gleich ob es sich um eine moralische oder technische Schwierigkeit handelt. Der Verlust von Gerechtigkeit bringt diese Praxis nicht in Gefahr.

Tatsächlich sind die Beispiele aber nicht nur ein Mittel, dessen wir uns beim Raten und Kritisieren bedienen, um das Gemeinte deutlich zu machen. Dank ihnen wissen wir, wozu zu raten und was zu kritisieren *ist*. Dank ihnen erkennen wir Gutes und Schlechtes. Darum mag der Ausdruck „Beispiel" schon irreführen.

---

31 NE 1129 b 19–27.

Da gibt es nicht, für sich bestehend, die Prinzipien dessen, was gut und schlecht zu tun ist, und als Beigabe Beispiele, mit denen man die Prinzipien illustrieren kann.[32] Es sind die so genannten Beispiele selbst, an denen uns aufgeht, wie man die betreffende Sache machen muss. Nicht bloß gibt es jenes höhere Recht also nicht, dessen Wahrung uns als Gerechte erweist (V 7), wir brauchen es auch nicht. Aus dem, was uns geschehen ist und durch uns geschehen ist, erkennen wir, wie es gut ist, weiterzugehen.

Hierfür selbst ein Beispiel: Ich bin Lehrer, und ich glaube, ich erkenne gute und schlechte Lehre, wenn ich sie sehe. Dies Wissen verdanke ich nicht einer Kenntnis der Prinzipien richtigen Lehrens, an denen ich vorkommende Fälle messe. Ich verdanke es der Erfahrung mit Lehre. Vor allem verdanke ich es der Erfahrung mit schlechter Lehre, die mir zuteil wurde: wer sie erleidet, dem kann sich gut einprägen, dass Lehre so nicht geht. Daneben habe ich auch exzellente Lehre erhalten, weiterhin ist mein eigenes Lehren erkennbar gelungen und misslungen, dazu haben andere mir von ihrem Lehren und Gelehrtwerden erzählt, und dank diesen Erfahrungen kenne ich mich nun mit guter und schlechter Lehre ein Stück weit aus, weiß, worauf man achten muss und was man nicht machen darf. Ein Lehrbuch der Didaktik könnte ich nicht schreiben, nicht in dieser Form besitze ich Wissen. Aber ich kann anderen in Dingen des Lehrens mit Grund raten und sie kritisieren. Das heißt nicht, dass ich jetzt gut lehre. Man mag wissen, wie etwas geht, und es doch nicht umsetzen, eingewurzelte Hemmungen oder Gewohnheiten mögen stärker sein. Sicher aber hilft es oft zu wissen, wie etwas geht, sowohl wenn man es selbst versucht, wie auch, wenn man anderen dabei rät.[33]

Wie für Lehren so für Leben: Wir können sagen, was einer gut und was einer schlecht gemacht hat, allein dank unserer Erfahrung sowohl mit dem eigenen Tun wie auch mit dem, was uns getan worden ist, und dank den Berichten anderer. Klar, manches von dem, was Leute tun, entzieht sich unserem Urteil, weil wir uns in der besonderen Praxis, die da geübt wird, nicht auskennen. Aber das sind Spezialfälle. In dem breiten Feld unseres gewöhnlichen Handelns haben wir alle genügend Erfahrung, wenn wir einmal groß geworden sind, und wissen daher, was gut und was schlecht getan ist. Prinzipien des rechten Lebens kennen wir nicht, aber brauchen wir auch nicht. Wie Leben geht, haben wir alle in unserem Leben herausgefunden, einigermaßen jedenfalls. Wir wissen, worauf man achten

---

32 Zu diesem Verhältnis siehe Onora O'Neill, The power of example (1986), in: O'Neill, Constructions of reason, Cambridge UP 1989, S. 168 f.
33 Ich habe dies Beispiel schon einmal benutzt in „Without laws", in: M. Welker, G. Etzelmüller (Hrsg.), Concepts of law in the sciences, legal studies and theology, Tübingen (Mohr) 2013, S. 352 f,

muss und was man nicht machen darf, ob wir dann entsprechend handeln oder nicht.

Gewiss, wir haben es nicht so herausgefunden, dass wir es dann irgendwann wissen und fertig sind. Man wird nicht fertig damit, leben zu lernen, weil menschliches Leben so kompliziert ist und weil es sich unter dem Lernen selbst wieder ändert. Und wir haben es nicht so herausgefunden, dass wir dann alle einig wären. Wir ziehen verschiedene Schlüsse aus dem, was wir erlebt haben. Aber was für Schlüsse ein anderer aus dem zieht, was wir beide erlebt haben, kann selbst wieder Teil meiner Erfahrung werden und mag mich so andere Schlüsse als zuvor ziehen lassen. So aneinander uns reibend gelangen wir zu unseren Urteilen darüber, wie man das und das macht, oder überhaupt, wie man lebt, Urteilen, die jene Übereinstimmung und Nicht-Übereinstimmung zeigen, mit der wir wohlvertraut sind. Dass wir uns in dem Prozess nicht immer einig werden, verwundert auch nicht. Unsere Erfahrung ist vielfältig, und welchen praktischen Reim man sich auf eine gegebene Erfahrung machen soll, liegt auch nicht immer auf der Hand. Aber mögen wir auch nicht fertig und nicht einig werden, wir verdanken doch unsere ganze Weisheit dem, was uns begegnet ist. So stehen wir nicht ratlos da, wenn die Forderung der Gerechtigkeit sich als ungegründet erweist. Was wir uns selbst und anderen haben geschehen sehen, das gibt uns Auskunft darüber, was jetzt zu tun ist.

So nun auch im politischen Fall. Nicht nur hat die Bundesrepublik keinen guten Grund, sich Gerechtigkeit in der Welt zum Ziel zu setzen. Sie braucht eine solche Zielvorgabe auch nicht. Politische Erfahrung lässt einen sehen, wie weiter. Nochmals, nicht so lässt sie es einen sehen, dass man es dann weiß und fertig ist. Auch politisches Leben ist dafür zu kompliziert und verändert sich noch dazu unter dem Lernen. Und nicht so lässt sie es einen sehen, dass dann alle einig wären. Vielmehr müssen wir politische Uneinigkeit verarbeiten und setzen dafür Institutionen ein, die ihrerseits diese Aufgabe besser oder schlechter bewältigen. Aber was in diesen Vorgang eingebracht wird, ist geschöpft aus Erfahrungen. Mitwirkend im politischen Prozess brauchen wir kein ihm äußeres Maß wie jene dem bestehenden Recht vorausliegende Rechtsordnung. Er selbst ist alles an Lehrer, was wir finden werden und was wir nötig haben.

Und wenn jemand das Falsche aus seiner politischen Erfahrung gelernt hat, worauf sollen wir uns berufen, um ihn zu korrigieren? Ein Gelerntes gilt schließlich so viel wie ein anderes. Wie können wir ohne den Maßstab eines Rechts, dem auch noch die positiven Rechtsordnungen unterliegen, also ohne den Maßstab der Gerechtigkeit, denjenigen ihren Fehler nachweisen, die ganz andere Dinge jeweils für das Beste halten? Das können wir nicht, wenn „nachweisen" heißt, aus evidenten Prämissen die Falschheit jener Meinungen ableiten. Tatsächlich ist die Annahme eines solchen überpositiven Maßstabs wohl gerade deshalb so verlockend, weil man mit ihm einen großen Bruder von Argument, also eines, das anders Denkende immer niederzwingt, auf der eigenen Seite zu haben meint. Aber in Wirklichkeit haben wir nichts Stärkeres in der Hand, als dass wir dies oder das als brauchbar oder förderlich, unnütz oder zerstörerisch erfahren haben. Wer das Falsche aus seiner politischen Erfahrung gelernt hat, mit dem werden wir uns nur durch neue Erfahrung einigen können, unter anderem also durch den Streit über das, was wir jeder auf seiner Seite gelernt zu haben meinen, mag die neue Erfahrung nun ihn oder uns oder wahrscheinlich beide schließlich anders denken lassen als vorher.

Die gängige Rede von „unseren Werten" ist in diesem Zusammenhang erhellend. Mit dem Ausdruck „Werte" wird der Anspruch erhoben, dass die Festlegung der Bundesrepublik etwa auf Achtung der Menschenwürde, auf Demokratie und Rechtsstaatlichkeit der Ordnung der Dinge entspricht. Werte sind ja nach der Lehre der Wertphilosophie ideale Gegenstände, die zum objektiven Bestand der Welt gehören. Dagegen wird mit „unsere" Werte eingeräumt, dass sich für Achtung der Menschenwürde, Demokratie und Rechtsstaatlichkeit zu entscheiden nur eine Option ist, andere haben eben andere Werte. Aber was von diesen beiden Dingen gilt nun? Liegt die Bundesrepublik mit ihrer Entscheidung für diese Werte objektiv richtig, oder kann man nur sagen, dass die einen es so machen, die anderen so? Antwort, keins von beiden. Die Bundesrepublik entspricht mit ihrer Einrichtung nicht der Ordnung der Dinge, sie ist nicht in bestehenden Werten fundiert. Aber es gibt Gründe, sie so und so einzurichten, und die liegen in dem, was uns geschehen ist und wovon wir gehört haben, dass es anderen geschehen ist. Das Muster ist: Daher kommen wir, darum machen wir es jetzt so, „darum" nicht im Sinne von „dadurch verursacht", sondern von „in Anbetracht dessen" oder „aus diesem Grund"[34]. Wenn jemand „unsere Werte" nicht teilt und ein Staatswesen anders einzurichten fordert, kommt er vermutlich aus einer anderen Geschichte her. Wir können uns gegen ihn nicht auf „unsere Werte" berufen, denn die sind als bloß „unsere" um nichts besser als seine. Wir können uns nur auf das berufen, was wir da und dann gelernt haben. Freilich wird er sich auf etwas anderes berufen, was er dort und dann gelernt hat. Im günstigen Falle werden wir uns dann mit ihm über unsere verschiedenen Geschichten austauschen und dadurch vielleicht zu einer Geschichte gelangen, die uns gemeinsam ist.

---

[34] Dass diese beiden Ausdrücke dasselbe bedeuten, habe ich zu zeigen versucht in „Aus Gründen handeln", Kap. 4.

5 Demokratie

Hier geht das Schlagwort nicht verloren, an dem wir hängen, es erhält nur einen bescheideneren Sinn. Die Bundesrepublik eine Demokratie zu nennen ist gut begründet, doch es besagt nur, dass in der Bundesrepublik das Führungspersonal durch Wahlen bestimmt wird oder, bei einem engeren Begriff, durch Wahlen, die noch weiteren Anforderungen wie Allgemeinheit und Gleichheit genügen. Aber mit einem solchen bescheidenen Verständnis von Demokratie sind zwei Dinge preisgegeben, auf die wir in unserem politischen Selbstverständnis Gewicht legen, politische Autonomie der Einzelnen und der republikanische Charakter dieses Staates.

a. politische Autonomie

Der Satz „Alle Staatsgewalt geht vom Volke aus" verspricht den Einzelnen, dass sie nie bloß Unterworfene, immer auch Urheber der Regelungen sind, denen sie von Staats wegen unterstehen (VI 3). In Analogie zur moralischen Autonomie bei Kant, nach der ein Wille „auch als selbstgesetzgebend und eben um deswillen allererst dem Gesetze (davon er selbst sich als Urheber betrachten kann) unterworfen angesehen werden muss"[35], kann man sagen, der Satz verspricht den Einzelnen politische Autonomie.[36] Aber der Satz trifft nicht zu, „politische Autonomie" so verstanden ist, was die Bundesrepublik angeht, eine leere Rede. (So verstanden: Das antike Verständnis, nach dem eine Stadt autonom ist, wenn ihre Gesetze von Menschen dieser Stadt, nicht von außen festgelegt werden (II 13), bleibt davon unberührt.[37]) Tatsächlich unterliegen die Einzelnen staatlichen Gesetzen, von denen sie sich auf keine Weise als Urheber betrachten können. Denn dass sie diejenigen ausgewählt haben, die die Gesetze geben, macht sie nicht selbst zu Gesetzgebern. Nicht nur besteht in der Demokratie also Herrschaft fort, wie die Staatsrechtslehrer oft betont haben[38], sie ist auch Herrschaft, an der die meisten keinen Anteil haben.

Doch dass wir politische Autonomie nicht besitzen, lässt sich verschmerzen. Fremder Herrschaft zu unterstehen ist nämlich nicht selbst schon etwas Schlim-

---

35 Kant, Grundlegung, AA IV 431.
36 Siehe Jürgen Habermas, Faktizität und Geltung, S. 50 und öfters.
37 Siehe dazu meinen Aufsatz „Autonomy, and then", in: Philosophical Explorations 5, 2002, S. 217–228
38 Etwa Böckenförde, Demokratie als Verfassungsprinzip, Rn. 9 und schon Hans Kelsen, Allgemeine Staatslehre, S. 325.

mes. Wohl ist solche Herrschaft in manchen Fällen drückend, sie macht einem das Leben schwer. Aber das liegt dann nicht daran, dass sie Herrschaft ist, sondern an ihrem besonderen Charakter. Schließlich kann auch Herrschaft, an der man selbst beteiligt ist, einem das Leben schwer machen, etwa wenn man den eigenen Interessen in der politischen Willensbildung kein Gewicht verschaffen kann. Umgekehrt kann man mit der Herrschaft anderer gut bedient sein, etwa wenn sie einem durch die Regelungen, die sie festsetzt, die Koordination des eigenen Tuns mit dem anderer kostengünstig abnimmt. Wenn die Bundesrepublik, als Demokratie in einem bloß schwachen Sinne, ihre Bürger der Herrschaft anderer Menschen unterwirft, ist das also nicht für sich schon ein Schaden. Die besondere Art der Herrschaft mag nur unter Umständen, verglichen mit anderen praktikablen Arrangements, unvorteilhaft sein.

Es ist auch moralisch kein Skandal, der Herrschaft anderer zu unterstehen. Wir haben nicht ein Recht darauf, von keiner Körperschaft beherrscht zu werden, in der wir nicht Sitz und Stimme haben. Wohl ist Rousseaus Satz wahr:

L'homme est né libre,[39]

wenn das nämlich heißt: Niemand hat ohne unser Zutun irgendein Recht an uns. (Es kann nicht heißen: Wir beginnen unser Leben frei, nicht von rechtlichen, sondern von faktischen Hindernissen. Das wäre handgreiflich falsch. Manche Menschen werden mit Behinderungen und alle werden mit Begrenztheiten geboren.) Aber daraus, dass niemand ein Recht an uns hat, folgt nicht, dass wir unsererseits ein Recht haben, nicht einem Herrn zu unterstehen; und es ist auch kein anderer Grund dafür zu sehen, dass wir ein solches Recht haben. Vielmehr fangen wir, was Rechte angeht, in beiden Richtungen, von anderen zu uns und von uns zu anderen, bei Null an. Der Eröffnungssatz von „Du contrat social" lautet vollständig:

L'homme est né libre, et partout il est dans les fers.

Der Mensch wird frei geboren, und überall liegt er in Ketten.

Wenn der erste Halbsatz aber nur sagt: Niemand hat ohne unser Zutun ein Recht an uns, enthält der ganze Satz entgegen Rousseaus erkennbarer Absicht kein Paradox, nichts, was einer besonderen Erklärung bedürfte, die zu liefern Rousseau ja an derselben Stelle seinem Buch zur Aufgabe macht. A unterdrückt B, und weder hat A ein Recht, B zu unterdrücken, noch hat B eines, nicht unterdrückt zu

---

39 Rousseau, Du contrat social, I 1.

werden, an dieser Situation ist nichts schwer zu verstehen. Es ist eine Standard-Situation, in der sich zwei Menschen befinden können. Denn niemand fängt an mit einem Recht zu unterdrücken oder mit einem Recht, nicht unterdrückt zu werden. Also werden wir durch die Herrschaft anderer nicht in unseren Rechten verletzt. Wenn andere über uns herrschen, leiden wir allein damit so wenig Unrecht wie die Schafe, die einem Hirten unterstehen.

b. Republik

Verloren geht zudem bei einem bescheidenen Verständnis von Demokratie die Vorstellung, das Wirken der Bundesrepublik sei in irgendeiner Weise unser gemeinsames Tun, unser, der hier Lebenden, oder unser, nur der Staatsangehörigen, also des deutschen Volkes. Gewiss, wenn es wahr ist, dass alle Staatsgewalt vom Volke ausgeht, dann sind wir, indem wir sie ausüben, vereint politisch Handelnde. Wir brauchen dazu nicht ein kollektives Übersubjekt zu bilden[40], die aus dem Strafrecht bekannte Figur der Mit-Täterschaft reicht aus. Wie verschiedene Menschen, jeder etwas anderes beitragend, zusammen eine Bank überfallen können, so können wir, jeder etwas anderes beitragend, zusammen, oder wie man früher sagte, im Verein die Bundesrepublik betreiben. Aber wir tun es nicht: Die Staatsgewalt geht nicht vom Volke aus. Wir üben sie nicht gemeinsam aus, wir wählen nur die sie Ausübenden aus. Dies Auswählen selbst ist aber nicht ein gemeinsames Tun. Es ist eine große Menge von einzelnem Tun, dessen einzelne Ergebnisse, also etwa die Kreuze auf den Stimmzetteln, nach diesem oder jenem System zusammengerechnet werden.

Die Bundesrepublik ist darum nicht „res publica", öffentliche Sache, jedenfalls wenn diese mit Cicero als „res populi", Sache des Volkes, also gemeinsame Angelegenheit der Bürger, gedeutet wird[41]. In einem anspruchsvollen Sinne ist die Bundesrepublik also trotz ihrem Namen keine Republik. Sie ist nur Republik in dem schwachen Sinne, dass sie keine Monarchie ist. Wohl berührt, was durch ihre Organe festgesetzt wird, alle hier Lebenden, manche stärker, manche schwächer. Aber das ist die Empfängerseite. Auf der Täterseite ist es falsch zu sagen, dass wir, das Volk, in diesen Festsetzungen eine gemeinsame Sache betreiben.

---

40 – wie Peter French sie beschreibt, Collective and corporate responsibility, New York (Columbia University Press) 1984.
41 Marcus Tullius Cicero, De re publica I, 39. Zur Geschichte des Begriffs der Republik siehe vor allem Wolfgang Magers Artikel in: O. Brunner et al. (Hrsg.), Geschichtliche Grundbegriffe, Band 5, Stuttgart (Klett-Cotta) 1984, S. 549–651.

Wir sind daher auch nicht verantwortlich für das, was von denjenigen getan wird, die in der Bundesrepublik die Staatsgewalt ausüben. Verantwortlich ist einer für das, was er getan und unterlassen hat. So ist einer wohl verantwortlich dafür, dass er dazu beigetragen hat, dass diese, nicht jene Menschen nun die Staatsgewalt innehaben. Aber für das, was sie in dieser Position tun, ist er nicht verantwortlich. Gewiss, das klingt nach Verweigerung der Übernahme historischer Schuld. Aber die Rede von historischer Schuld, etwa des deutschen Volkes, ist selbst mythisch. Den Mythos abzutun hätte nicht nur den Vorteil, eine Täuschung loszuwerden. Es hätte auch den Vorteil, für das Lernen aus dem, was gerade durch Deutsche geschehen ist, den Weg frei zu machen. Denn unter Mythen lernt man nicht, man wiederholt sie nur. Man lernt erst, wenn man ungebeugt erkennt, was war und was ist.[42]

Der Gedanke der Republik ist unrealistisch, trotz verschiedenen Autoren, die in jüngerer Zeit versucht haben, ihm wieder Gewicht zu geben.[43] Aber wir brauchen den Gedanken der Republik auch nicht. Wir müssen nicht in irgendeiner Weise an einem Strang ziehen. Es ist ja schon zweifelhaft, ob Ciceros Erklärung, die öffentlichen Angelegenheiten seien Sache des gesamten Volkes, versteht man sie aktivisch, jemals, und sei es nur zu Zeiten der römischen Republik, wie sie genannt wird, der Realität entsprach und nicht nur von Cicero zur Beschönigung der patrizischen Herrschaft gebraucht wurde. Die Bundesrepublik jedenfalls leistet das, was sie eben leistet, ohne gemeinsames Unternehmen des deutschen Volkes zu sein. Wir können sie verstehen als das Resultat von vielerlei, hierhin und dahin gehenden Bestrebungen, statt als das eine Werk, an dem wir alle zusammen arbeiten; damit aber auch als zugänglich für neue, ihr eine neue Form gebende Bestrebungen. Als ich Kind war, spielten die Mädchen ein Spiel, das an manchen Orten „Abnehmen" heißt. Dabei wird ein geschlossener Faden über einzelne Finger der zwei Hände gespannt, dann von der Mitspielerin in bestimmter Weise aufgenommen und, eine andere Figur bildend,. über ihre Finger gespannt, und so immer weiter. Die Bundesrepublik gleicht einer solchen Figur. Wie in diesem Spiel die Figuren, die der Faden beschreibt, Funktion allein dessen sind, wo ansetzend welcher Finger in welche Richtung drängt, so ist die Bundesrepublik, statt gemeinsames Werk, nur Ergebnis des Drucks, den eine Gruppe von Menschen in diese Richtung, eine andere in jene ausübt.

---

[42] Hier knüpfe ich an meine Überlegung an in: Is it reasonable to regret things one did? The Journal of Philosophy 89, 1992, besonders S. 273.
[43] Siehe im deutschen Sprachraum den von Rolf Gröschner und Otto Lembcke herausgegebenen Band „Freistaatlichkeit", Tübingen (Mohr) 2011, besonders den Artikel von Gröschner „Der Freistaat des Grundgesetzes". Im englischen Sprachraum siehe Quentin Skinner, Liberty before liberalism, Cambridge UP 1998 und Philip Pettit, Republicanism, Oxford UP 2003.

VIII Ein neues

Und wie können wir uns nun als Bürger der Bundesrepublik verstehen, ohne die teils verfehlten, teils überzogenen Begriffe, die im Vorangegangenen abgewiesen oder zurückgestutzt wurden? Wir können uns verstehen als miteinander streitend und als individuell geleitet durch Klugheit.

1 Streit

Am Beispiel von Freiheit: Wir leben in der Bundesrepublik nicht in der Freiheit. Doch verspricht die Bundesrepublik denen, die hier leben, einige Freiheiten, wie die freie Entfaltung der Persönlichkeit, Freiheit der Meinungsäußerung, der Kunst und der Wissenschaft, der Religion, Versammlungs- und Koalitionsfreiheit, Freiheiten, an denen jeweils vielen Menschen viel liegt, wenn auch den einen mehr an dieser, den anderen mehr an jener. Sie verspricht diese Freiheiten nicht uneingeschränkt, nur mit verschiedenen Vorbehalten, und sie hält ihre Versprechen nicht durchweg, nur einigermaßen. Aber der Freiheitsmix, auf den man hierzulande mit einiger Sicherheit rechnen kann, ist hoch zu schätzen, schon gar im Vergleich zu dem, was frühere deutsche Staaten boten. Befriedigend ist er nicht. Ein Land, das einen großen Anteil der in ihm lebenden Kinder unter den Einschränkungen gravierender Armut aufwachsen lässt, steht in Sachen Freiheit schlecht da. Aber das führt sogleich in die politische Auseinandersetzung: Wie weit wollen wir die freie Verfügung über Eigentum durch Besteuerung einschränken, um mehr Menschen ein durch Armut nicht behindertes Leben zu sichern? Oder bei einem anderen Gegenstand: Wie weit wollen wir die freie Mitteilung an andere durch Überwachung einschränken, zu Gunsten der Freiheit, die in der Sicherheit vor Verbrechen besteht? Allgemein, wie wird der Freiheitskuchen auf Arten der Freiheit aufgeteilt und dadurch mittelbar auf Menschen, die bei der einen oder der anderen Verteilung besser wegkommen? Über solche Fragen sind wir uns in der Bundesrepublik nicht einig und werden uns auch nicht bald einig werden. Das Selbstverständnis der Bundesrepublik in Sachen Freiheit kann demnach nicht mehr sein als: Einige Freiheiten sind hierzulande einigermaßen gesichert, und damit ist einiges gewonnen. Aber wie das durchschnittlich verfügbare Paket von Freiheiten künftig zugeschnitten, also erweitert, verkürzt oder umgebaut werden sollte, das ist politisch umstritten. Somit, Freiheit ist ein Gegenstand politischen Streits in der Bundesrepublik, das und nicht mehr können wir uns auf die Fahne schreiben.

Hier und im Folgenden, politischer Streit ist nicht zu verstehen bloß als politische Diskussion. Vielleicht unter dem Einfluss von Habermas und den Freunden der deliberativen Demokratie (VI 6) wird besonders in der deutschsprachigen Theorie der politische Prozess im Wesentlichen als ein Austausch von Argumenten, eben als Diskussion dargestellt. So definierte Habermas seinerzeit „Demokratie" als

> die institutionell gesicherten Formen einer allgemeinen und öffentlichen Kommunikation [...], die sich mit der praktischen Frage befaßt: wie die Menschen unter den objektiven Bedingungen ihrer immens erweiterten Verfügungsgewalt miteinander leben können und wollen.[1]

Als ob demokratische Politik allein oder auch nur vorzugsweise darin bestünde, miteinander zu reden! Wohl kommt es in der politischen Auseinandersetzung vor, dass man Gründe vorbringt, die andere von der eigenen Position überzeugen sollen. Aber das ist nur ein Mittel neben anderen, mit denen man die eigenen Ziele zu erreichen sucht. Oft bringt man Leute wirksamer mit anderen Mitteln, etwa mit der Aussicht auf Belohnung, oder mit der Aussicht auf üble Folgen, wenn sie sich sperren, dazu, dass sie zum Beispiel wie gewünscht abstimmen. Die Aussage, dass Freiheit ein Gegenstand politischen Streits ist, bedeutet also nicht bloß, dass darüber, wie Freiheit bei uns zugeschnitten werden soll, geredet, sondern breiter, dass darum gekämpft wird, mit den politischen Mitteln, die den Beteiligten unter den gegebenen Umständen zu Gebote stehen.[2]

Die Berufung auf „unsere Freiheit" wird abgelöst vom Streit darum, welche Freiheit bei uns garantiert werden soll. Ähnliches gilt für die anderen hier zur Diskussion stehenden Begriffe. Menschenwürde etwa: Eine solche Würde gibt es zwar nicht. Aber darum bleiben doch die Fragen bestehen, auf die bisher mit der Berufung auf die Menschenwürde geantwortet wurde, also die Fragen, was einem Menschen bei uns grundsätzlich nicht vorenthalten und was ihm grundsätzlich nicht angetan werden soll. So sieht das BVerfG den Staat als verpflichtet an, „die Mindestvoraussetzungen für ein menschenwürdiges Dasein seiner Bürger" zu schaffen,[3] aber die Bezugnahme des Gerichts auf die Menschenwürde leistet nichts und kann wegbleiben. Der Einwand ist nicht, dass „Mindestvoraussetzungen für ein menschenwürdiges Dasein" nicht hinreichend bestimmt angibt,

---

[1] Jürgen Habermas, Technischer Fortschritt und soziale Lebenswelt (1966), in: Habermas, Technik und Wissenschaft als 'Ideologie', Frankfurt (Suhrkamp) 1968, S. 113f.
[2] Raymond Geuss hat hierauf immer wieder hingewiesen, besonders eindrucksvoll in der Einleitung von Philosophy and real politics, Princeton UP 2008.
[3] BVerfGE 82, 60.

was denen gewährt werden soll, die sich selbst nicht erhalten können. Der Einwand ist, dass hier sozialstaatliche Maßnahmen an einen Pflock gebunden werden, der fiktiv ist. Wir tun besser daran, die Sache ganz auf die eigene Kappe zu nehmen, also nicht zu fragen: Was müssen Mittellose bekommen, damit die Würde, die sie als Menschen besitzen, gewahrt bleibt? sondern: Was sollen Mittellose bei uns bekommen? Und darüber wird und soll politischer Streit sein.

Ebenso etwa bei der Frage nach der Zulässigkeit von Folter. Das Folterverbot, lange als uneingeschränkt angesehen[4], wird neuerdings relativiert[5] – ob mit Recht, darüber herrscht Streit. In diesem Streit sich aber auf die Würde des Menschen zu berufen bringt nichts ein. Nochmals, es geht nicht darum, dass wir keinen eindeutigen Maßstab für Würdeverletzungen haben. Der Punkt ist, wir gehen fehl, wenn wir die Entscheidung über die Zulässigkeit von Folter an etwas festmachen, wovon wir in Wahrheit keine Kenntnis und wozu wir keinen Zugang haben. Besser daher, wir stellen die Frage so: Wollen wir in der Bundesrepublik zusammenleben unter der Vorgabe, dass bei uns Menschen unter bestimmten Bedigungen gefoltert werden dürfen, oder unter der, dass dies in keinem Fall zulässig ist? Und als diesen Streit, neben anderen, ausfechtend können wir uns sinnvoll politisch verstehen.

Für Menschenrechte desgleichen: Es gibt sie nicht, aber wichtig ist vielmehr die Frage, ob die Bundesrepublik die unter dem Titel „Menschenrechte" vorgebrachten praktischen Anliegen, darunter vordringlich die Beseitigung von Hunger, Unbildung und mangelhafter Gesundheitsversorgung in den armen Ländern der Welt[6], sich zu eigen machen sollte, und wenn ja, in welchem Maß und in welcher Weise. Darüber gehen die Meinungen bei uns auseinander, doch dieser Streit ist das, was vom Bekenntnis des deutschen Volkes zu den Menschenrechten in Art. 1 II GG übrig bleibt.

Im Fall von Gerechtigkeit ist die Sache besonders deutlich. Das deutsche Volk strebt angeblich gerechte Zustände in der Welt an, aber das Gerechte, von dem diese Zustände Fälle sein sollen, ist wieder Fata Morgana, niemand ist dergleichen wirklich begegnet, und die Bilder, die uns davon gegeben wurden, sind Bilder einer Göttin. Die Dinge liegen vielmehr so: Verschiedene Gruppen in Deutschland drängen auf verschiedene Verteilungen der erzeugten Güter und der anfallenden Lasten, und als gerecht zeichnen streitende Parteien gern die von ihnen ange-

---

[4] Siehe Philip Kunig, Art. 1, Rn. 4.
[5] So von Winfried Brugger, Darf der Staat ausnahmsweise foltern? in: Der Staat 35, 1996, S. 67–97. In eine ähnliche Richtung geht Matthias Herdegen, Art. 1 Abs. 1, in: Theodor Maunz, Günter Dürig, Grundgesetz-Kommentar, München (Beck) 2005, Rn. 44–47.
[6] Dazu siehe Thomas Pogge, World poverty and human rights, 2. Auflage, Cambridge (polity) 2008.

strebte Lösung aus. Die Frage, welche der Verteilungen die gerechte *ist*, kann als belanglos beiseite bleiben, denn was tut's, ob irgendwo im Himmel geschrieben steht, dass so verteilt werden sollte. Wir können vielmehr gleich den politischen Streit darüber ausfechten, wie bei uns tatsächlich verteilt werden soll. Und das *ist* ein politischer Streit: Wer den angeblich unpolitischen Markt über die Verteilung von Gütern und Lasten entscheiden lassen will, hat sich schon auf die Seite derjenigen gestellt, die dank ihrer günstigeren Ausgangsposition die Aussicht haben, auf dem Markt besser zu fahren.

Schließlich Demokratie: Die Staatsgewalt geht bei uns nicht vom Volke aus. Die Bundesrepublik ist nicht eine Institution, die wir, die Angehörigen dieses Staates, gemeinsam betreiben. Wohl aber hat die Bundesrepublik ihren Bewohnern größere Chancen eröffnet, politische Anliegen zu Gehör zu bringen und durchzusetzen, verglichen mit früheren oder zeitgenössischen Nicht-Demokratien und verglichen mit den autokratisch funktionierenden Nominal-Demokratien von heute. Die Bestellung der politisch Entscheidenden direkt oder indirekt durch Wahlen, Thomas und Schumpeters Kriterium der Demokratie, dazu die freie Gründung von Parteien gemäß Art. 21 I GG und von Gesellschaften gemäß Art. 9 I GG, vor allem aber die Freiheit der Meinungsäußerung gemäß Art. 5 I GG verschaffen den Menschen hierzulande einiges an politischer Mitsprache. Genug? Das ist wieder strittig. Manche sehen darin nur ein Bröselchen wünschenswerter und auch machbarer Einwirkungsmöglichkeit der Bürger und drängen insbesondere auf den Ausbau plebiszitärer Verfahren nach dem Vorbild der Schweiz, andere widersetzen sich dem und schneiden politische Mitsprache vielmehr zurück, mit Hilfe etwa von Sperrklauseln und Ächtung oder Verbot von Parteien. Demokratie also in einem anspruchsvolleren Sinne als dem bei Thoma und Schumpeter ist wieder nur selbst Gegenstand der politischen Auseinandersetzung in der Bundesrepublik.

So als Streitende darüber uns zu verstehen, wie die Bundesrepublik künftig arbeiten soll, ist eine zureichende Grundlage für eine fortdauernde und produktive politische Kooperation. Es gilt also politischer Pluralismus, allerdings in einem stärkeren als dem gewöhnlichen Sinne.[7] Gewöhnlich heißen politische Systeme schon pluralistisch, wenn sie politische Entscheidungen hervorgehen lassen aus der Auseinandersetzung zwischen mehreren Parteien, Verbänden oder Gemeinschaften, wobei die Auseinandersetzung sich aber auf einem gemeinsamen Boden bewegen soll. Politischer Pluralismus in einem stärkeren Sinne besagt, dass es diesen gemeinsamen Boden nicht gibt, dass die hier Lebenden

---

[7] Zu Geschichte und Spielarten des Pluralismus siehe Winfried Steffani, Vom Pluralismus zum Neopluralismus, in: Steffani, Pluralistische Demokratie, Opladen (Leske) 1980, S. 13–84.

durchaus nur mehrere, einander Entgegenstehende sind, also nach verschiedenen Dimensionen immer in verschiedene Gruppen zerfallen, die ihre Vorstellungen davon durchzusetzen suchen, was die Bundesrepublik künftig sein und tun soll. Ihre Auseinandersetzung ist das politische Geschehen selbst, und das Bild vom gemeinsamen Boden, auf dem sich das politische Geschehen bewegt, kann aufgegeben werden. Denn wirklich fällt ohne den geteilten Bestand von Überzeugungen der politische Prozess nicht zusammen. Er dauert fort allein in den divergierenden Bestrebungen der Verschiedenen.

Ernst Fraenkel, seinerzeit der führende Vertreter einer pluralistischen politischen Theorie in Deutschland, hielt freilich daran fest, dass eine funktionierende pluralistische Demokratie

> nicht nur Verfahrensvorschriften und Spielregeln eines fair play, sondern auch eines allgemein anerkannten Wertkodex bedarf, der ein Minimum abstrakter regulativer Ideen generellen Charakters enthalten muß.[8]

Ein solches Erfordernis substanzieller Einigkeit trotz allen politischen Konflikten ist auch von vielen anderen Theoretikern behauptet worden.[9] Aber es ist nicht zu erkennen, warum die Einigkeit erforderlich sein soll. Was den geteilten Wertkodex betrifft, so räumt Fraenkel sogleich ein, man könne nicht erwarten,

> daß in politisch relevanten Fällen diese regulativen Ideen ausreichend konkret und genügend substantiiert zu sein vermögen, um für die Lösung aktueller politischer Probleme unmittelbar verwendungsfähig zu sein.

Von den vagen Einschränkungen durch „unmittelbar" und „regulativ" abgesehen, heißt das, dass die Ideen, über die wir uns angeblich einig sind, bei der Bewältigung aktueller politischer Probleme nicht helfen, es sind nur Sprüche oben drüber. Die ganze Arbeit tun die sachhaltigen Überlegungen und Vorhaben, über die wir uns nicht einig sind und von denen uns leiten lassend wir die betreffende Sache ausfechten. Aber wenn er nichts leistet, können wir gleich auf den allgemein geteilten Wertkodex verzichten.

Auch den Konsens über Verfahrensregeln brauchen wir nicht. Gewiss, die über etwas streiten, streiten zu der Zeit über anderes nicht, und dazu gehören die jeweils benutzten Streitverfahren. Aber worüber sie heute nicht streiten, darüber können sie morgen streiten, vielleicht nach anderen Verfahren, die morgen nicht

---

[8] Ernst Fraenkel, Der Pluralismus als Strukturelement der freiheitlich-rechtsstaatlichen Demokratie (1964), in: Fraenkel, Gesammelte Schriften, Band 5, Baden-Baden (Nomos) 2007, S. 259.
[9] So etwa Erhard Forndran, Demokratie und demokratischer Staat in der Krise, Baden-Baden (Nomos) 2002, S. 125–129.

strittig sind, und so braucht es nichts zu geben, was zwischen ihnen dauerhaft unstrittig bleibt. Alles auf einmal kann freilich nicht strittig sein. Aber darum kann doch jeder einzelne Punkt strittig werden. Otto Neurath hat dafür in einem erkenntnistheoretischen Zusammenhang ein eindrucksvolles Bild gefunden:

> Wie Schiffer sind wir, die ihr Schiff auf offener See umbauen müssen, ohne es jemals in einem Dock zerlegen und aus besten Bestandteilen neu errichten zu können.[10]

Das gilt auch politisch. Wir gehen aus vom Stand der Dinge, wovon auch sonst. Uns der Verfahren politischer Auseinandersetzung bedienend, die er bereitstellt, ändern wir ihn, etwa im Hinblick auf die genannten Punkte, also Freiheiten, Chancen politischer Mitsprache und so weiter. Das aber ändert die Ausgangslage für neue Veränderungen. Auf diese Weise kann jede Planke des politischen Schiffs ausgewechselt werden, während wir doch in ihm fahren.

Rawls war ebenso der Meinung, dass es eine weltanschaulich einhellige Bürgerschaft in den westlichen Staaten auf absehbare Zeit nicht geben wird. Doch er hoffte auf einen moralischen Kernbestand, in dem die divergierenden Überzeugungen übereinkommen, zumindest die vernünftigen unter ihnen, und hoffte dazu, dass gestützt auf diesen Kernbestand die Staatswesen Stabilität und soziale Einheit bewahren können.[11]

Aber auch hier ist nicht zu sehen, was diese Hoffnungen selbst vernünftig macht. Das heißt zum einen, was sie realistisch macht: Wenn es tiefe Spaltungen sind, die nach Rawls' Meinung unsere Gesellschaften durchziehen, dann haben wir keinen Grund anzunehmen, sie werden das moralische Basislager unberührt lassen. Es hilft auch nichts, diejenigen Überzeugungen als unvernünftig von der Betrachtung auszuschließen, die außerhalb des moralischen Konsens stehen, denn die betreffenden Unvernünftigen sind ja nach wie vor Mitbewohner dieses Landes, und so geht die Spaltung immer noch durch die hier Lebenden.

Das heißt zum anderen, es ist nicht zu sehen, was die Hoffnung hoffenswert macht. Hinsichtlich Stabilität ist zwar eine Bundesrepublik, die nicht auf gemeinsamen Überzeugungen des ganzen Volkes aufruht, den Veränderungen der gesellschaftlichen Kräfteverhältnisse stärker ausgesetzt. Aber warum soll es anders sein? Warum ist eine politische Ordnung zu wünschen, die sich bei Veränderungen der gesellschaftlichen Kräfteverhältnisse selbst nicht verändert? Verächtlich bemerkt Rawls, die Stabilität eines „modus vivendi", eines Arrangement, mit dem die konfligierenden Gruppen einstweilen leben können, hänge von

---

10 Otto Neurath, Protokollsätze, Erkenntnis 3, 1932/33, S. 206.
11 Rawls, The idea of an overlapping consensus, Oxford Journal of legal studies 7, 1987, S. 1–25, hier besonders S. 2.

„happenstance", bloßen Zufälligkeiten ab.¹² Aber so kann nur reden, wer eine politische Ordnung im Reich der Ideen baut. Von dem historischen Gebilde Bundesrepublik ist eine Art von Stabilität nicht sinnvoll zu verlangen, die sie gegen zufällige Veränderungen in ihr oder um sie herum unempfindlich macht. Schon gar nicht verdient ein „modus vivendi", ein Arrangement, mit dem alle leben können, als etwas Geringes angesehen zu werden. Gerade angesichts der tiefgreifenden Konflikte, die uns trennen, muss man sich Ordnungen zu schätzen wissen, in denen wir jedenfalls unter den gegebenen Umständen miteinander auskommen.

Hinsichtlich sozialer Einheit liegt zwar auf der Hand, dass derlei in einer nicht von uns allen getragenen Bundesrepublik nicht zu finden ist, aber die Frage ist wieder, ob uns damit etwas Wertvolles fehlt. Ja, wir sind nicht darin vereint, dass wir alle dieses Gemeinwesen, irreführend so genannte Gemeinwesen, betreiben. Aber wir müssen nicht darin vereint sein, um unter dem Schutz seiner Zusicherungen und auf den von ihm bereitgestellten Bahnen unsere Ziele zu verfolgen, seien es individuelle oder von mehreren geteilte Ziele, oder seien es insbesondere politische Ziele, also solche, die eben das Funktionieren dieser Institution betreffen. Die Rede von sozialer Einheit ist am Ende bloß ein Stück Romantik ähnlich Herders „Volk" und Hegels „Staat". Denn wie diese Konzeptionen ruft sie angesichts der Divergenzen der modernen Welt ein angeblich Höheres zu Hilfe, das von solchen Divergenzen nicht mehr betroffen sein soll. Nicht nötig: Wir können miteinander leben und gut miteinander leben, ohne in irgendeinem Sinn eine Einheit zu bilden,¹³ ohne mehr zu sein als „eine von der Geschichte willkürlich zusammengewürfelte Menschenmasse, die über nicht mehr Gemeinsamkeiten verfügt als die Passagierliste eines Fluges"¹⁴, wie Charles Taylor sein Schreckbild eines Nicht-Volkes beschreibt.

Begreifen wir uns aber durchaus als Vielheit, erscheint es auch nicht mehr als Verlust, wenn sich die Prinzipien, auf welche die Bundesrepublik angeblich festgelegt ist, als unhaltbar erweisen, wie in den vorangegangenen Kapiteln dargelegt. Aus der Not einer verlorenen Basis wird die Tugend einer eröffneten Aufgabe. Teilnehmend an diesem Staatswesen sind wir nicht auf Freiheit, Menschenwürde und so weiter festgelegt, sondern stehen in einer Auseinandersetzung, in der es zu bestimmen ansteht, welche Freiheiten bei uns eingeräumt

---

12 Rawls, The idea of an overlapping consensus, S. 11
13 So schon Theodor Geiger, Demokratie ohne Dogma (1960), München (Szczesny) o. J., S. 357 f. Ähnlich jüngst Jacob Levy, Against fraternity: democracy without solidarity, in: K. Banting, W. Kymlicka (Hrsg.), The strains of commitment, Oxford UP 2017, S. 107 f.
14 Charles Taylor, Der Trend zur politischen Fragmentarisierung, Karlheinz Dürr (Übers.), in: W. Weidenfeld (Hrsg.), Demokratie am Wendepunkt, Berlin (Siedler) 1996, S. 261

werden, was man einem Menschen tun muss und nicht tun darf, und so weiter. Die Hymne, in die wir alle einstimmen, können wir abblasen. Tauziehen ist das Spiel, freilich mit vielen verschiedenen Tauen.

Aber, so wird man einwenden, mit Politik, die sich nicht an Prinzipien gebunden sieht, kann man auf schreckliche Abwege geraten. Wenn wir nicht auf Dinge wie Freiheit und Menschenwürde festgelegt sind, wenn alles noch Gegenstand politischer Auseinandersetzung ist, was sichert uns dagegen, dass wir in diesen Auseinandersetzungen dahin kommen, Wege einzuschlagen, die wieder nur Untaten und Verderben bringen, Untaten und Verderben wie die, aus denen die Bundesrepublik herstammt? Nichts sichert uns dagegen. Vor uns selbst können wir uns nicht schützen. Wohl lassen sich die politischen Verfahren so einrichten, dass auf Abwege oder auf bestimmte Abwege zu geraten erschwert wird. So hat das Grundgesetz in Art. 79 einige Verfahrens-Hindernisse wie das Erfordernis einer Zweidrittelmehrheit für Grundgesetz-Änderungen und die sogenannte Ewigkeits-Garantie für einige Bestimmungen der Verfassung eingebaut, die solchen Veränderungen, wie sie die Nationalsozialisten 1933 vornahmen, im Wege stehen. Aber Sicherheit bieten solche Regelungen nicht. Am Ende sind wir dem politischen Prozess, und das heißt, uns selbst überlassen. Uns dem entgegen an eingebildeten Masten von Prinzipien wie Freiheit und Menschenwürde festzubinden hilft nicht. Nur was es gibt, gibt Halt. Gegen Abwege helfen am Ende nur gute Wege, und die zu finden ist Sache eben der politischen Auseinandersetzung.

2 Klugheit

Die Bundesrepublik ist die Einrichtung, in der darüber gestritten und je und je entschieden wird, wie es politisch hierzulande weitergehen soll. Dass jemand Mitglied dieser Einrichtung ist und was durch sie im Einzelnen festgesetzt wird, das ist wichtig für ihn, denn das bestimmt, womit er in der Zukunft rechnen kann und rechnen muss. Es ist nicht in der Weise wichtig für ihn, dass daraus etwas für seine eigene moralische Stellung folgt. Damit ist gesagt:
- Bürger dieses Staates zu sein ist nicht selbst die Erfüllung einer Pflicht.
- Den Gesetzen dieses Staates zu gehorchen ist einer nicht moralisch verpflichtet.
- Verpflichtungen erwachsen einem auch nicht indirekt aus Einstellungen zu diesem Staat, die von seinen Bürgern erwartet werden können, wie Liebe oder Dankbarkeit.
- Bürger sind vielmehr ihrer eigenen Einsicht hinsichtlich dessen überlassen, was am besten zu tun ist, also ihrer Klugheit.

Zu diesen Punkten nun der Reihe nach.

a. Pflicht zur Bürgerschaft

Die klassische deutsche Tradition war überzeugt, dass man verpflichtet ist, Staatsbürger zu sein. Für Kant ist die Verbindung vieler in einem Gemeinwesen

> unbedingte und erste Pflicht,[15]

weil nämlich

> die Vernunft selbst es so will, und zwar die reine, a priori gesetzgebende Vernunft, die auf keinen empirischen Zweck (dergleichen alle unter dem allgemeinen Namen Glückseligkeit begriffen werden) Rücksicht nimmt; als in Ansehung dessen, und worin ihn ein jeder setzen will, die Menschen gar verschieden denken, so dass ihr Wille unter kein gemeinschaftliches Prinzip, folglich auch unter kein äußeres, mit jedermanns Freiheit zusammenstimmendes Gesetz gebracht werden kann.[16]

Dass die Vernunft es will, ist ein malerischer Ausdruck dafür, dass es vernünftig ist, Bürger zu sein. Nun soll aber nach diesen Sätzen Bürgerschaft nicht deshalb vernünftig sein, weil sie den Zwecken der Individuen dient, etwa ihnen größere Sicherheit bringt, sondern sie soll ohne Rücksicht auf ihre Zwecke, einfach so vernünftig sein. Und warum ist Bürgerschaft zum Beispiel in der Bundesrepublik einfach so vernünftig? Die Antwort scheint zu sein: Weil Menschen, die nicht Bürger sind, keinem äußeren, mit jedermanns Freiheit zusammenstimmenden Gesetz, und das heißt nach Kant, keinem Recht unterstehen. Doch diese Antwort tritt auf der Stelle. Wer fragt, ob wir zur Bürgerschaft, der fragt auch, ob wir zum Rechtszustand verpflichtet sind. Ähnlich im Kreis argumentiert Kant noch an anderen Stellen.[17] Die Auskunft ist jeweils, es sei unrecht, in einem nicht-rechtlichen Zustand zu verharren, weil dieser Zustand kein Rechtszustand ist – während wir gerade wissen wollten, warum denn ein Rechtszustand sein soll. Tautologisch verfährt auch die Kant-Literatur, zum Beispiel Wolfgang Kersting: Im Naturzustand zu verharren sei „pflichtwidrig, denn die Menschen stehen als vernünftige Wesen a priori unter der Verpflichtung, ihr Verhältnis zueinander

---

15 Kant, Gemeinspruch, AA VIII 289.
16 Kant, Gemeinspruch, AA VIII 290.
17 Kant, Rechtslehre § 42, AA VI 307 f.; § 44 AA VI 312; handschriftlicher Nachlass Refl. 6593, AA XIX 99 f.

nach Regeln des Rechts zu gestalten."¹⁸ Doch ob sie unter einer solchen Verpflichtung stehen, war eben die Frage. Vielleicht ist es die Verwandtschaft der Wörter „Recht" und „recht", die Kant und seine Nachfolger für selbstverständlich halten lässt, dass Menschen, die nicht unter einem Recht, also allgemeinen Gesetzen leben, eben damit unrecht, also pflichtwidrig leben.¹⁹ Aber wirklich versteht sich das keineswegs von selbst.

Hegel behauptet ebenso von den Einzelnen, dass ihre

> höchste Pflicht es ist, Mitglieder des Staats zu sein.

Denn der Staat sei objektiver Geist, und so habe

> das Individuum selbst nur Objektivität, Wahrheit und Sittlichkeit, als es ein Glied desselben ist. Die Vereinigung als solche ist selbst der wahrhafte Inhalt und Zweck, und die Bestimmung der Individuen ist, ein allgemeines Leben zu führen.²⁰

Was aber wieder keine Begründung ist. Denn wer wissen will, warum Bürgerschaft Pflicht sein soll, wird auch die Behauptung in Frage stellen, dass die Vereinigung der Individuen zu einem Staat der wahrhafte Inhalt und Zweck ihres Lebens ist. Tatsächlich wissen wir nichts von einem wahrhaften Inhalt und Zweck unseres Lebens. Wir wissen nichts davon, zu irgendetwas bestimmt zu sein, etwa zu einem allgemeinen Leben. Die Behauptung einer Pflicht zur Bürgerschaft stützt sich bei Hegel auf Annahmen aus aristotelischer Tradition, etwa auf die vom eigentümlichen Werk des Menschen: dass Menschen eine bestimmte Aufgabe in der Welt zu erfüllen haben, für die sie durch ihre natürliche Ausstattung qualifiziert sind.²¹ Aber diese Annahmen verdienen keinen Glauben. Qualifiziert sind wir wohl für ein politisches Leben, und wahrscheinlich bedürfen wir dessen auch. Aber daraus folgt nicht, dass wir in ihm unsere Aufgabe und Bestimmung haben.

Gute Gründe für die Behauptung, Bürgerschaft sei Pflicht, sind also nicht zu sehen. Man wird daher annehmen, dass Bürger der Bundesrepublik zu sein nicht selbst moralisch geboten ist. Es mag nur nützlich sein, es zu sein, also empfehlenswert aus Gründen, wie Kant sie eben verschmähte. Doch meistens wird sich

---

18 Wolfgang Kersting, Wohlgeordnete Freiheit, Frankfurt (Suhrkamp) 1993, S. 329.
19 Siehe Norbert Hoerster, Zum begrifflichen Verhältnis von Recht und Moral, Neue Hefte für Philosophie 17, 1979, S. 79f.
20 G.W.F. Hegel, Grundlinien der Philosophie des Rechts (1821), J. Hoffmeister (Hrsg.), 4. Auflage, Hamburg (Meiner) 1955, § 258 (Hervorhebungen getilgt).
21 Aristoteles, NE 1097 b 24 – 1098 a 20.

die Frage gar nicht stellen, ob es nützlich ist, weil es keinen Anlass für sie gibt.[22] Man findet sich als Bürger dieses Staates und so bleibt man es eben, es sei denn, besondere Umstände sprechen für eine Veränderung. Aber damit, dass man hier Bürger ist, befindet man sich nicht schon in irgendeiner Weise auf dem rechten Wege.

b. Pflicht, den Gesetzen zu gehorchen

Weiter verbreitet ist die Überzeugung, dass wir als Bürger dieses Staatswesens dazu verpflichtet sind, seinen Gesetzen zu gehorchen. Manche meinen, von einer solchen Verpflichtung gegenüber dem eigenen Staatswesen überzeugt zu sein gehöre zum Grundbestand unseres politischen Bewusstseins.[23]

Aber zunächst, hier mag eine Täuschung vorliegen. Tatsächlich denken viele, sie sollten nicht rote Ampeln überfahren, Steuern hinterziehen und Leute umbringen, und tun es auch nicht. Aber wahrscheinlich denken nur wenige, sie sollten deshalb diese Dinge nicht tun, weil sie ihnen von Staats wegen verboten sind. Sie denken wohl eher, es sei wegen des Querverkehrs nicht ratsam, rote Ampeln zu überfahren, es sei wegen der verbesserten Fahndungsmethoden riskant, Steuern zu hinterziehen, und Leute umzubringen sei ohnehin nicht richtig; und diese Gründe reichen dafür aus, dass sie sich entsprechend verhalten. Um zu tun, was von Staats wegen von einem verlangt wird, muss man also nicht diesem Verlangen selbst verpflichtende Kraft beimessen.[24] Auf weite Strecken reicht es aus, angesichts der Lage der Dinge, auch angesichts der durch die staatliche Forderung geänderten Lage der Dinge und angesichts der mit der Forderung vielleicht verbundenen Drohungen das zu tun, was einem selbst am besten scheint.

Aber manchmal reicht es nicht aus. Manchmal fordern Staaten von ihren Bürgern, dass sie Dinge tun, die zu tun sie von sich aus keine ausreichenden Gründe haben. So verlangen manche Staaten von ihren Bürgern, im Krieg zu dienen. Doch in vielen Fällen wird einer, wenn alles zusammengerechnet ist: Gefahr, im Krieg zu Schaden zu kommen, Chancen bei dem Versuch, sich dem Dienst durch Flucht zu entziehen, moralischer Charakter des Krieges und ähnli-

---

22 Siehe A. John Simmons, Justification and legitimacy (1999), in: Simmons, Justification and legitimacy, Cambridge UP 2001, S. 126.
23 Siehe etwa George Klosko, The principle of fairness and political obligation, Lanham (Rowman) 1992, S. 24.
24 Siehe die Kritik an Klosko bei Leslie Green, Who believes in political obligation? in: J.T. Sanders, J. Narveson (Hrsg.), For and against the state, Lanham (Rowman) 1996, S. 1–17.

che Dinge, keinen ausreichenden Grund haben zu tun, was von ihm verlangt wird. Der Krieg, den die USA in Vietnam führten, ist ein gutes Beispiel. Er war sichtlich verbrecherisch, mitzukämpfen barg erhebliche Risiken, und manche der Betroffenen konnten verhältnismäßig leicht, durch Flucht nach Kanada oder Großbritannien, dem staatlichen Zugriff ausweichen. In solchen Fällen müsste die Pflicht, den Gesetzen zu gehorchen, einspringen. Wer von sich aus überwiegende Gründe sieht, einer staatlichen Forderung nicht zu folgen, von dem könnte auf Grund dieser Verpflichtung doch gelten, dass er ihr folgen soll. Frage also, besteht eine solche Verpflichtung? Sind wir gehalten, den Gesetzen unseres Staates zu gehorchen, auch wenn die eigene Abschätzung der Gründe fürs Handeln es nicht empfiehlt?

Das ist ein altes Streitthema der politischen Philosophie,[25] und auch in der gegenwärtigen Diskussion stark umkämpft.[26] Aber bei aller Vielfalt der vorgebrachten Überlegungen dürften doch nur drei Argumente für eine positive Antwort zumindest Aussichten auf Erfolg haben. Das eine ist die auf John Locke zurückgehende Zustimmungs-Theorie, das zweite die Begründung der Autorität des Staates, die Joseph Raz vorgeschlagen hat, und das dritte die Assoziativ-Theorie, wie sie etwa John Horton vertritt.

Zum ersten Argument. John Locke war überzeugt, dass Bürger schon darum verpflichtet sind, den Gesetzen zu gehorchen, weil sie den staatlichen Amtsträgern das Recht zur Gesetzgebung erteilt haben:

> every man, by consenting with others to make one body politic under one government, puts himself under an obligation, to every one of that society, to submit to the determination of the *majority*, and to be concluded by it.[27]

Locke will an dieser Stelle zeigen, dass die Individuen, die einen Vertrag zur Gründung eines Staates schließen, sich damit auch darauf festlegen, politische Entscheidungen durch Mehrheit zu treffen. Ob er das wirklich zeigt oder nicht, hier kommt es auf seine These an, dass die Individuen, die einen Staat gründen und also bestimmten Menschen das Recht erteilen, Regelungen für ihr Verhalten festzusetzen, sich damit einer Verpflichtung unterstellen, diese Regelungen einzuhalten. Mögen hier die früher (VI 5) vorgebrachten Zweifel beiseite bleiben, ob die Bürger tatsächlich den Trägern staatlicher Herrschaft das Recht erteilt haben, Regelungen für ihr Verhalten festzusetzen, also ob sie ihre Herrschaft legitimiert

---

25 Siehe Platon, Kriton.
26 Eine Übersicht bietet der Band von William Edmundson, The duty to obey the law, Lanham (Rowman) 1999.
27 John Locke, Second treatise of government § 97.

haben. Angenommen sie haben das getan: dann ist jetzt die Frage, ob sie darum auch verpflichtet sind, den Regelungen zu gehorchen, die von den ermächtigten Herrschenden festgesetzt werden. Mit einer heute gebräuchlichen Begrifflichkeit, die aber nicht diejenige Lockes ist: die Frage ist, ob Legitimität Autorität mit sich bringt.[28]

Nein, das tut sie nicht.[29] Wenn wir durch gemeinsamen Beschluss jemanden dazu anstellen, bei uns Konventionen etwa für den Straßenverkehr festzulegen und ihre Einhaltung mit Hilfe von Strafen für Abweichende durchzusetzen, haben wir damit nicht schon uns verpflichtet, seinen Anweisungen zu gehorchen. Wir stellen ihn nur an, damit er uns gleichsam den Takt für unser Treiben im Straßenverkehr schlägt, aus dem Grund, dass man in großen Gruppen manche Dinge ohne einen solchen Dirigenten nicht hinkriegt. Darum obliegt es uns doch nicht, den von ihm geschlagenen Takt zu halten. Es hat nur Vorteile, wenn wir es tun. Ebenso wenig wird mit den Strafen, die wir ihn gegen Abweichende verhängen lassen, eine Schuld geahndet, die sie auf sich geladen haben. Strafdrohung und Strafvollzug machen nur konformes Verhalten häufiger, und an dem liegt uns meistenteils. Wohl mögen manche sich schuldig empfinden, wenn sie den Anweisungen des bestellten Leiters nicht gehorchen, und manche mögen unter dem Einfluss dieser oder jener, etwa einer religiösen Tradition ein solches Schuldempfinden bei sich oder anderen sogar kultivieren. Was sachlich vorgeht, lässt sich dagegen beschreiben, ohne auf Vorstellungen von Schuld zurückzugreifen, und so verdient eine solche ärmere Beschreibung den Vorzug.

Locke behauptet freilich, dass die Anweisungen legitimer Herrscher auch verpflichten. Für ihn ist der Staat mehr als ein aus pragmatischen Gründen unterhaltener Dienstleistungsbetrieb, er bleibt eine „moralische Anstalt", wenn auch nicht in dem erzieherischen Sinne Schillers.[30] Aber einer solchen Verpflichtung können wir gerade auch nach Locke nicht ohne unser Zutun unterliegen, wir sind ja frei geboren.[31] Wenn nun nach dem eben Gesagten in der Bestellung eines Leitungspersonals für unser Umgehen miteinander noch keine Verpflichtung liegt, dessen Anweisungen zu gehorchen, müssten wir eine solche eigens übernommen, also wir müssten ihm zusätzlich Gehorsam versprochen haben. Aber nichts Derartiges haben wir in aller Regel getan. Die Zustimmungs-

---

28 Für diesen Gebrauch von „Autorität" siehe Allen Buchanan, Political legitimacy and democracy, Ethics 112 (2002), S. 691.
29 Siehe etwa, mit anderer Begrifflichkeit, Rolf Sartorius, Political authority and political obligation (1981), in: Edmundson (Hrsg.), The duty to obey the law, S. 144.
30 Schiller, Die Schaubühne als eine moralische Anstalt betrachtet (1784), in: Schiller, Werke, Band 1, S. 719–729. Diesen Titel hat Schiller seinem Text erst 1801 gegeben.
31 Locke, Second treatise § 4, 87.

Theorie scheitert daran, dass die von ihr geforderte Zustimmung nicht stattfindet.[32] Es ist auch nicht zu sehen, warum jemand eine solche Verpflichtung übernehmen sollte. Wir haben alles, was wir brauchen, wenn wir die Regelung gemeinsamer Angelegenheiten in geeignete Hände legen. Dazu noch Gehorsam zu versprechen ist in einer Gesellschaft von Freien, wie sie Locke, wenn nicht schon vor sich sieht, doch entwirft, ein Relikt aus feudalen Zeiten.

Zur zweiten Theorie. Raz versteht Autorität so, dass sie zentral das Recht einschließt, Menschen eine Verpflichtung aufzuerlegen;[33] und im Normalfall zeigt man, dass jemand dies Recht hat, indem man zeigt, dass die betreffenden Menschen, wenn sie seinen Anweisungen gehorchen, wahrscheinlich besser den Gründen folgen, die sie selbst für ein Handeln haben, als wenn sie den Gründen ohne diesen Umweg zu folgen versuchen.[34] Entsprechend für den besonderen Fall der politischen Autorität: staatliche Amtsträger haben das Recht, Bürgern ein Handeln verpflichtend zu machen, soweit es wahrscheinlich ist, dass die Bürger, den staatlichen Anweisungen gehorchend, den Gründen, die sie selbst für ein Handeln haben, besser folgen, als wenn sie es auf eigene Faust versuchen.[35]

Aber erstens ist nicht zu erkennen, wieso jemand, dessen Anweisungen gehorchend manche Menschen besser ihren eigenen Gründen fürs Handeln folgen, als wenn sie es direkt versuchen, darum mit seinen Anweisungen Verpflichtungen zu setzen berechtigt ist. Seine Anweisungen sind soweit für die angesprochenen Menschen ja bloß nützlich: Sie tun gut daran, ihnen zu gehorchen. Das zeigt nicht, dass er berechtigt ist, mit seinen Anweisungen ihnen Verpflichtungen aufzuerlegen. Gegenüber Lehrern, Sportlehrern etwa oder Musiklehrern, ist man oft in dem Fall, dass ihren Anweisungen gehorchend man besser den Gründen folgt, die man selber für ein Handeln hat, als wenn man es ohne ihren Rat versucht, deshalb nimmt man ja Unterricht. Doch darum ist es immer noch Rat, was sie einem geben, es verpflichtet einen nicht. Ebenso im politischen Fall: Anweisungen eines Amtsträgers, denen mich beugend ich tue, was vernünftig ist, aber ohne sie nicht getan hätte, bin ich darum doch nicht zu gehorchen verpflichtet.

Zweitens, staatliche Amtsträger geben in Wirklichkeit nur selten, wenn überhaupt einmal, Anweisungen von der Art, dass ihnen gehorchend Menschen ihren eigenen Gründen fürs Handeln besser folgen, als wenn sie es direkt versuchten. Es kann keine Rede davon sein, dass dies der Standardfall der Beziehung zwischen staatlichen Befehlenden und anderen Bürgern ist. Raz erwähnt die

---

32 A. John Simmons, Moral principles and political obligations, Princeton UP 1979, Kap. 3–4.
33 Joseph Raz, The morality of freedom, Oxford UP 1986, S. 37.
34 Raz, The morality of freedom, S. 53.
35 Raz, The morality of freedom, S. 70–80.

gesetzliche Pflicht von Eltern, für ihre Kinder zu sorgen.³⁶ Aber die meisten Eltern brauchen kein Gesetz, um ihm gehorchend das zu tun, wofür sie selbst schon gute Gründe haben, nämlich für ihre Kinder zu sorgen. Bei den Eltern dagegen, die das nicht von sich aus schon tun, richtet auch das Gesetz gewöhnlich wenig aus. Raz denkt zum anderen an Konventionen, also an Regelungen, bei denen fast alle daran interessiert sind, dass irgendeine Regelung von fast allen befolgt wird, nicht aber daran, dass es diese Regelung statt einer anderen ist.³⁷ Aber Konventionen belegen ebenso wenig seine These. Denn tatsächlich lässt sich jemand, der einer Konvention im erklärten Sinne folgt, nicht vom staatlichen Gebot statt von seinen eigenen Gründen leiten. Er folgt seinen Gründen unter den durch das staatliche Gebot veränderten Bedingungen. Wer vom Kontinent kommend in Dover an Land fährt, hat selbst schon an dem auf der Insel herrschenden Gebrauch einen guten Grund, von Rechts- auf Linksfahren umzustellen. Was ihn leitet, ist nicht das Gesetz, sondern sein eigener Kopf – der freilich ihm rät, das im Gesetz Vorgeschriebene zu tun.

An den Nerv der Sache rührt Raz erst mit dem Beispiel der Wehrpflicht. Sie wurde in Großbritannien erst 1916 eingeführt, während in den ersten beiden Jahren des Krieges nur Freiwillige dienten. Raz argumentiert nun so:

> By and large, those who approved of conscription when it came did so because they believed that it was everyone's duty to serve in the armed forces in any case. They would have denied that the conscription law imposed a completely new duty. It merely declared what people ought to have done. Because the doubters were bound by the fact that they were subject to the authority of Parliament, to follow Parliament's judgment as to what their duties were, its Act is not merely dependent on those duties, but also pre-empts them.³⁸

Aber Raz kann nur behaupten, dass diejenigen, die sich dem Wehrpflichtgesetz beugten, damit Gründen folgten, die sie selbst schon für ein entsprechendes Handeln hatten (das sagt nach Raz' Terminologie der Ausdruck „dependent"³⁹), wenn er unterstellt, dass mit und ohne Gesetz jeder die Pflicht hatte, in der Armee zu dienen. Doch genau das wird ja bezweifelt, wie er selbst mit der Bezugnahme auf die „doubters" einräumt. Was er diesen Zweiflern entgegenhalten will, um zu zeigen, dass das Wehrpflichtgesetz nur verlangte, was die Betroffenen ohne das Gesetz schon Grund hatten zu tun, ist nicht zu erkennen. Wohlgemerkt, er muss nicht zeigen, dass die Betroffenen, dem Wehrpflichtgesetz gehorchend, ihren eigenen Interessen dienten. Man kann durchaus Grund haben, das eigene Interesse

---

36 Raz, The morality of freedom, S. 43f.
37 Raz, The morality of freedom, S. 49.
38 Raz, The morality of freedom, S. 45.
39 Raz, The morality of freedom, S. 41.

hintanzustellen. Aber er muss zeigen, dass sie, indem sie gehorchten, nichts taten, was sie nicht ohnehin Grund hatten zu tun. Das scheint im Fall des Wehrpflichtgesetzes aussichtslos. Erst recht aber wird es nicht gelingen, Entsprechendes mit Bezug auf die gesamte Gesetzgebung eines Parlaments, in Großbritannien oder sonst irgendwo, oder auch nur mit Bezug auf die große Masse derselben nachzuweisen. Das heißt, es gibt keinen Grund anzunehmen, dass staatliche Anweisungen an irgendeinem Ort regelmäßig die Eigenschaft haben, Bürger zu einem Tun anzuhalten, für das die Bürger selbst schon, ohne die Anweisungen, gute Gründe haben.

An dieser Stelle kann sich Raz nur noch darauf berufen, dass er ideale Theorie betreibt:

> Ours is an attempt to explain the notion of legitimate authority through describing what one might call an ideal exercise of authority.[40]

Also, es ist gar nicht so, dass die Bürger, staatlichen Anweisungen gehorchend, nur besser den Gründen folgen, die sie schon selbst für ein Handeln haben. Es wäre nur schön, wenn es so wäre. Aber dann hat Raz auch nicht gezeigt, dass die Anweisungen staatlicher Amtsträger tatsächlich verpflichtende Kraft haben. Er hat nur gezeigt, dass es schön wäre, wenn sie Bedingungen erfüllten, unter denen ihnen verpflichtende Kraft zukäme. Aber was schön wäre, ist nicht von Interesse. Wir wollten wissen, was ist. Insgesamt also: Ohne die Berufung auf ideale Theorie erreicht Raz' Argument nicht sein Ziel, weil es nicht zeigt, dass die gehorsamen Bürger nur Gründen folgen, die sie ohnehin schon haben. Mit der Berufung auf ideale Theorie wird sein Argument belanglos, weil es nicht mehr zu zeigen unternimmt, dass staatliche Anweisungen wirklich verpflichten.

Zur dritten der Theorien: Der Grundgedanke Hortons ist, dass schon die bloße Mitgliedschaft in einer Gruppe, also auch eine Mitgliedschaft, die man nicht eigens übernommen hat, sondern die man, wie in vielen Fällen die Staatsbürgerschaft, von Geburt an besitzt, Verpflichtungen mit sich bringen kann. Die Mitgliedschaft in einem Staatswesen bringe aber tatsächlich Verpflichtungen mit sich, einesteils weil der Staat mit Hilfe seines Zwangsapparats den Bürgern einige Ordnung und Sicherheit gewährt, ohne die sie nur ein schlechtes Leben hätten,[41] anderenteils weil die Mitgliedschaft Bestandteil ihrer Identität nicht allein ist, gleichsam hinter ihrem Rücken, sondern in ihrer Identifikation mit diesem Staatswesen bestätigt werden muss:[42]

---

40 Raz, The morality of freedom, S. 47
41 John Horton, Political obligation, 2. Auflage, Houndmills (Palgrave) 2010, S. 176f.
42 Horton, Political obligation, S. 183.

through our political identity we acknowledge or recognize our corresponding political obligations.[43]

Aber auch diese Gründe für politische Verpflichtung überzeugen nicht. Was zum einen Ordnung und Sicherheit betrifft, die wir dem staatlichen Apparat verdanken, so begründen sie, wie eben gegenüber Lockes Zustimmungs-Theorie argumentiert, keine Verpflichtung unsererseits. Angenommen, wir haben die staatlichen Amtsträger zu ihrem Tun ermächtigt, so haben wir uns damit doch nicht verpflichtet, ihnen zu gehorchen. Sie tun etwas, das uns nützt, wenn sie festlegen, wer an einer Kreuzung Vorfahrt hat und wann man von einem Vertrag zurücktreten darf, und dazu, dass sie das tun, haben wir sie angestellt. Aber weder mit noch zusätzlich zu ihrer Anstellung haben wir ihnen Gehorsam versprochen.

Was zum anderen die Behauptung angeht, die Staatsbürgerschaft gehöre zur Identität eines Menschen, so folgt aus ihr nichts von Belang, jedenfalls bei einem angemessen bescheidenen Verständnis von Identität.[44] Wenn man nämlich die Vorstellung aufgibt, dass sich an einem Menschen zwei Bereiche oder zwei Schichten unterscheiden lassen, deren eine die für ihn wesentlichen Eigenschaften umfasst, die andere diejenigen, die er zwar hat, aber die nicht für ihn wesentlich sind, oder anders gesagt, auf der einen Seite diejenigen, die ausmachen, was er ist, auf der anderen diejenigen, die er nur hat, die aber nicht ausmachen, was er ist, wenn man also die Vorstellung von einem substanziellen Unterschied zwischen Wesen, Kern oder Selbst eines Menschen und dem, was sich sonst noch an ihm findet, aufgibt, weil ein solcher Unterschied zwischen Eigenschaften erster und zweiter Klasse sich nicht ausweisen lässt, dann wird die Rede von der Identität eines Menschen durchaus kontext-relativ. Das heißt, mit dem Satz, etwas gehöre zur Identität eines Menschen, wird dann nur noch gesagt, auf die betreffende Eigenschaft Bezug zu nehmen sei in dem jeweiligen Zusammenhang wichtig oder aufschlussreich, weil sie in diesem Zusammenhang für den Menschen, um den es geht, charakteristisch ist. Damit kann aber jede Eigenschaft eines Menschen zu seiner Identität gehören, auch etwa die Nummer seines Passes, denn in manchen Zusammenhängen ist die ja für seine Charakterisierung wichtig. Dass es zur Identität eines Menschen gehört, Bürger der Bundesrepublik zu sein, heißt dann nur, dass man in manchen Zusammenhängen, wenn man ihn beschreibt, darauf Bezug nehmen sollte. Was freilich wenig sagt: Von jedem

---

43 Horton, Political obligation, S. 186.
44 Siehe dazu die Diskussion bei Almut Kristine von Wedelstaedt, Von Menschen und Geschichten, Münster (mentis) 2016, besonders Kap. 1.

Bundesrepublikaner wird gelten, dass in manchen Zusammenhängen auf seine Staatsbürgerschaft Bezug zu nehmen wichtig ist, in anderen aber nicht.

Vor allem folgt daraus nichts für eine Verpflichtung des betreffenden Menschen. Er mag ein Mensch von der und der Art geworden sein unter anderem, weil er hier Bürger gewesen ist. Das betrifft aber nur seine Geschichte. Es lässt unberührt, was er jetzt tun sollte. Horton behauptet zwar, es sei ein unproblematischer Gedanke, dass eine bloße Mitgliedschaft Verpflichtungen mit sich bringt,[45] aber diese Einschätzung ist wohl falsch. Denn man sieht nicht, wieso das erste Grund für das zweite sein soll, also wieso die Tatsache, dass einer durch die und die Umstände so und so geworden ist, einen Grund dafür abgibt, dass er nun das und das tun soll. Wirklich könnten wir, wenn wir das als unproblematisch ansähen, was Horton uns als unproblematisch anzusehen empfiehlt, gleich bei den Stoikern bleiben: Der Mensch ist Teil der Natur, also obliegt es uns, im Einklang mit der Natur zu leben – auch hier sieht man nicht, wie man vom ersten Halbsatz zum zweiten kommt. Denn der Mensch ist zwar Teil der Natur, aber darum obliegt uns nichts.[46]

Das Ergebnis ist also, in den drei Theorien ist kein Argument dafür zu finden, dass wir den Gesetzen der Bundesrepublik zu gehorchen verpflichtet sind. Auf das frühere Beispiel angewandt heißt das: Wer zum Kriegsdienst aufgefordert wird, der sollte der Forderung nicht folgen, wenn nur dies dafür spricht, es zu tun, dass er von Staats wegen dazu aufgefordert worden ist. Denn denen, die diese Forderung an ihn stellen, ist es nicht gelungen, ihm eine entsprechende Verpflichtung aufzuerlegen. Ihre Forderung ist in diesem Sinne grundlos, eine bloße Forderung; wenn sie auch nicht in dem Sinn grundlos ist, dass die Fordernden nicht ihrerseits Gründe dafür haben, sie zu stellen. Dagegen sollte er folgen, wenn die Sache es verdient, für die er kämpfen soll, wenn die Gefahren für ihn selbst gering sind, wenn zu fliehen viel kostet, wenn er gerne Kriegsdienst tut, und so weiter. Wenn keine derartige Bedingung erfüllt ist, sollte er nicht folgen. Wenn aber einige Bedingungen erfüllt sind, andere nicht, muss er abwägen, und das Ergebnis hängt von den Umständen im einzelnen Fall ab. Aber durch das staatliche Gebot, Kriegsdienst zu leisten, ist er nicht verpflichtet. Allein Umstände wie die gerade angesprochenen können ergeben, dass er tun sollte, was von ihm gefordert wird.

Das Thermopylen-Epigramm, das Simonides von Keos in der ersten Hälfte des 5. Jahrhunderts v. Chr. zugeschrieben wird, lautet, ziemlich wörtlich übersetzt:

---

45 Horton, Political obligation, S. 173.
46 Siehe auch die ausführliche Kritik an Hortons Konzeption und ähnlichen Überlegungen anderer Autoren bei A. John Simmons, Associative political obligations (1996), in: Simmons, Justification and legitimacy, Cambridge UP 2001, S. 65–92.

> Fremder, melde den Spartanern, dass wir hier
> liegen, dem von ihnen Gesagten gehorchend.[47]

Dass die, die da erschlagen liegen, mit der Verteidigung des Thermopylen-Passes dem gehorchten, was die Spartaner gesagt hatten, war kein guter Grund, den Pass zu verteidigen. Wenn sie aber mit der Verteidigung des Passes das taten, woran ihnen selbst unter den gegebenen Umständen lag, ob die Spartaner es ihnen aufgetragen hatten oder nicht, dann taten sie es vielleicht aus gutem Grund. Vielleicht, denn dass einem daran liegt, etwas zu tun, zeigt nicht, dass man hinreichenden Grund hat, es zu tun. Woran einem liegt, kann immer noch etwas Dummes oder Schändliches sein.[48] Doch zu tun, woran einem auf keine Weise liegt, weder über die erwarteten Folgen noch unmittelbar, also etwas zu tun, bloß weil es einem von den Spartanern aufgetragen worden ist, ohne Versprechen oder Drohung von ihrer Seite, ohne Liebe oder Zutrauen zu ihnen, das hat man nicht Grund zu tun.

c. Pflichten, die aus Einstellungen erwachsen

Angesichts dessen, dass sich eine Pflicht, den Gesetzen zu gehorchen, nicht direkt begründen lässt, haben verschiedene Autoren versucht, bestimmte Einstellungen von Bürgern als angemessen zu erweisen, Einstellungen wie Liebe, Treue oder Dankbarkeit, die dann ihrerseits bestimmte Verpflichtungen mit sich bringen. Schon der platonische Sokrates legt ja den Gesetzen Athens den Hinweis auf die vielen Wohltaten in den Mund, die er von ihnen empfangen habe.[49] Deren eingedenk, so ist offenbar die Überlegung, könne Sokrates jetzt nicht den Gesetzen den Gehorsam verweigern und aus dem Gefängnis fliehen, auch wenn das über ihn ergangene Urteil nicht gerecht ist. In der zeitgenössischen Diskussion hat A.D. Walker ein ähnliches, auf die Pflicht der Bürger zur Dankbarkeit gestütztes Argument entwickelt.[50]

Allerdings sind solche indirekten Argumente in bestimmter Weise schwächer als die direkten. Gelingt ein direktes Argument dafür, dass Bürger staatlichen Geboten Gehorsam schulden, kann man den Ungehorsamen sogleich einen Vorwurf machen. Gelingt nur ein indirektes Argument, so kann man manchen

---

47 Herodot, Historien VII 228.
48 Frankfurt, The importance of what we care about, S. 91, 93.
49 Platon, Kriton 50 d-e.
50 A.D. Walker, Political obligation and the argument from gratitude, in: Philosophy and public affairs 17, 1988, S. 191–211.

Menschen zwar vorhalten, dass ihnen eine Liebe, Treue oder Dankbarkeit fehlt, die nach Lage der Dinge angemessen wäre. Aber man kann sie nicht dafür tadeln, dass sie eine solche Einstellung nicht sogleich aufbringen, folglich auch nicht dafür, dass sie nicht sogleich aus ihr heraus handeln. Denn man kann solche Einstellungen nicht anschalten. Das macht die indirekten Argumente jedoch nicht wertlos. Denn man kann solchen Einstellungen wohl den Boden bereiten und ihre Ausbildung fördern, bei einem selbst und, wohl noch wichtiger, bei anderen, etwa in der Erziehung. Die indirekten Argumente würden zeigen, dass man Grund hat, das zu tun.

Die erste Schwierigkeit derartiger Überlegungen liegt jedoch darin, dass nicht klar ist, wem die betreffenden Einstellungen entgegengebracht werden sollen. Der Bundesrepublik? Die ist eine Institution, also grob gesprochen ein Satz von geregeltem, aufeinander bezogenem Verhalten einer Gruppe von Menschen. Einem solchen Gebilde Liebe, Treue oder Dankbarkeit entgegenzubringen erscheint abwegig. Gewiss, man kann alles Mögliche lieben. Aber es ist nicht glaubhaft, von einer so seltsamen Einstellung wie der Liebe zu einer Institution zu behaupten, dass viele Menschen sie haben oder haben sollten. Dem könnte man entgegnen, dass wir ja auch davon reden, dass jemand etwa ein Spiel liebt, und diese Rede nichts Bizarres hat, obwohl Spiele gleichfalls Mengen geregelten und aufeinander bezogenen Verhaltens sind. Aber wer sagt, dass jemand ein Spiel liebt, meint vermutlich, dass der Betreffende das Spiel zu spielen liebt, also das Tun, nicht die Institution. Das Entsprechende im Fall der Bundesrepublik, also die Liebe zu einer Tätigkeit des „Bundesrepublikanens", ist aber sicher nicht gemeint.

Walker möchte die Dankbarkeit der Bürger stattdessen auf ihre Mitbürger sich richten lassen.[51] Die sind wohl geeignete Adressaten, aber ihre schiere Anzahl lässt das Reden von Dankbarkeit verfehlt erscheinen. Ich kann meinen Freunden dankbar sein, wenn sie mir gemeinsam etwas zum Geburtstag schenken. 80 Millionen Menschen für die Wohltaten dankbar sein, die durch die Bundesrepublik mir zuteil werden, scheint eine bloße Konstruktion zum Zweck der Theorie.[52] Statt Dankbarkeit Liebe auf alle Mitbürger gerichtet sein zu lassen ist erst recht unrealistisch. So viele Menschen kann man nicht lieben. „Seid umschlungen, Millionen"[53] ist nur Spruch. Aristoteles redet zwar davon, dass „Freundschaft", wie man sein Wort „philia" gewöhnlich übersetzt, die Mitglieder politischer Gemeinschaften verbindet.[54] Aber hier mag ein großzügiger Wortgebrauch im Spiel

---

51 Walker, Political obligation, S. 196.
52 Siehe hierzu A. John Simmons, Moral principles and political obligations, S. 187 f.
53 Schiller, An die Freude.
54 NE 1155 a 22 f., 1159 b 25–27.

sein. Schon dass man eine Seereise oder einen Feldzug zusammen unternimmt, lässt, wie er berichtet, manche von Freundschaft sprechen,[55] und auf diese Weise wird die Berufung auf eine Freundschaft unter den Bürgern tautologisch. Denn wenn im selben Schiff zu fahren oder eben im selben Staat Bürger zu sein schon Freundschaft *ist*, müsste erst noch gezeigt werden, dass mit einer so breit verstandenen Freundschaft auch Freundschaftspflichten verbunden sind. Ist aber gemeint, dass eine gemeinsame Seereise oft Menschen einander näher bringt, also im normalen Sinn des Wortes zu Freunden macht, dann müsste erst noch gezeigt werden, dass dies bei gemeinsamer Staatsbürgerschaft auch so ist.

Wohl kann man einzelne Dinge lieben, die es in Deutschland gibt, so schon gleich das Land, aber auch Bauten und Naturdinge, Gebräuche und Traditionen. Es mag einen berühren, wenn man die deutsche Sprache oder auch eine Mundart wieder hört oder spricht, wenn man in bestimmten Situationen mit Leuten so umgeht, wie es hier üblich ist, oder wenn man an Orte kommt, die einem viel bedeuten. Mit solchen Dingen kann man vertraut, sie mögen einem ans Herz gewachsen sein. Doch das sind eben Dinge *in* Deutschland. Mit der Bundesrepublik haben sie nur das zu tun, dass die den institutionellen Rahmen herstellt, in dem sie zugänglich werden. Nicht sie ist einem aber darum lieb. Das Gefühl von Heimat, also davon, dass hier Dinge sind, an denen man hängt, hat in Wahrheit mit dem hiesigen Staatswesen wenig zu tun.

Die zweite Schwierigkeit dieser Überlegungen liegt darin, dass nicht klar ist, was für solche Regungen wie Liebe, Treue oder Dankbarkeit der Grund sein soll. Einige der 80 Millionen Deutschen sind liebenswert, kein Zweifel, aber alle? Und dadurch, dass sie Deutsche sind? Es ist nicht einzusehen, weshalb diese Eigenschaft einen Grund für Liebe geben sollte. Ich könnte ebenso gut alle lieben, die am selben Tag Geburtstag haben wie ich.

Desgleichen für Dankbarkeit. Das Leben derjenigen, die hier Bürger sind, wird in vielfältiger Weise geprägt und auch gefördert durch staatliche Einrichtungen. Aber sich darum als Empfänger von Wohltaten zu betrachten, für die man Dank schuldet, besteht kein Grund. So ist die Schulbildung, die jeder Heranwachsende bei uns von Staats wegen erhält, normalerweise eine Förderung. Doch sie ist keine Wohltat, im Sinne von etwas, das jemandem außer der Regel zuteil würde oder das bereitzustellen sich jemand besonders ins Zeug gelegt hätte.[56] Sie gehört einfach zur hierzulande bestehenden Ordnung. Ob es eine gute Sache ist, dass bei uns die Dinge so geordnet sind, darüber kann man streiten, schließlich sind sie anderswo anders geordnet. Aber auch wer es für eine gute Sache hält, dass sie bei

---

55 NE 1159 b 27–29.
56 Siehe wiederum A. John Simmons, Moral principles and political obligations, S. 170 f.

uns so geordnet sind, hat nur Grund, zufrieden zu sein, oder auch Grund, sich gegebenenfalls für die Bewahrung oder Verbesserung dieser Ordnung einzusetzen. Hier von Dankbarkeit zu reden gibt dem Verhältnis eine persönliche Farbe, die es in Wirklichkeit nicht hat: als ob noch der Landesherr oder an seiner Stelle die vereinte Bürgerschaft uns die Schulbildung der Kinder gewährten. Aber niemand gewährt hier etwas, sondern so wird das bei uns gemacht.

Was schließlich Treue angeht, so kann hier jener Gebrauch des Wortes beiseite bleiben, in dem es allein ein Verhalten, nicht auch eine Einstellung bezeichnet. So nennt man ja manchmal jemanden gesetzestreu, nicht weil er den Gesetzen irgendwie verbunden ist, sondern einfach weil er sie nicht übertritt, aus welchen Gründen auch immer, und die Treue, die uns in der moralphilosophischen Tradition ans Herz gelegt wird,[57] besteht oft nur im Einhalten von Versprechen und Verträgen. Hier dagegen geht es allein um Treue als eine Einstellung, aus der ein entsprechendes Verhalten dann erwachsen kann.

Aber Treue als Einstellung ist eine zweifelhafte Tugend, erst recht im politischen Zusammenhang. Festhalten an dem, was einem seit langem schon und immer noch wichtig ist, und dafür sich einsetzen, auch gegen Widerstände, ist nur vernünftig. Festhalten an dem, was bloß seit langem so ist, und dafür sich mühen, dass es so bleibt, ist es nicht. Die Bundesrepublik ist jetzt eine gewisse Zeit da, und je nach Alter und Lebensschicksal sind wir kürzer oder länger Mitglieder in ihr gewesen. Aber das ist kein Grund für Treue, also für eine Verbundenheit mit ihr und für ein Handeln zu ihrem Nutzen. Gründe für politisches Handeln in der Bundesrepublik liegen nicht in dem Bestand dieser Institution selbst, sondern in dem, worum es uns mit ihr und innerhalb des von ihr gesetzten Rahmens jeweils zu tun ist.

Eine andere in diese Reihe gehörende Einstellung hat Dolf Sternberger vor einiger Zeit ins Spiel gebracht, als er den Bürgern der Bundesrepublik Verfassungspatriotismus empfahl. Dieser Vorschlag fand ein großes, wenn auch gemischtes Echo. Sternberger verstand unter Verfassungspatriotismus „Loyalität, Anhänglichkeit, Zuneigung" gegenüber dem Verfassungsstaat,[58] womit er wohl einen Staat meinte, der eine freiheitlich-demokratische Grundordnung in dem vom BVerfG erklärten Sinne[59] besitzt. Aber wenn es tatsächlich um Verfassungsstaat-Patriotismus geht, haben wir wieder die vorige Schwierigkeit. Ein Staat, auch ein Verfassungsstaat, ist nur eine Menge von geregeltem Tun, ein Ding wie die Gesamtheit des Straßenverkehrs in Deutschland, und zu einem solchen Ge-

---

57 Siehe etwa Hugo Grotius, De jure belli ac pacis (1625), III 19.
58 Dolf Sternberger, Verfassungspatriotismus (1982), in: Sternberger, Schriften, 10. Band, Frankfurt (Insel) 1990, S. 24–30.
59 Etwa BVerfGE 2, 1, Leitsatz 2.

bilde kann man nicht Anhänglichkeit und Zuneigung entwickeln. Loyalität schon, wenn damit nur wie eben im Fall von Treue Folgsamkeit gegenüber den Regelungen gemeint ist, die der Apparat produziert, aber ein bloß folgsamer Bürger ist noch kein Patriot. Wohl mag einer Freude daran haben oder auch nur damit zufrieden sein, sich auf den Bahnen der Bundesrepublik zu bewegen. Aber das heißt nicht, dass man Anhänglichkeit und Zuneigung gegenüber ihr, diesem System, in dem sich Menschen bewegen, empfindet. Man ist dann nur gerne hier oder hat jedenfalls nichts dagegen, hier zu sein. Doch das ist kein Patriotismus.

Sollte aber doch Verfassungspatriotismus, nicht Verfassungsstaat-Patriotismus gemeint sein, so besteht für Anhänglichkeit oder Zuneigung wieder kein Grund. Die Verfassung ist ein Gesetz[60], nämlich das Grundgesetz vom 23. Mai 1949, zuletzt geändert am 23. Dezember 2014, und einem Gesetz bringt man nicht Anhänglichkeit oder Zuneigung entgegen. Man kann es für ein gutes Gesetz halten und Befriedigung darüber empfinden, es zu haben. Aber damit begibt man sich schon in den Kreis von Menschen, die vielmehr sagen, es sei ein schlechtes Gesetz, die Weichen seien damals falsch gestellt worden, oder realistischer, in den Kreis von Menschen, die sagen, es sei ein gutes Gesetz, aber so und so geändert wäre es noch besser. Das heißt, man begibt sich in die Abwägung seiner Vorzüge und Nachteile, und das ist ein kaltsinniges Geschäft, patriotische Wallungen sind hier fehl am Platz.

Der Begriff des Verfassungspatriotismus leidet noch unter einer anderen Schwierigkeit. Patrioten hängen gewöhnlich nur an ihrem Land, Sternberger aber möchte seine Patrioten gerade für solche Züge der Bundesrepublik Anhänglichkeit empfinden lassen, die sie mit vielen anderen Staaten teilt,[61] was ein Widerspruch scheint. Habermas hat dem entgegengehalten:

> Für uns in der Bundesrepublik bedeutet Verfassungspatriotismus unter anderem den Stolz darauf, daß es uns gelungen ist, den Faschismus auch auf Dauer zu überwinden, eine rechtsstaatliche Ordnung zu etablieren und diese in einer halbwegs liberalen politischen Kultur zu verankern.[62]

Also nicht Verfassungspatriotismus, auch nicht Verfassungsstaat-Patriotismus, sondern Verfassungsstaat-Vorgeschichten-Patriotismus. Damit ist der Widerspruch behoben, denn diese Vorgeschichte ist die besondere der Bundesrepublik.

---

60 Gegen Sternberger, Verfassungspatriotismus, S. 24, der Verfassung und Grundgesetz für zweierlei Dinge hält.
61 Sternberger, Verfassungspatriotismus, S. 29.
62 Habermas, Grenzen des Neohistorismus (Gespräch mit Jean-Marc Ferry, 1989), in: Habermas, Die nachholende Revolution, Frankfurt (Suhrkamp) 1990, S. 152.

Nur sieht man nicht, wie einer nun auf sie vernünftigerweise stolz sein kann. Nicht weil sie Dinge enthält, die entsetzlich oder auch nur schäbig oder dumm sind, das ist ohnehin klar. Vielmehr ist diese Vorgeschichte wie der Verfassungsstaat selbst nur eine große Menge von Ereignissen und, anders als er, von nicht einmal regelhaften Ereignissen, über die auch insgesamt niemand Herr ist. Um angesichts ihrer Stolz oder auch nur Zufriedenheit zu empfinden, also ein Gefühl von „Wir haben's geschafft!", muss man unterstellen, dass diese Geschichte die von Einem ist, an dem wir alle teilhaben, also etwa die vom einen deutschen Volk. Aber dies Eine ist mythisch. Wir haben nicht in gemeinsamer Arbeit, als Mannschaft, die Bundesrepublik gebaut. Wir haben nicht, wie Habermas es ausdrückt, den Faschismus überwunden, eine rechtsstaatliche Ordnung etabliert und sie in einer halbwegs liberalen politischen Kultur verankert. Dass diese Dinge jetzt so sind, wie sie sind, ist nur bei den kreuz und quer laufenden Bestrebungen einer großen Zahl von Menschen herausgekommen. Wohl verdienen manche dieser Menschen Anerkennung für das, was sie für diese Entwicklung geleistet haben. Nur sollten wir die Leistungen nicht als in irgendeiner Weise unsere ausgeben. Dass wir den Faschismus überwunden haben, ist ein Satz von ähnlichem Wahrheitsgehalt wie das „Wir sind Papst!" der Bild-Zeitung, als Joseph Ratzinger gewählt worden war.

Verfassungspatriotismus fällt also dahin, weil es an einem geeigneten Gegenstand fehlt: Weder Verfassung noch Verfassungsstaat noch Verfassungsstaats-Vorgeschichte taugen als etwas, worauf patriotische Einstellungen sich richten. Umgekehrt fragt sich vielmehr, warum überhaupt ein Patriotismus her soll. Warum nicht die Niederlage des Nationalsozialismus nutzen und vaterländische Gesinnungen ein für allemal abstoßen? Warum nicht die Bundesrepublik allein prosaisch ansehen, also sich ein Urteil über Vorzüge und Nachteile ihrer gegenwärtigen Einrichtung bilden und entsprechend politisch handeln? Sternberger hat schon 1959, auf der Linie des späteren Verfassungspatriotismus, zaghaft und hoffnungsvoll, wie er sagte, die Wiederkehr des Wortes „Vaterland" begrüßt:

> Es wäre eine Erlösung, wenn wir das Wort mit Ernst und ohne Scheu gebrauchen dürften.[63]

Warum wäre es eine Erlösung? Was fehlt, wenn das Wort und der Gedanke des Vaterlands samt den auf es gerichteten Gesinnungen verschwinden?

Die Überlegung scheint zu sein, dass ein Begriff substanzieller Gemeinsamkeit fehlt, also ein Begriff davon, dass wir etwas gemeinsam *sind*, im Gegensatz dazu, dass wir nur gemeinsame Eigenschaften haben wie die, Angehörige der Institution Bundesrepublik zu sein. Sicher meinte auch Sternberger, dass man

---

[63] Sternberger, Das Vaterland (1959), in: Sternberger, Schriften, 10. Band, S. 12.

diese Institution prosaisch betrachten und, wenn sich an ihr Mängel zeigen, Verbesserungen anstreben kann. Aber er war wohl überzeugt, dass jemand, der sie nur prosaisch betrachtet, jenes Gemeinsame verkennt, das allem unserem Umgang miteinander in dieser Institution vorausliegt. Wo nun die Rede vom Vaterland als dem, was wir gemeinsam sind, durch anhaltenden Missbrauch unzugänglich geworden ist, da bleibe der Schmerz, dem, was wir doch immer noch sind, nicht mehr Ausdruck geben zu können. Von ihm erlöse die Wiederkehr des Gedankens „Vaterland". Haben wir den aber einmal wieder, so werden vaterländische Gesinnungen nicht nur möglich, sie seien auch angemessen. Denn was wir gemeinsam sind, sei ja nur lebendig darin, dass wir in unseren Einstellungen ihm die Treue wahren.[64]

Aber diese Überlegung setzt voraus, was zweifelhaft ist, nämlich dass wir als Bürger nicht nur in der Institution Bundesrepublik so und so aufeinander bezogen sind, sondern dass es dem zuvor etwas Gemeinsames gibt, das es durch Anhänglichkeit und Zuneigung lebendig zu bewahren gilt. Wohl hat dieser Gedanke gerade in Deutschland eine bedeutende Tradition. Johann Gottfried Herder schrieb 1795:

> Eine Gemeinheit ohne Gemeingeist kranket und erstirbt; ein Vaterland, ohne Einwohner, die es lieben, wird zur Wüste.[65]

Für Herder hat eine Gemeinheit, also nach heutigem Deutsch ein Gemeinwesen, nur durch die patriotischen Gesinnungen seiner Bürger Bestand und Lebendigkeit. Aber dieser Satz, so viele Male wiederholt und bekräftigt, mag immer noch falsch sein. Einfacher und somit plausibler ist die Annahme, dass das Gemeinwesen sich nicht dadurch lebendig erhält, dass es selbst die Liebe seiner Bürger auf sich zieht, sondern dadurch, dass diese sich der Wege bedienen, die es bereitstellt, auch und besonders derjenigen Wege, die zur Erhaltung und Verbesserung eben des Wegenetzes führen. Patriotismus in jeder Form, auch in der von Verfassungspatriotismus, ist entbehrlich. Die Bundesrepublik muss nicht liebenswert, sie muss nur brauchbar sein, unter anderem dazu brauchbar, sie selbst künftig brauchbarer zu machen.

---

[64] Diese Rekonstruktion stützt sich neben den schon genannten Schriften Sternbergers auf seinen Aufsatz „Begriff des Vaterlands" (1947), in: Sternberger, 'Ich wünschte, ein Bürger zu sein', Frankfurt (Suhrkamp) 1967, besonders S. 38.
[65] Johann Gottfried Herder, Briefe zu Beförderung der Humanität, fünfte Sammlung (1795), in: Herder, Sämmtliche Werke, B. Suphan (Hrsg.), Band 17, Berlin (Weidmann) 1881, S. 319.

d. Klugheit

Somit ist Bürgerschaft nicht Pflicht, unterstellt nicht Pflichten, fordert nicht Einstellungen, die Pflichten mit sich bringen. Bürgerschaft ist einfach eine Bedingung, in der jemand sich befindet. Vernünftigerweise wird er sie bei der Bestimmung seines Tuns in Rechnung stellen, wie man auch das Wetter in Rechnung stellt. Aber es ist einem dadurch, dass man Bürger ist, nicht dieses oder jenes Handeln vorgeschrieben. Man muss selbst herausfinden, was jeweils am besten zu tun ist. Die Fähigkeit, herauszufinden, was jeweils am besten zu tun ist, heißt Klugheit. Allein auf ihre Klugheit sind Bürger angewiesen. Eine Lieblingswendung von General de Gaulle soll gewesen sein: „Les choses étant ce qu'elles sont ...", „Da die Dinge einmal so liegen ...". So spricht auch der vernünftige Bürger nach dem Ende politischer Verpflichtung: Angesichts der Lage der Dinge und der Chancen und Gefahren, die sie mit sich bringt, ist es dies oder jenes, was er tun sollte. Nicht mehr sagt er: Ich habe gehört, was mir aufgetragen oder geboten worden ist. Der Verwandtschaft zwischen „hören" und „gehorchen" folgend möchte man sagen, er gehorcht nicht mehr, aber das wäre falsch, denn wir nennen es auch „gehorchen", wenn jemand etwas Gefordertes tut, um etwa Strafe zu vermeiden. Er gehorcht nur in dem Sinne nicht, dass er nicht um dessentwillen etwas tut, dass es ihm geboten worden ist. Da er aber ohnehin im Betreiben seiner Vorhaben sonst jemand ist, der vernünftig überlegt und diesen Überlegungen manchmal folgt, macht ihn das Wegfallen politischer Verpflichtung auch einhellig mit sich selbst. Er ist nicht hier einer, der auf Gebote hört, dort einer, der berechnet, was am besten zu tun ist, sondern er ist Berechnender durchweg, eben Vernünftiger.

Klug handeln heißt nicht unbedingt eigennützig handeln. Es kann gute Gründe geben, etwas zu tun, was dem eigenen größten Wohlsein voraussehbar Abbruch tut (VIII 2b). Es kann gute Gründe geben, sich für etwas oder jemanden aufzuopfern, wenn das oder die einem so wichtig sind. Hingebungsvolle Krankenpflege und Rettung eines Lebens unter Preisgabe des eigenen sind nicht grundsätzlich unvernünftig. Sie sind es erst, wenn die angestrebten Ziele doch nicht hinreichenden Grund geben, sich in dieser Weise für sie einzusetzen. Nicht wer sich opfert, sondern wer sich für nichts oder zu wenig opfert, ist nicht klug.

Jetzt könnte entgegnet werden: Wenn Klugheit nicht auf Eigennutz festgelegt ist, dann ändert sich nichts, wenn Bürger nur klug sind und nicht mehr Geboten folgen. Denn jemand, der bloß tut, was ihm geboten wurde, kann sagen, das sei eben sein Grund, dass es ihm geboten wurde. Doch einer, der so spricht, täuscht sich. Dass ihm etwas geboten wurde, ist in Wirklichkeit noch kein Grund, es zu tun. Es muss mehr an dem Tun sein als bloß, dass durch es geschieht, wovon ein anderer gesagt hat, dass es geschehen soll. In dem Fall aber, dass mehr nicht daran ist, handelt der doch unklug, der nur tut, was ihm geboten wurde. Anders der, der sich etwa in einer Krankenpflege aufopfert. Der hat einen Grund, das zu tun, denn was er tut, dient dem zum Besten, für den er das tut.

Dies weite Verständnis von Klugheit kann sich auf die klassische Tradition des Begriffs stützen. Aristoteles will zwar zunächst klug (phronimos) nur diejenigen nennen, die Rat wissen, „was das für sie Gute und Nützliche betrifft".[66] Ein paar Zeilen weiter jedoch ist klug dann überhaupt der Wohlberatene, derjenige, der guten Rat weiß (bouleutikos),[67] und wohlberaten kann man auch sein, wenn man nicht den eigenen Nutzen fördert. Diesem breiteren Verständnis folgt Thomas von Aquin, wenn er Klugheit (prudentia) als „recta ratio agibilium" fasst, als „richtige Vernunft hinsichtlich möglicher Handlungen".[68] Kant dagegen sieht in Klugheit, jedenfalls „im engsten Verstande", durchweg nur „die Geschicklichkeit in der Wahl der Mittel zu seinem eigenen größten Wohlsein",[69] und das ist zu eng, wenn man Klugheit als Wissen, was am besten zu tun ist, fasst.[70]

Nach ihrem weiten Sinn aber steht Klugheit dann nicht, wie Kant will, im Gegensatz zu einem Erwägen, das sich von moralischen Gründen leiten lässt, sondern begreift es ein. Wer guten Rat sucht, was jeweils zu tun ist, für den sind alle Gesichtspunkte, das Rechte wie das Zweckdienliche, die Dummheit wie die Schändlichkeit eines Tuns von Belang. Auch haben wir ja über sie alle in derselben Schule gelernt, in der Erfahrung unseres Lebens, der wir durchweg unsere Begriffe davon, was gut zu tun ist, verdanken. Kants einflussreiche Trennung der Ratschläge der Klugheit von Geboten der Sittlichkeit beruht auf der Annahme einer „*Ungleichheit* der Nötigung des Willens" im einen und im anderen Fall.[71] Doch wirklich kann von Nötigung weder bei Klugheit noch bei Sittlichkeit die Rede sein. Hier wie dort gibt es nur Gründe für Handlungen, die niemanden nötigen, ja auch nur unter Druck setzen, sondern bloß vorliegen, und damit fällt Kants Trennung dahin. Es gibt keine Ungleichheit der Nötigung des Willens, weil es überhaupt keine Nötigung des Willens gibt. Wohl haben die Gründe für und gegen Handlungen verschiedenes Gewicht, aber sie spielen nicht in verschiedenen Gründe-Arenen, sondern stehen einander im selben Feld gegenüber. Talley-

---

66 NE 1140 a 26–27.
67 NE 1140 a 30–31.
68 Thomas von Aquin, Summa theologiae. I–II, qu. 57, art.4.
69 Kant, Grundlegung zur Metaphysik der Sitten, AA IV 416. Ähnlich versteht Adam Smith „prudence", The theory of moral sentiments, 6. Auflage 1790, D. Raphael, A. Macfie (Hrsg.), Oxford UP 1976, S. 213.
70 Gegen die Verengung von Klugheit auf Eigensucht wendet sich schon Josef Pieper, Traktat über die Klugheit (1937), in: Pieper, Das Viergespann, München (Kösel) 1964, S.16f.
71 Kant, Grundlegung zur Metaphysik der Sitten, AA IV 416.

rand wird die Bemerkung zugeschrieben, die von Napoleon angeordnete Hinrichtung des Herzogs von Enghien sei „ein Verbrechen, mehr noch, ein Fehler" gewesen, und damit spitzt er den Sachverhalt nur provokant zu. Wir mögen mit ihm darüber uneinig sein, welche Seite von Napoleons Handlung schwerer ins Gewicht fällt, das Verbrechen oder der Fehler. Aber er behält damit Recht, dass sie beide in derselben Rechnung als Gründe gegen dies Handeln in Betracht kommen.

Der kluge Bürger, der sich nach seiner Einsicht von Gründen fürs Handeln leiten lässt, wird wohl manchmal Autoritäten folgen. Aber eine Autorität sein ist etwas anderes als Autorität besitzen,[72] wenn auch der Sprachgebrauch die beiden Dinge nicht sicher trennt. Wer Autorität besitzt, kann durch von ihm gesetzte Regelungen Menschen Pflichten auferlegen, und eine Autorität in diesem Sinne erkennen kluge Bürger nicht an. „Niemand kann festsetzen," sagen sie, „dass es dies ist statt jenes, was ich tun soll. Ob ich es tun soll, hängt allein von den Gründen ab, es zu tun." Dagegen, wer eine Autorität *ist*, kennt sich in einem Sachgebiet weit besser aus als man selbst, so dass man gut daran tut, seinem Rat in diesen Dingen zu folgen, jedenfalls wenn man vermuten darf, er wolle einem zum Besten raten. Kluge folgen zum Beispiel ärztlichem Rat. Aber damit folgen sie nicht einer an sie ergangenen Anweisung statt ihren eigenen Gründen[73]. Sie folgen ihren Gründen, von denen sie nur durch den Arzt, sei es im Einzelnen, sei es summarisch, Kenntnis erlangt haben. Sie benutzen den Arzt als Gründesuchgerät, ähnlich wie die Apparate, mit denen man über die Wand fährt, um festzustellen, ob dort, wo man bohren will, ein Kabel liegt. Wenn der Arzt „piept", zeigt das dem Patienten an, irrtumsanfällig versteht sich, dass er Grund hat, etwa das und das Medikament einzunehmen, auch wenn er selbst diesen Grund nicht zu Gesicht bekommen hat.

Man wird entgegnen, dass Kluge, also Menschen, die staatlichen Regelungen nur folgen, wenn es in Anbetracht der Umstände nach ihrem Urteil vernünftig ist, für das einheitliche Agieren eines Staatswesens nicht ausreichen. Der Zusammenhalt zwischen ihnen sei zu gering. Denn man könne nicht voraussagen, was jemand, der sich auf sein eigenes Urteil verlässt, noch vernünftig findet, und so bleibe seine Kooperation unsicher. Eine solche Unsicherheit aber untergrabe die Wirksamkeit staatlichen Handelns. Die Bereitschaft der Bürger, etwas Gefordertes zu tun, ohne noch dessen Für und Wider zu prüfen, sei für einen Staat unerlässlich.

---

72 Siehe Allen Buchanan, Political legitimacy and democracy, S. 692.
73 So Raz' „pre-emption thesis", The morality of freedom, S. 42–46.

Doch wer so entgegnet, macht sich, jedenfalls was die Bundesrepublik heute betrifft, überflüssige Sorgen. Der Zusammenhalt unter Klugen ist nicht zu gering. Staatliches Regeln erstreckt sich inzwischen auf so viele Gebiete und ist so verzweigt und detailliert, dass auch Bürger, die klug statt folgsam sind, nicht umhin können, staatliche Regelungen normalerweise ungeprüft hinzunehmen. Man hat nicht die Zeit, sich über jede Forderung, die einem von Staats wegen entgegentritt, und gegebenenfalls über die Chancen eines Versuchs, sich ihr zu widersetzen, ein wohlbegründetes Urteil zu bilden. Simples Beispiel, Fußgänger-Ampeln machen einem oft das Leben leichter, weil vor allem bei komplizierten Verkehrsführungen viel Aufwand nötig ist, um sicherzustellen, dass man jetzt die Straße ohne Gefahr überqueren kann. Also beugt man sich ihnen, ist damit effektiv folgsam, aber aus Klugheit. Aus derartigen Gründen lässt sich aber auch bei gewichtigeren Dingen weitgehend darauf rechnen, dass diejenigen, die keine politische Verpflichtung anerkennen, darum nicht weniger gehorchen. Gewiss, nur weitgehend: Manchmal steht zu viel auf dem Spiel. Aber auch Bürger, die sich als staatlichen Regelungen unterworfen betrachten, sind immer nur weitgehend folgsam. Mit klugen Bürgern steht einheitliches staatliches Agieren also nicht wesentlich schlechter da. Vielleicht steht es am Ende sogar besser da. Wer allein nach seinen Gründen handelt, mag in seinem Handeln stetiger und somit verlässlicher sein als einer, der jeweils dem folgt, was ihm mit dem Anschein von Autorität entgegentritt.

Man mag auch einwenden, dass hiernach um politische Dinge sich zu kümmern für kluge Bürger nur eine Option neben anderen ist, nicht wie in der klassischen Konzeption ihre Aufgabe und Bestimmung. Eine solche Theorie könne aber selbst politischen Schaden anrichten. Dass die Weimarer Republik keinen Bestand hatte, lag nach einer verbreiteten Meinung daran, dass zu viele ihrer Bürger diesen Staat nicht als den ihren betrachteten, in dem und für den zu wirken sie sich verpflichtet fühlten. Ob das als historische Diagnose trifft, mag dahinstehen. Aber dem hier Gesagten kann man vorwerfen, dass es eine solche Einstellung in der Theorie stützt. Wer von der Bundesrepublik sagt: „Man kann hingehen, man kann es auch lassen", der bestärke die Einzelnen in der Distanzierung von unserem Staat und trage so zur Wiederkehr Weimarer Verhältnisse bei.

Doch wenn es wahr ist, dass politisches Wirken nur eine Option unter anderen und die Bundesrepublik nicht für einen jeden seine Sache ist, dann tun wir besser daran, gleich damit, dass es sich so verhält, politisch zu leben, als an Reden festzuhalten, die keinen Glauben mehr verdienen. Denn die Erfahrung sagt, dass wir auf die Dauer praktisch besser fahren, wenn wir dem folgen, was wir eingesehen haben. Tatsächlich ergibt sich aber aus der Erkenntnis, dass nichts einen leiten kann als die eigene Einsicht, keine Distanzierung von den politischen Institutionen, in denen wir leben. Es ist wahr, dieser Staat ist nicht der unsere, im

Sinne einer gemeinsamen Sache, der zu dienen wir berufen sind. Aber das Verlangen, ein Staat müsse in diesem Sinne der unsere sein, ist schon verfehlt. Wir müssen nicht in der Bundesrepublik unsere Aufgabe finden, um Grund zu haben, bei ihr mit zuzupacken. Dass sie das Feld ist, in dem wir wirken und Dinge, an denen uns liegt, voranbringen können, reicht aus als Grundlage eines politischen Handelns.

Personenregister

Abraham 87
Adorno 17
Alexy 75, 106, 137
Anderson 89
Antigone 38, 95, 96, 98, 100, 101, 103, 107, 149
Antiphon 65
Apel 75
Arendt 65, 82
Aristoteles 20, 53, 55, 71, 77, 93–97, 149, 166, 176, 177, 183
Arneson 20, 89
Augustinus 34, 55, 87, 88

Berlin 13, 15, 16, 19, 20, 22, 26, 31, 45, 46
Bieri 20, 34, 35
Bittner 60, 91, 101, 150, 152, 153, 156
Bobzien 33
Böckenförde 48, 50, 109, 110, 112, 119, 153
Broome 145
Brugger 159
Buchanan 116, 169, 184
Bundesverfassungsgericht 42–46, 61, 96, 98, 107, 109, 120, 133, 134, 138, 139, 158, 178

Carter 13, 23, 26, 27
Christiano 129
Chrysippos 33, 71, 72, 99, 102
Cicero 33, 53–55, 99, 155, 156
Cohen, G.A. 18, 21, 47
Cohen, J. 126

Darwall 90
Day 18
de Bèze 116, 125
de Gaulle 182
d'Enghien 184
Denninger 67
d'Entrèves 69
Descartes 58, 59
d'Holbach 34, 35
di Fabio 44
Dickens 104

Dieckmann 96
Diogenes Laertius 72, 102
Dirlmeier 94
Dreier 52, 66, 98, 110, 111, 119, 120, 139
Dürig 44, 58, 61, 141
Durkheim 81–83
Duverger 124
Dworkin 18, 106, 107, 137

Edmundson 168
Enders 134–137
Engels 15
Esser 106

Fishkin 126
Florestan 92, 93
Foot 102
Forndran 161
Forst 18, 76, 77
Fraenkel 161
Frankfurt 34, 175
Franz I. 49
French 155

Geiger 163
Geuss 158
Goethe 11, 34, 43
Gosepath 90, 124
Grabitz 45
Gray, J. 9
Gray, T. 26
Green 167
Griffin 6, 78
Grimm, D. 42
Grimm, J. 30
Grimm, W. 30
Gröschner 156
Grotius 178
Guardini 13
Gurvitch 97
Gusy 45
Gutmann 126

Personenregister

Habermas 75, 116, 117, 129, 153, 158, 179, 180
Hare 146
Hart 74, 77
Hartmann 136
Hayden 139
Hayek 15–17
Hegel 109, 163, 166
Heraklit 71
Herdegen 159
Herder 163, 181
Herrmann 140, 141
Herzog 42
Hesse 43
Hippias 95
Hobbes 11, 14–16, 20, 22, 24, 25, 41 50, 112–115, 118, 120–122, 124
Hoerster 56, 57, 100, 166
Hofmann 113, 139
Hölderlin 43
Horton 168, 172–174
Hume 33, 89, 122

Iorio 146
Isaak 87
Isensee 3

Jaspers 49
Jefferson 18, 66, 69
Jellinek 109
Jesaja 87–89
Joas 81–83

Kannowski 28
Kant 6, 38, 47–51, 60–63, 74, 87, 91, 92, 111, 112, 122, 123, 141, 142, 145, 153, 165, 166, 183
Karl I. 30
Karl V. 49
Kaufmann 54
Kavka 121
Keil 33
Kelsen 124, 153
Kerstein 61–63
Kersting 165
Kierkegaard 87
Klein 44

Kleist 36
Klosko 167
Koller 51, 99
Kolm 90
König 69
Kunig 84, 159

Lembcke 156
Lincoln 124
Luhmann 54, 116
Luther 94, 109

MacCallum 12, 13
Machiavelli 30
MacIntyre 80
Mackie 77
Madison 121, 122
Mager 155
Maier 66
Mandeville 86
Manin 126–128
Marcianus 99, 102
Markowitsch 33
Marx 15
Mason 70
Mayr 55
Mehde 110
Mill 20, 114
Miller 22
Montaigne 21
Morlok 138
Murswiek 119

Napoleon 184
Neurath 162
Nietzsche 6, 35, 63, 102, 148
Nozick 18

Oestreich 69
Offe 45
O'Hagan 111
O'Neill 77, 150
Oppenheim 24, 27
Osterkamp 106

Pauen 59
Peters 42

Pettit 9, 29, 30, 156
Philo 99
Pieper 183
Pitkin 113
Pizarro 92
Platon 37, 59, 92, 95, 98, 168, 175
Plutarch 71, 72, 102
Pogge 70, 133, 159
Pufendorf 58

Quijote 104

Radbruch 97–102, 107
Ratzinger 180
Rawls 4, 5, 12, 85, 86, 104, 105, 125, 126, 132, 133, 162, 163
Raz 77, 79, 80, 168, 170–172, 184
Richardson 124
Robbers 97, 98
Rommen 97
Rorty 67
Rousseau 12, 18, 19, 34, 45, 104, 111, 112, 139, 154

Sartori 124
Sartorius 169
Schaber 63, 77, 78
Scheler 136
Schiller 28, 53, 56, 73, 91, 107, 113, 169, 176
Schroeder 56
Schumpeter 128–130
Sen 3, 104
Shakespeare 22
Simmons 122, 167, 170, 174, 176
Simonides 174, 175
Skinner 30, 113, 156
Smith 183
Sokrates 59, 95, 175

Sophisten 71, 95
Sophokles 38, 95, 100
Spaemann 64
Starck 135
Steffani 160
Stein 110
Steiner 16, 22, 23
Sternberger 178–181
Stoecker 59, 142
Stoiker 33, 53, 55, 71, 72, 135, 144, 174
Sugden 27

Talleyrand 183, 184
Tasioulas 65, 79
Taylor 24, 31, 163
Thoma 127–130
Thomas von Aquin 55, 183
Thukydides 38
Tierney 71
Tuck 69
Tugendhat 36, 37, 68, 90, 91, 144

Ulpian 88

van Inwagen 33
van Parijs 13
von der Pfordten 61
von Wedelstaedt 173

Waldron 57
Walker 175, 176
Weber 11, 28, 116
Weinberger 106
Welzel 99
Würtenberger 116

Xenophon 95

Ziff 8

Sachregister

Achtung 90–93
Aufklärung 6, 82
Autonomie 38–40, 48, 60, 75, 112, 141, 153
Autorität 169, 170, 184, 185

Bundesrepublik 1–4, 8, 9, 41, 44–48, 52, 84, 108, 112, 113, 125–128, 132, 134, 139, 141–143, 147, 148, 151–157, 159–161, 163–167, 176–181, 185, 186
Bürger 1, 41, 45, 46, 109, 117, 132, 139, 141, 155, 157, 160, 164–168, 170, 172–182, 184, 185

Christentum 6, 37, 58, 66, 67, 83, 147

Demokratie 1, 45, 108–132, 152–155, 158, 160
Demokratie, deliberative 126, 158
Diskurs 75, 126

Egalitarismus 89

Fähigkeit 14, 15
Folter 140, 141, 159
Freiheit 1, 2, 8–52, 71, 74, 75, 104, 105, 125, 126, 132, 133, 136, 143, 154, 157, 158, 162–164
Freiheit, positive 31–33
Freiheit von, Freiheit zu 13
freiheitlich-demokratische Grundordnung 44–46, 178
Friede, westfälischer 5
Frieden 5, 17, 50, 84, 87–90

Gefangenschaft 12, 23, 26, 27, 30, 36
Gerechtigkeit 1, 84–107, 132, 147–149, 151, 159
Gleichheit 75, 104, 125, 126
Gott 18, 39, 58, 63, 64, 66, 70, 82, 87, 101, 103, 104, 141, 144
Grundgesetz 2, 3, 41, 54, 118, 119, 133–137, 140–142, 147
Grundrechte 41, 43–45, 51, 52, 135–139

Herrschaft 28, 29, 31, 153–155, 168, 169
Hindernis 11, 12, 14–31, 34, 36, 40–42, 48, 49, 51, 52

Identität 172, 173
Institution 1, 8, 39, 41, 46, 83, 85, 86, 94, 97, 105, 120, 121, 151, 163, 176, 177, 185

Judentum 58

Kirche 5, 66
Klugheit 157, 164, 182–185
Konstruktivismus 104, 105

Legitimität 36, 68, 110, 116–121, 125–127, 129, 130, 132, 168, 169
liberal 13, 180

Menschenrechte 1, 6, 65–84, 132, 137, 143–146, 159
Menschenwürde 1, 54, 56–64, 84, 132–143, 152, 158, 159, 163, 164
Moral 36–39, 57, 74–77, 85–87, 90–92, 100, 140–142, 145, 149, 154, 162, 164–178, 182, 183, 185
Nationalsozialismus 21, 100, 164, 180
Naturrecht 18, 19, 70–73, 80, 95, 96, 99–106, 118, 144
Naturzustand 51, 71, 165

Parteien 160
Parteiverbot 21, 160
Patriotismus 178–181
Philosophie 1, 2, 3, 5, 8
Philosophie, politische 4, 5
Pluralismus 160, 161
Prinzip 105–107, 137, 150, 163, 164

Recht 18, 36–38, 47–51, 93, 96–98, 101, 105–107, 133–135, 140, 149–151, 165, 166
Recht (subjektives) 18, 42, 52, 65, 68–74, 76, 77, 79, 80, 135, 143

Regel   105, 106
Religion   42, 46, 51, 64, 82, 83, 169
Religionsfriede, Augsburger   5
Repräsentation   113–115, 118, 124, 125, 128
Republik   36, 41, 121, 153, 155, 156

Sakralisierung der Person   81
Selbstachtung   59
Selbstbestimmung   39, 40, 77, 78
Selbstverständnis   1, 2, 4–6, 8, 9, 45, 108, 130, 132, 133, 142, 143, 147, 153, 157, 167
Staatsgewalt   36, 71, 108–110, 112, 114, 115, 118, 121, 123–125, 129, 138, 155, 156, 160
Stabilität   5, 121, 162, 163
Stand   28, 29, 31
Streit   157–164
Stufenleiter der Arten   55, 56

Treuhänder   114
Tugend   38, 84–86, 148, 149, 178

Unglauben   6
Unrecht   17–19, 40, 76–78, 155

Vernunft   39, 60, 61, 71, 75, 88, 89, 101, 104, 105, 111, 112, 127, 145, 165, 182
Volk   41, 108, 109, 111–115, 117–125, 129, 155, 156, 180

Wahlen   108, 112, 120, 128–130, 132, 153, 155, 160
Wahrscheinlichkeit   24, 25, 28–31, 40
Wertordnung   134–137, 139
Wesensgehalt   43
Wille, allgemeiner   45, 111, 112
Willensfreiheit   33–35
Willkür   29, 30, 36, 48, 49
Würde   53, 54, 56, 57, 60

Zwang   74
Zweckformel   61–63

Dank

Dies Buch entstammt meiner Lehre in der Abteilung Philosophie der Universität Bielefeld. Ich habe über die Jahre immer wieder Vorlesungen und Seminare zu den Grundbegriffen der politischen Ordnung, in der wir leben, angeboten, jeweils mit verschiedenem Format und Programm. Der hier vorgelegte Text ist freilich neu, nichts davon habe ich damals so vorgetragen. Aber er ist hervorgewachsen aus dem Bemühen eines Lehrenden, durch politische Philosophie zu begreifen, was wir politisch sind und wollen. So gilt mein Dank denen, die mir zugehört, und die nachgefragt und Einwände erhoben haben.

Frühere Fassungen einzelner Kapitel habe ich an verschiedenen Orten zur Diskussion gestellt, an den Universitäten von Dortmund, Düsseldorf, Frankfurt, Tübingen und Bielefeld, an der Humboldt-Universität in Berlin, bei der zehnten Moral Philosophy Conference in Krakau und an der University of Michigan in Ann Arbor. Für all diese Auseinandersetzungen mit meinen Überlegungen bin ich dankbar.

Eine frühere Fassung des Kapitels über Freiheit erschien 2015 in englischer Sprache in dem von Michael Welker bei Neukirchener herausgegebenen Band „Quests for freedom" unter dem Titel „What it is to be free". Eine frühere Fassung des Kapitels über Menschenrechte erschien 2015 ebenfalls in englischer Sprache in dem von Susanne Kaul und David Kim bei de Gruyter herausgegebenen Band „Imagining human rights" unter dem Titel „On invoking human rights when there aren't any". Eine frühere Fassung des Kapitels über Menschenwürde erschien 2017 in dem von Mario Brandhorst und Eva Weber-Guskar bei Suhrkamp herausgegebenen Band „Menschenwürde" unter dem Titel „Abschied von der Menschenwürde". Allen Herausgebern bin ich dankbar für ihre Vorschläge zur Verbesserung der damaligen Vorlagen.

Ich danke vielen, die mich auf dem Weg zu diesem Buch mit Anregungen, Kritik oder Ermutigung unterstützt haben, so Anne Bittner, Günther Bittner, André Georgi, Martina Herrmann, Sam Kerstein, Margret Kohlenbach, Richard Kraut, Jens Kulenkampff, Georg Picot, Michael Welker, Joachim Wündisch, Véronique Zanetti. Christoph Fehiges kundige und überaus sorgfältige Lektüre des Manuskripts war mir eine besonders große Hilfe.

www.ingramcontent.com/pod-product-compliance
Lightning Source LLC
Chambersburg PA
CBHW021758230426
43669CB00006B/119